Dan Millman

Die Kraft des friedvollen Kriegers

Wie wir unser unbegrenztes Potential erkennen
und zu Meistern unseres Lebens werden

Aus dem Englischen
von Marion Zerbst

Ansata-Verlag

*Für alle, die den Augenblick der Wahrheit kennen,
die immer weiter streben
und niemals aufhören zu träumen;
für alle mit dem Geist
des inneren Athleten,
ob sie nun zur 1. Mannschaft gehören oder nicht.*

Die Originalausgabe erschien unter dem Titel
«The Inner Athlete» bei Stillpoint Publishing, USA.

Erste Auflage 1997
Copyright © 1994 by Dan Millman.
Published by arrangement with Stillpoint Publishing, a division of Stillpoint
International Inc., New Hampshire, USA.
Alle deutschsprachigen Rechte beim Scherz Verlag,
Bern, München, Wien, für den Ansata Verlag.
Alle Rechte der Verbreitung, auch durch Funk, Fernsehen, fotomechanische Wiedergabe,
Tonträger jeder Art und auszugsweisen Nachdruck, sind vorbehalten.
Einbandgestaltung: Robert Wicki

Inhalt

Prolog: Der innere Athlet in der Arena des Lebens 9

Einführung

Training fürs Leben 12
Innere und äußere Athleten 12
Ein allumfassendes Training 14
Kleine Spiele und die große Arena des Lebens 15

Eins: Ein Blick auf die größeren Zusammenhänge

1 Die Gesetze der Natur 19
Prinzip 1: Widerstandslosigkeit 21
Das Gesetz der Widerstandslosigkeit und seine Anwendung .. 25
Prinzip 2: Anpassung 28
Das Gesetz der Anpassung und seine Anwendung 30
Prinzip 3: Gleichgewicht 32
Das Gesetz des Gleichgewichts und seine Anwendung 34
Prinzip 4: Die natürliche Ordnung 35
Das Gesetz der natürlichen Ordnung und seine Anwendung .. 37

2 Die Macht der Bewußtheit 39
Bewußtwerdung, Desillusionierung und Erfolg 40
Eine Bewußtheit, die den ganzen Körper umfaßt 41
Wie Bewußtheit entsteht 44
Das Beispiel Margaret 46
Feedback für die Bewußtheit 48

3 Vorbereitung 50
Schrittweise Vorbereitung 54
Schwierigkeit ist nur eine Illusion 55
Die Wahl des richtigen Lehrers 56
Die richtige Vorbereitung für Kinder 58

Zwei: Wie man seine Begabung entwickelt

4 Geistige Begabung 67
Negative Selbsteinschätzung 72
Versagensängste 79
Destruktive Selbstkritik 81
Zielgerichtete Aufmerksamkeit 83

5 Emotionale Begabung 91
Den Teufelskreis der Anspannung durchbrechen 95
Atmung und Gefühl 96
Der innere Zeuge 99

6 Physische Begabung 101
Unser wertvollster Besitz 101
Ein Medium der Wandlung 102
Wie man seinen Körper wieder in Form bringt 104
Bewußte Gymnastik 107
Widerstand gegen Veränderungen 108
Wie man sein physisches Ich ernährt 110
Die vier physischen Grundqualitäten 114
Entspannung: der Schlüssel zum physischen Talent 115
Muskelkraft 120

Beweglichkeit 127
Endlich frei von Kreuzschmerzen! 131
Sensibilität 132
Ausdauer 135
Wie man Sportverletzungen vermeidet 137
Geistiges und physisches Gleichgewicht 140
Satori und der innere Athlet 141

Drei: Der innere Athlet in Aktion

7 Das Training:
Werkzeuge der Wandlung 145
Aufwärmen und Übergangsphasen 145
Das Lernen lernen 149
Bewußtes Üben 151
Die einzelnen Trainingsstadien 152
Überkompensation 153
Mentaltraining und ideomotorische Aktion 155
Zeitlupentraining 160
Die Anfang-und-Ende-Methode 161
Analytisches Training 162
Programmiertes Lernen 163
Nachahmung 164

8 Der sportliche Wettkampf:
der Augenblick der Wahrheit 167
Überlastung und Entlastung: wie man sich auf den
  sportlichen Wettkampf vorbereitet 175
Die emotionale Vorbereitung 177
Das mentale Spiel 178

9 Neue Wege:
die künftige Entwicklung des Sports 181
Symmetrisches Training 183
Eine Re-Vision des Sports 185
Die Spiele der Meister 188

Epilog: Die Meisterung der Bewegungserfahrung 195
Die Wiedergeburt des Meisterathleten 200

**Anhang: Olympiasieger verraten ihre
   Erfolgsgeheimnisse** 205
Marilyn King 206
Dick Fosbury 209
Suzy Chaffee 212
Bob Seagren 214
Dank 219

Prolog:
Der innere Athlet
in der Arena des Lebens

In jedem von uns steckt ein Held;
sprich zu ihm, und er wird zum Vorschein kommen.
Unbekannter Verfasser

Die Stimme des Ansagers auf dem Video zittert vor Aufregung: «Meine Damen und Herren, Sie sehen nun eine Spitzenleistung, die David Seale zum ersten Mal in seinem Leben vollbringt, ein Meisterstück, das totale Konzentration, Wagemut und Koordinationsvermögen erfordert. Was Sie jetzt gleich beobachten werden, hat David nicht von einem Tag auf den anderen geschafft. Es erforderte monatelange Vorbereitung. Achtung – fertig – los!»

Eine Gestalt erscheint auf dem Bildschirm. David macht einen entspannten, zuversichtlichen Eindruck. Er wird gleich eine Reihe komplexer Bewegungen vollführen, die einen guten Gleichgewichtssinn erfordern. Ein paar Sekunden lang steht er zögernd am Startpunkt, dann beginnt er sich zu bewegen, den Blick nach vorn gerichtet und hundertprozentig auf die Aufgabe konzentriert, die vor ihm liegt, aber dennoch ganz entspannt.

Plötzlich geht ein Zittern durch seinen Körper. Er strauchelt und wäre beinahe gestürzt! Doch rasch fängt David sich wieder. Ohne auch nur eine Sekunde seiner kostbaren Zeit mit Gefühlen wie Zorn oder Angst zu verschwenden, rappelt er sich wieder auf und bewegt sich weiter auf sein Ziel zu. Sein Gesichtsausdruck ist konzentriert und doch ruhig und gelassen.

Als David sich dem Ziel nähert, gerät er noch einmal ins Schwanken, doch auch diesmal erlangt er das Gleichgewicht wieder. Mit strahlendem Gesicht streckt er die Arme aus. Noch ein letzter spannender Augenblick, in dem alle Zuschauer die Luft anhalten; dann atmen sie erleichtert auf und applaudieren begeistert, als der zehn Monate alte innere Athlet David Seale sich in die ausgestreckten Arme seiner Mutter fallen läßt. David hat zum ersten Mal in seinem Leben ganz allein den Wohnzimmerteppich überquert, und sein Vater hat dieses denkwürdige Ereignis auf Video aufgenommen.

In unserer Kindheit waren wir alle innere Athleten, frei von Ängsten und Sorgen und ganz auf den jetzigen Augenblick konzentriert. Unser Körper war entspannt, sensibel und elastisch und bewegte sich in harmonischem Einklang mit den Gesetzen der Schwerkraft, und wir ließen unseren Emotionen spontan und ohne Hemmungen freien Lauf.

Wenn wir am Anfang unseres Lebens stehen, verfügen wir über nahezu unbegrenzte Möglichkeiten. Doch die meisten von uns verlieren den Kontakt zu den Begabungen unserer Kindheit. Wir belasten uns mit Ansichten und Vorstellungen, die uns einengen, beginnen unsere Gefühle zu verleugnen, und unser Körper verspannt sich. Dieses Buch zeigt einen Ausweg aus diesem Dilemma und verrät, wie wir alle Möglichkeiten verwirklichen können, die in uns liegen.

In jedem von uns steckt ein Athlet, der nur darauf wartet, geboren zu werden.

Einführung

Die Lorbeerkränze der olympischen Meister in der Antike welkten rasch dahin. Jeder Sieg ist vergänglich, und der Ruhm verliert schnell seinen Glanz. Doch selbst Menschen, die auf ihrem Spezialgebiet glänzen, müssen sich nach wie vor mit den Anforderungen des täglichen Lebens auseinandersetzen, ihren Beziehungen, ihrem Studium, ihrer beruflichen Laufbahn. Welches Training bereitet uns am besten auf die emotionalen und psychischen Herausforderungen vor, die wir in der Arena unseres täglichen Lebens zu bestehen haben?

Es gibt eine Trainingsmethode, eine Art, Prioritäten zu setzen, bei der unser Sport oder unser Spiel ein Weg zu einem größeren Ziel wird, eine Pforte zu innerem Wachstum, eine Brücke zur Verwirklichung aller Möglichkeiten, die im Menschen stecken. In diesem Buch möchte ich Ihnen diese Brücke zeigen.

Ich habe *Die Kraft des friedvollen Kriegers* geschrieben, um den Lesern meine aus langer Erfahrung erwachsenen Erkenntnisse zu vermitteln, denn ich habe jahrelang trainiert, geforscht, beobachtet und andere Sportler trainiert. Nun möchte ich Ihnen zeigen, welchen inneren Gewinn das Training bringt, und Ihnen helfen, Ihre Möglichkeiten als innerer Athlet zu verwirklichen, gleichgültig, wieviel Erfahrung Sie im Augenblick haben und wie weit Ihr sportliches Können bis jetzt gediehen ist. Dieses Buch soll Ihnen helfen, Ihre höchsten Fähigkeiten zu entfalten.

Ob Sie nun ein Weltklassesportler, ein Wochenendspieler oder ein Fitneß-Fan sind, die Prinzipien, Techniken und Übungen in diesem Buch werden Ihnen eine sinnvollere, weniger anstrengende Art vermitteln, sich zu bewegen, und auf diese Weise eine Verbindung zwischen Ihrem Training und Ihrem Leben herzustellen.

Training fürs Leben

*Wer kein inneres Leben hat,
ist ein Gefangener seiner Umgebung.*
Henri F. Amiel

Ich verfolge mit diesem Buch zwei Ziele: Erstens möchte ich Ihnen Prinzipien, Perspektiven und Praktiken vermitteln, mit deren Hilfe Sie das innere Spektrum Ihres Trainings erweitern können; zweitens will ich Ihnen helfen, auf dem sportlichen Gebiet Ihrer Wahl Höchstleistungen zu erreichen.

Wenn wir nach Spitzenleistungen streben, verfallen wir nur allzu leicht in eine engstirnige Sichtweise, bei der Punktzahlen, Statistiken und Siege zum alleinigen Ziel unseres Trainings werden. Doch wenn wir uns zu sehr auf unser Streben konzentrieren, vergessen wir oft, was uns eigentlich wichtig ist: nämlich, daß wir glücklich und mit uns zufrieden sind und das Höchste erreichen, was in uns steckt.

In diesem Buch geht es nicht darum, wie man sein Leben dem Training weiht, sondern wie man sein Training dem Leben weiht.

Innere und äußere Athleten

Als ich nicht mehr an sportlichen Wettkämpfen teilnahm, sondern nur noch lehrte und trainierte, stellte ich fest, daß es mir genauso viel Spaß machte, Anfänger zu unterrichten wie fortgeschrittene Sportler. Die Leute, die zur Top-Mannschaft der Universität gehörten, waren zwar weiter fortgeschritten, aber die Anfänger hatten dafür bewundernswerte innere Qualitäten. Viele leisteten Hervorragendes auf anderen Gebieten, wie Musik, Schauspielerei, Kampfkunst, Jonglieren, Pantomime, Malerei und Bildhauerei. Ich stellte fest, daß sich durch alle Bereiche, in denen man sich um Spitzenleistungen bemüht, ein roter Faden zieht, und meine Vorstellung vom «Athleten» begann sich zu erweitern.

In *Webster's Dictionary* wird ein Athlet als ein Mensch definiert, «der an Übungen oder Spielen teilnimmt, in denen es um physische Beweglichkeit, Kraft, Ausdauer usw. geht». Doch die Arena des *inneren* Athleten ist noch viel größer und bedeutender. Der innere Athlet übt sich nämlich nicht nur in physischen Fertigkeiten, sondern entwickelt gleichzeitig mentale und emotionale Eigenschaften, die sich im Gegensatz zu den meisten speziellen physischen Fertigkeiten auf alle Lebensbereiche anwenden lassen.

Normalerweise würden wir Musiker oder Künstler nicht als Athleten bezeichnen, und doch besitzen sie fast alle den gleichen Mut, die gleiche Konzentration und die gleichen gut koordinierten physischen Fertigkeiten wie Sportler, und sie widmen ihrer Kunst genauso viel Zeit wie Athleten ihrem Training. Tänzer gehören zu den Athleten, die am härtesten trainieren, obwohl sie selten an offiziellen Wettkämpfen teilnehmen.

Ich verwende in diesem Buch häufig Beispiele aus den traditionellen Sportarten, Spielen und Fitneß-Aktivitäten wie Golf, Tennis, Joggen, Gymnastik, Kampfkunst, Fußball und Basketball. Doch die Prinzipien, die ich hier beschreiben möchte, lassen sich auf jedes Training anwenden, bei dem es um das Erlernen irgendwelcher Fertigkeiten geht.

Der *äußere Athlet* konzentriert sich auf die Entwicklung physischer Fertigkeiten und trainiert, um ein Könner zu werden; der *innere Athlet* dagegen richtet sein Augenmerk gleichermaßen auf physische, mentale und emotionale Fähigkeiten, um inneres Gleichgewicht zu erlangen, und wird dabei zum *Meister*. Nicht alle inneren Athleten bringen es zu großem Ruhm im sportlichen Wettkampf, und viele legen auch gar keinen Wert darauf. Doch die inneren Qualitäten, die sie bei ihrem Training entwickeln, machen sie zu «Siegern» im täglichen Leben.

Ein innerer Athlet begreift, daß er seinen zwischenmenschlichen Beziehungen, seiner Gesundheit, seinem finanziellen Erfolg, seinem

Beruf oder seinem sozialen Dienst genau die gleiche Aufmerksamkeit widmen muß wie seinem körperlichen Training. Mit anderen Worten, die Aktivitäten unseres täglichen Lebens erfordern das gleiche Engagement, den gleichen Fleiß und die gleiche schrittweise voranschreitende Übung, sonst können wir es darin nicht zur Meisterschaft bringen.

Ein allumfassendes Training

Ich gehe in diesem Buch davon aus, daß wir nicht nur die Summe einzelner Teile, sondern ein dynamisches Ganzes sind. Wenn wir alle Elemente, aus denen wir bestehen – Körper, Geist und Emotionen – durch Training zu einem großen, zusammenhängenden Ganzen integrieren, können wir uns selbst und unser Leben von Grund auf wandeln.

Für den inneren Athleten ist das Training ein Symbol und ein Spiegel des täglichen Lebens. Es spiegelt unsere Schwächen und Stärken wider und offenbart uns unsere Grenzen und Möglichkeiten. Auf der höchsten Stufe, wenn wir in «die Zone», den Augenblick der Wahrheit, eintreten, läßt unser inneres Training uns das Leben auf eine ganz neue Art und Weise erfahren und hebt uns auf eine höhere Ebene empor.

Mit dem Begriff *Training* oder *Übung* meine ich eine gesteigerte Aufmerksamkeit, gepaart mit der Entschlossenheit, unsere Fähigkeiten weiterzuentwickeln oder zu verbessern. Im Grunde benutzen wir beim inneren Training unser Spezialgebiet als Modell für die Entwicklung einer ausgewogenen Lebensweise. Wir üben uns in unserem Sport, aber wie viele Menschen üben sich noch in ihrer Handschrift? Wie oft widmen wir uns jeder Aufgabe unseres täglichen Lebens, ob es nun das Geschirrspülen ist oder das Gehen, mit ungeteilter Aufmerksamkeit, um voll und ganz im jetzigen Augenblick zu leben?

Ich sage meinen Studenten oft: Der Musiker übt sich im Musizieren; der Athlet übt sich im Sport; aber der innere Athlet übt sich in allem.

Kleine Spiele und die große Arena des Lebens

Beim Sport mißt man den Erfolg häufig in erster Linie an Punktzahlen, Zeiten und Spielergebnissen. Vielleicht können wir Saltos vollführen, einen Ball in ein Loch, über ein Netz oder weit ins Feld schlagen, Touchdowns erzielen oder den Ball in den Korb werfen, doch all diese Fähigkeiten nützen uns im täglichen Leben wenig. Im Alltag profitieren wir nur von den inneren Qualitäten, die wir bei diesen sportlichen Aktivitäten entwickeln: Konzentration, emotionale Energie und die Gabe, auch in Streßsituationen körperlich locker und entspannt zu bleiben.

Vor ein paar Jahren beobachtete ich, wie japanische Skispringer, die an den Olympischen Spielen teilnahmen, sich mit T'aichi-Übungen aufwärmten und wie Aikido-Meister Golfern halfen, ihr Spiel zu verbessern. In den östlichen Kulturen wußte man schon immer, daß die Beherrschung des Geistes eine entscheidende Voraussetzung für jeden Erfolg auf physischer Ebene ist. Uns wird erst jetzt allmählich klar, daß jede Kultur mit der ihr eigenen Vielfalt und Sprache und ihren Weltanschauungen zum Wohlergehen des großen Ganzen beiträgt. Allmählich öffnen sich die Blüten unserer inneren Erkenntnis im Sonnenlicht eines tieferen Bewußtseins. Nun ist es an der Zeit, den inneren Athleten, den friedvollen Krieger, zu wecken, der in jedem von uns steckt.

Dan Millman
San Rafael, Kalifornien
Frühjahr 1994

Eins

Ein Blick auf die größeren Zusammenhänge

Das Training, die wichtigste Erfahrung im Leben eines Athleten, muß man sich so vorstellen wie einen Weg, der einen Berg hinaufführt. Der Gipfel ist die höchste Leistung, die man erreichen kann. Gleichgültig, an welchem Punkt seines Weges man sich gerade befindet, man sollte immer genau wissen, wo man steht, und einen klaren Überblick über die Strecke haben, die noch vor einem liegt. Man muß sich darüber im klaren sein, welche Hürden einem bevorstehen und wieviel Anstrengung es noch erfordert, bis man seine Ziele erreicht hat.

Wenn man die Dinge realistisch betrachtet und sich seiner Möglichkeiten und Fähigkeiten bewußt ist, kann man den geeignetsten Weg wählen und sich in seinem Training darauf vorbereiten. Das Entscheidende ist eine guter Start; dann kommt alles andere wie von selbst.

1
Die Gesetze der Natur

Der große Weg des Tao ist sehr gerade,
aber die Menschen lieben die Umwege.

Lao Tse

Fünfzehn Jahre lang steckte ich viel Energie in mein Gymnastik-Training. Doch obwohl ich hart trainierte, kam ich häufig nur langsam voran, und oft schienen meine Fortschritte reiner Zufall zu sein. Deshalb begann ich mich mit dem Prozeß des Lernens zu befassen. Zunächst beschäftigte ich mich mit den klassischen psychologischen Lerntheorien und las Untersuchungen zum Thema Motivation, Visualisation, Hypnose, Konditionierung und mentale Stärke. Allmählich bekam ich einen immer größeren Einblick in das Thema, aber ich mußte mir mein Wissen mühsam zusammentragen. Dann begann ich mich eingehend mit östlichen Philosophien zu beschäftigen, darunter auch mit den Traditionen der taoistischen und zen-buddhistischen Kampfkunst. Das erweiterte meinen Horizont, aber die Erkenntnis, um die es mir ging, hatte ich immer noch nicht gewonnen.

Schließlich begann ich die Antworten auf meine Fragen in meiner eigenen Intuition und meinem eigenen Erfahrungsschatz zu suchen. Dabei wurde mir klar, daß Kinder im Vergleich zu Erwachsenen erstaunlich schnell lernen. Ich beobachtete meine kleine Tochter Holly beim Spielen, um herauszufinden, was für Fähigkeiten sie besaß, die den meisten Erwachsenen fehlten.

Eines Sonntagmorgens sah ich Holly in der Küche auf dem Fußboden mit der Katze spielen. Meine Blicke huschten zwischen meiner Tochter und der Katze hin und her, und vor meinem inneren

Auge nahm eine Vision Gestalt an, eine intuitive Vorstellung, wie sich Begabungen entwickeln – nicht nur physische Begabungen, sondern auch emotionale und mentale.

Mir war aufgefallen, daß Holly in genauso entspannter, absichtsloser Haltung an das Spiel heranging wie die Katze, und da wurde mir klar, daß das Wesen von Begabung nicht so sehr im Vorhandensein ganz bestimmter Eigenschaften liegt, sondern eher darin, daß etwas *fehlt*: nämlich die geistigen, physischen und emotionalen Blockaden, welche die meisten Erwachsenen hemmen.

Nach dieser Entdeckung ging ich oft allein spazieren und beobachtete die Kraft von Wind und Wasser, Bäumen und Tieren in ihrer Beziehung zur Erde. Zuerst fiel mir nur das Offensichtliche auf: daß Pflanzen zur Sonne hin wachsen, daß Gegenstände zur Erde hin fallen, daß Bäume sich unter der Kraft des Windes biegen und daß Flüsse bergab fließen.

Doch nach vielen solchen Spaziergängen lüftete die Natur allmählich ihren Schleier, und plötzlich sah ich klarer. Ich sah, wie sich die Bäume im Wind bogen, und begriff das Prinzip der *Widerstandslosigkeit*. Ich malte mir aus, wie fließendes Wasser sich mit seiner sanften Kraft einen Weg durch steinharten Fels bahnen kann, und verstand das Gesetz der *Anpassung*. Ich sah, wie alles Leben sich in maßvollen Zyklen bewegte, und erkannte das Prinzip des Gleichgewichts. Als ich beobachtete, wie die Jahreszeiten einander ablösten und jede genau zum richtigen Zeitpunkt kam, öffnete mir das die Augen für die *natürliche Ordnung* des Lebens.

Da wurde mir klar, daß der Prozeß der Sozialisation mich und die meisten anderen erwachsenen Menschen dieser natürlichen Ordnung entfremdet hatte, die von freiem, spontanem Ausdruck geprägt ist. Für meine kleine Tochter hingegen gab es noch keine Trennung von den *Dingen, so wie sie sind*.

Allerdings schienen mir solche Erkenntnisse eher poetischen als praktischen Wert zu haben, bis mir eines Tages ganz plötzlich die letzte entscheidende Einsicht kam. Ich stand unter der Dusche, genoß den wohltuenden lauwarmen Sprühregen auf meiner Haut und dachte an gar nichts. Da traf mich plötzlich wie aus heiterem Himmel eine Erkenntnis, die mich ganz sprachlos machte: «Die Gesetze der Natur lassen sich auch auf unser Denken und unsere

Emotionen anwenden!» Das kommt Ihnen vielleicht nicht gerade wie eine weltbewegende Entdeckung vor, aber ich ließ die Seife fallen.

Für mich gab diese Einsicht, daß die Gesetze der Natur auch für die vom Körper untrennbare menschliche Psyche gelten, der Welt ein ganz anderes Gesicht. Von da an betrachtete ich die Prinzipien meines Trainings nicht mehr als etwas rein Physisches, sondern als *psycho*physische Herausforderung. Ich nahm jetzt alles anders wahr als vorher. Bisher hatte ich die Welt und meinen Körper für etwas Physisches gehalten, doch jetzt schwebten sie in einem Reich strömender Energie und bewegten sich nach dem Rhythmus viel subtilerer Kräfte. Diese neue Sichtweise stärkte meine tiefe Verbindung zu den Gesetzen der Natur. Mein inneres Training hatte begonnen.

Jetzt mußte ich diese Erkenntnis nur noch in die Praxis umsetzen und auf eine neue Art des Trainings anwenden, um meine angeborenen Fähigkeiten wieder zum Leben zu erwecken, damit ich die Früchte meines Trainings auch im täglichen Leben nutzen konnte. So wurde das Training zu einem Lebensweg. Das Spiel des Athleten war zu einem perfekten Modell für das Spiel des Lebens geworden.

Wenn die chinesischen Weisen vom Strom des Lebens sprachen, vom zarten, vergänglichen Dasein des Schmetterlings oder von Bäumen, die sich im Wind hin und her wiegen, so waren das Bilder und Metaphern für die Naturgesetze, die Quelle aller menschlichen Weisheit. Alle großen Lehrer unserer Welt haben auf denselben Grundsatz hingewiesen: Inneres Wachstum bedeutet, die Weisheit unserer Lebenserfahrung, die Gesetze der Natur und die für alles aufgeschlossene Unschuld unserer Kindheit zu integrieren.

Bei meiner Suche nach einer naturgemäßen Trainingsmethode versuchte ich mich nach den folgenden Lehren und Gesetzen der Natur zu orientieren.

Prinzip 1: Widerstandslosigkeit

Es gibt vier Möglichkeiten, mit den Kräften des Lebens umzugehen:

- Man gibt Ihnen einfach fatalistisch nach, wie die Steine es tun. Da Steine unbelebte Materie sind, bleibt ihnen nichts anderes übrig, als sich passiv in die Naturgesetze zu fügen.
- Man ignoriert sie, und durch diese Ignoranz kommt es zu Unfällen. Lebewesen, die nicht den Weitblick des Menschen haben, sind in ihrer Unwissenheit ziemlich hilflos. Sie lassen sich lediglich von einfachen Instinkten leiten.
- Man leistet ihnen Widerstand und bringt dadurch alles in Aufruhr. Wir Menschen neigen dazu, uns dem natürlichen Strom des Lebens zu widersetzen oder dagegen anzukämpfen. Mit diesem Widerstand verschwenden wir Energie und rufen verschiedene Symptome der Krankheit und des Unwohlseins hervor.
- Man macht sie sich zunutze und wird eins mit der Natur. Wie Vögel, die sich vom Wind tragen lassen, Fische, die mit dem Strom schwimmen, oder Bambuszweige, die sich unter der Last des Schnees neigen, können auch wir die natürlichen Kräfte *nutzen*. Das ist der wahre Sinn des Prinzips der Widerstandslosigkeit. Es gibt viele Sprichwörter und Redensarten, die auf diese Gesetze anspielen: «Man soll nicht gegen den Strom schwimmen.» – «Man muß die Dinge so nehmen, wie sie kommen.» – «Mache aus allem das Beste!» – «Verwandle Probleme in Chancen und Stolpersteine in Sprungbretter.»

An Tagen, an denen der innere Athlet bei seinem körperlichen Training keine Fortschritte macht, nutzt er die Zeit, um sich mit den mentalen und emotionalen Problemen auseinanderzusetzen, die gerade anstehen.

Widerstandslosigkeit ist also mehr als bloße Passivität. Mit dem natürlichen Strom des Lebens zu schwimmen und aus jeder Situation das Beste zu machen erfordert hohe Intelligenz und Sensibilität.

Für den inneren Athleten sind äußere Leistungen nicht so wichtig wie innere Wandlungen und die Orientierung an den Gesetzen der Natur.

Der innere Golfspieler zum Beispiel macht sich intuitiv den Wind und die Richtung des Graswuchses, die Luftfeuchtigkeit und die natürlichen Erhebungen und Vertiefungen des Geländes zunutze, auf dem er spielt. Auch das Gesetz der Schwerkraft nutzt er, indem er seinen Golfschläger in einem entspannten, natürlichen Rhythmus schwingt. Der innere Turner lernt, mit den einmaligen Kräften und Gegebenheiten in seiner Umgebung zu verschmelzen. Und der innere Tennisspieler lernt, sich die Beschaffenheit des jeweiligen Tennisplatzes zunutze zu machen. «Erobern» und «Siegen» ist das Gegenteil von Widerstandslosigkeit, denn der kämpferische Geist projiziert nur seinen eigenen inneren Aufruhr in die Welt hinein.

Wer sich im täglichen Leben gegen Veränderungen wehrt, der hemmt sein eigenes Wachstum. Bob Dylan erinnert uns in einem seiner Songs daran, daß man stirbt, wenn man nicht ständig neu geboren wird.

Was für eine Raupe das Ende der Welt ist,
das ist für den Meister ein Schmetterling.
Richard Bach

Der innere Athlet hat jeden Gedanken an Widerstand aufgegeben. Für ihn ist der Gegner ein Lehrer oder ein Sparringpartner, der ihn dazu auffordert, sein Bestes zu geben. Und er selbst tut für seinen Gegner das gleiche.

Durch Widerstandslosigkeit können Sie sich die Bewegungen Ihres Gegners zunutze machen. In den Kampfkünsten wie Judo, T'aichi und Aikido ist dieses Prinzip bestens bekannt. «Wenn du geschoben wirst, dann ziehe; wenn du gezogen wirst, dann schiebe.» Härte muß man mit Weichheit begegnen – man muß die entgegenkommende Kraft aufnehmen, neutralisieren und in eine andere Richtung lenken. Das gilt auch fürs tägliche Leben.

Verschmelzung
Das Kampfkunst-Prinzip der Kollisionsvermeidung

Test 1 Stellen Sie sich direkt vor einen Freund hin, und spannen Sie Ihren Körper an. Nun bitten Sie den Freund, Sie mit einer Hand wegzudrücken, und leisten ihm Widerstand. Was ist das für ein Gefühl? Was geschieht dabei? Wahrscheinlich spüren Sie einen Widerstand und verlieren das Gleichgewicht oder die Kontrolle über Ihren Körper, während Ihr Freund Sie nach hinten schiebt.

Beim nächsten Mal treten Sie ganz ruhig und elastisch einen Schritt zurück, wenn Sie geschoben werden, ohne dabei die Kontrolle über Ihren Körper zu verlieren. Lassen Sie Ihren Körper einfach in der gleichen Geschwindigkeit rückwärts fließen, wie Ihr Partner Sie schiebt, und leisten Sie ihm nicht den geringsten Widerstand. Was ist das nun für ein Gefühl? Spüren Sie die Kooperation, die Harmonie, die Sie geschaffen haben? Da Sie jetzt zentriert sind und die Situation unter Kontrolle haben, können Sie Ihrem Partner «erlauben», sich in jede Richtung zu bewegen, in die er sich bewegen «will».

Test 2 Stehen Sie mit beiden Füßen fest auf dem Boden, und strecken Sie das rechte Bein und den rechten Arm zu Ihrem Freund hin. Atmen Sie langsam und tief (Bauchatmung), und entspannen Sie sich. Spüren Sie, wie sich ein Gefühl des Friedens und Wohlwollens in Ihrem Inneren ausbreitet? In dieser Stimmung fordern Sie Ihren Freund auf, aus einer Entfernung von ungefähr drei Metern rasch auf Sie zuzukommen, und zwar in der Absicht, Sie am rechten Arm zu packen, den sie ihm auf Hüfthöhe entgegenstrecken.

In dem Augenblick, in dem Ihr Übungspartner Ihre Hand ergreifen will, wirbeln Sie herum, treten geschmeidig einen kleinen Schritt zur Seite und stehen jetzt hinter Ihrem Freund, der einen Satz nach vorn macht und nach einem Arm greifen will, der nicht mehr da ist. Wenn Sie diese Bewegung ganz ruhig ausführen und Ihren Freund ansehen, während Sie sich

> herumdrehen, behalten Sie das Gleichgewicht und die Kontrolle über Ihren Körper, während Ihr Partner unweigerlich ins Schwanken gerät.
>
> **Test 3** Diese Aikido-Methode läßt sich auch auf verbale Auseinandersetzungen anwenden. Statt daß Sie sich mit Ihrem Gesprächspartner streiten – ihm etwas zu beweisen versuchen, die besseren Argumente haben und ihn mit Ihrer Logik besiegen wollen –, weichen Sie der Auseinandersetzung einfach aus. Hören Sie sich die Argumente Ihres Gegners an, aber hören Sie ihm *richtig* zu, und akzeptieren Sie, daß alles, was er vorbringt, seine Richtigkeit hat. Und dann fragen Sie ihn ganz sanft und freundlich, ob an *Ihrer* Ansicht denn nicht auch etwas Wahres ist. Auf diese Weise lernen Sie, mit Ihrer Umgebung zu verschmelzen und das Prinzip der Widerstandslosigkeit nicht nur auf «Angreifer» anzuwenden, sondern auch auf alle kleinen Probleme und schwierigen Situationen des Lebens. Denken Sie daran, daß Sie sich alle Kämpfe und Kollisionen in Ihrem Leben selbst schaffen. Durch Widerstandslosigkeit läßt sich jeder Kampf in Wohlgefallen auflösen.

Das Gesetz der Widerstandslosigkeit und seine Anwendung

Wer beim Judo denkt, wird sofort geworfen.
Der Sieg gehört jenen, die weder physischen noch mentalen Widerstand leisten.
Robert Linssen

Streß entsteht, wenn unser Geist sich gegen das wehrt, was ist. Die meisten Menschen versuchen den Strom ihres Lebens entweder mit aller Kraft zu beschleunigen oder leisten ihm Widerstand. Sie kämpfen gegen die Umstände an, statt sich die Situation, *so wie sie ist,* zunutze zu machen. Dieser Widerstand führt zu Turbulenzen, die wir als physische, geistige und emotionale Anspannung spüren. Spannung ist ein leichter Schmerz und signalisiert uns wie jeder Schmerz, daß irgend etwas nicht stimmt. Immer wenn Sie sich außerhalb Ihres natürlichen Lebensmusters bewegen, spüren Sie diese Spannung. Wenn Sie auf Ihren Körper hören, können Sie die Verantwortung für diese Turbulenz in Ihrem Leben übernehmen, statt die Schuld den Umständen oder anderen Menschen zuzuschieben.

Athleten leisten den natürlichen Prozessen meist Widerstand, indem sie sich Mühe geben (engl.«to try»). Schon der Ausdruck «Mühe geben» impliziert eine gewisse Schwäche und zeigt, daß wir der Herausforderung nicht gewachsen sind. In dem Augenblick, in dem wir uns Mühe geben, sind wir bereits angespannt, und deshalb ist «Mühe geben» eine der größten Fehlerquellen, die es gibt. Bei natürlicheren Tätigkeiten geben wir uns überhaupt keine Mühe. Wir gehen einfach an den Kühlschrank, schreiben einen Brief oder gießen die Blumen. Dazu bedarf es keiner Anstrengung, und deshalb geht uns das ganz leicht und natürlich von der Hand. Doch wenn wir einer Aufgabe gegenüberstehen, die wir für eine große Herausforderung halten, wenn Selbstzweifel in uns aufsteigen, beginnen wir, uns *Mühe zu geben*.

Wenn Sportler, die an einem Wettkampf teilnehmen, innerlich unter Druck stehen und sich Mühe zu geben beginnen, versagen sie häufig. Der chinesische Weise Chuang-tzu hat einmal gesagt: «Wenn ein Bogenschütze nur zu seinem Vergnügen schießt, ist er im Vollbesitz seiner Fähigkeiten; wenn es eine Messingschnalle zu gewinnen gibt, wird er schon nervös; und wenn ihm als Preis Gold winkt, dann sieht er sein Ziel doppelt.»

Stellen Sie sich einmal vor, Sie müssen über ein zehn Zentimeter breites Holzbrett gehen, das sich etwa zwanzig Zentimeter über dem Boden befindet. Kein Problem, nicht wahr? Und jetzt stellen Sie sich vor, daß das Brett in einer Höhe von drei Metern über einen Teich führt, in dem es von Alligatoren nur so wimmelt. Plötzlich geben Sie sich mehr Mühe. Sie sind innerlich angespannt. An dem Holzbrett hat sich nichts geändert, wohl aber an Ihrer *geistigen Verfassung*.

Immer wenn wir anfangen, uns Mühe zu geben, setzen wir unserem Ziel einen inneren Widerstand entgegen. Diesen Widerstand können Sie an Ihrem eigenen Körper feststellen: Wenn Sie versuchen, Ihren Arm gerade zu halten, spannen Sie sowohl den Streckmuskel (Trizeps) als auch den Beugemuskel (Bizeps) an: Sie kämpfen gegen sich selbst. Athleten die sich *bemühen,* ihren Körper zu dehnen, spüren, wie ihre Muskeln sich anspannen und der Dehnung Widerstand leisten. Menschen, die sich *bemühen,* weniger zu essen, weil sie abnehmen wollen, verspüren nur ein um so stärkeres Verlangen nach Nahrung, oder sie nehmen, kaum daß sie ein paar Pfunde verloren haben, gleich wieder zu. Ein Golfspieler, der nur mit Kraft zuschlägt, trifft meistens nicht voll und bekommt den Ball nicht dorthin, wo er ihn haben will.

Der innere Athlet ist sich darüber im klaren, daß er mit weniger Anstrengung bessere Resultate erzielen kann. Selbst im Eifer des sportlichen Wettkampfs läßt er die Dinge einfach geschehen, ohne sich innerlich anzuspannen. Das hört sich vielleicht wie eine idealistische Phantasievorstellung an; doch viele Beschreibungen der Kämpfe und des Lebens von Kampfkunstmeistern beweisen, daß man sich tatsächlich auch unter Druck diese innere Leichtigkeit bewahren kann. Je mehr auf dem Spiel stand, um so ruhiger und entspannter wurden diese Meister und um so klarer dachten sie. Und sie waren unschlagbar, zum Beispiel friedvolle Krieger wie Morihei Uyeshiba, der Begründer des Aikido, der noch im Alter von über 80 Jahren mit Leichtigkeit einem Angriff mit einem rasiermesserscharfen Schwert ausweichen konnte und seinem Gegner dabei mit dem Fächer gleichzeitig noch einen Klaps auf die Nase gab, entspannt lächelte und tief atmete.

Dr. John Douillard erläutert in seinem Audiokassetten-Programm *Invincible Athletics,* daß es viel sinnvoller ist, ohne Streß und innere Anspannung ans Training heranzugehen, statt sich immer wieder bis zum totalen Zusammenbruch zu verausgaben und dann mühsam wieder zu erholen.

Innere Athleten haben eine leichte, entspannte Einstellung zum Training, steigern den Schwierigkeitsgrad natürlich und schrittweise und bewegen sich dabei stets innerhalb ihres «Wohlfühlbereichs», wenn auch an der oberen Grenze. Auf diese Weise wird das Training zum Vergnügen, und sie erleben eine ähnliche Euphorie wie beim Joggen, aber nicht nur bei seltenen Höhepunkten, sondern jedesmal, wenn sie trainieren. Sie umgehen den inneren Widerstand und die totale Erschöpfung, die sich unweigerlich einstellen, wenn man sich beim Training unter Streß setzt.

Wenn Sie erreichen möchten, daß ein Kind Ihnen folgt, so nehmen Sie es liebevoll an der Hand, und ziehen Sie es ganz sanft und leicht in die gewünschte Richtung. Dann wird das Kind ganz von selbst mitgehen. Wenn Sie dagegen mit plötzlichem Ruck an seiner Hand zerren, wird es sich dagegen stemmen. Unser Unterbewußtsein funktioniert genauso. Und da dieses Unterbewußtsein uns unsere Lebensenergie schenkt, ist es, auf lange Sicht betrachtet, sicherlich am besten, wenn wir uns mit dem Zuckerbrot motivieren und nicht mit der Peitsche.

Wenn Sie Golf spielen, sollten Sie sich nicht bemühen, den Ball zu treffen, sondern *lassen* Sie einfach den Golfschläger durch die Luft schwingen. Als Turner legen Sie sich im Geist die Abfolge Ihrer Bewegungen zurecht, und dann *lassen* Sie Ihren Körper Pirouetten drehen. Beim Basketball lassen Sie den Ball in den Korb fallen. Setzen Sie sich klare Ziele im Leben, treffen Sie die nötigen Vorbereitungen, und dann lassen Sie die Dinge einfach geschehen, jedes zu seiner Zeit.

Jeder Bambussproß «weiß», wie er sich im Wind neigen muß, doch der innere Athlet besitzt die Einsicht, die man braucht, um Windmühlen zu bauen. Wenn Sie das Wesen der Widerstandslosigkeit begreifen, können Sie die Natur zu Ihrem Partner machen. Das ist der erste Schritt auf dem Weg zum inneren Athleten.

Prinzip 2: Anpassung

Das Leben war nie als Kampf gedacht,
sondern nur als sanftes Voranschreiten von einem Punkt zum anderen,
wie eine Wanderung durch ein Tal
an einem sonnigen Tag.
Stuart Wilde

Und nun wollen wir einmal ein paar wichtige Punkte betrachten, auf die man beim Lernprozeß achten sollte:

- *Der Sport fördert die Entwicklung jener Fähigkeiten, die man auch für das Leben braucht.* Unsere Entwicklung entspricht genau den Anforderungen. Wenn keine Anforderungen an uns gestellt werden, entwickeln wir uns nicht weiter. Bei geringen Anforderungen ist unsere Entwicklung gering, und wenn die Anforderungen falsch sind, geht auch die Entwicklung in die falsche Richtung.

- *Anforderungen verlangen nach Motivation.* Ohne innere Motivation, die uns Energie verleiht, kann es keine dauerhafte Reaktion auf eine Anforderung geben.

- *Keine Motivation ohne Sinn.* Was uns motiviert, hängt von unseren Wertvorstellungen ab. Es muß uns irgendeine Verbesserung oder irgendein Vorteil geboten werden, den wir uns wünschen.

- *Die Anforderung besteht darin, daß wir uns von Mal zu Mal ein bißchen mehr abverlangen.* Wenn Sie jedesmal etwas mehr von sich fordern, als Sie bequem und mühelos leisten können, etwas mehr, als Sie können, dann verbessern Sie sich.

- *Überfordern Sie sich immer nur in kleinen Schritten, die nicht über Ihren «Wohlfühlbereich» hinausgehen.* Sie müssen diesen Bereich ständig voll ausschöpfen, aber Sie dürfen seine Grenzen nicht ignorieren. Die meisten Athleten bewegen sich ständig außerhalb dieses Bereichs, und deshalb treten bei ihnen immer wieder Zustände extremer Erschöpfung und Anspannung, ja sogar Schmerzen auf. Da innere Athleten innerhalb ihres Wohlfühlbereichs bleiben (allerdings an der oberen Grenze), brauchen sie ein bißchen länger, um Fortschritte zu machen, aber dafür halten diese Fortschritte auch länger an.

- *Weiterentwicklung (durch Überforderung) setzt voraus, daß wir auch Mißerfolge verkraften können.* Denn jede Weiterentwicklung ist mit einer Reihe «kleiner Mißerfolge» verbunden. Diese kleinen Fehlschläge pflastern den Weg zu unseren höchsten Zielen.

- *Diese Toleranz für Mißerfolge entspringt aus einem intuitiven Verständnis für den natürlichen Lernprozeß.* Unrealistische Erwartungen führen zu Frustration, eine realistische Einstellung macht uns geduldig. Wenn man die Gesetze der Natur versteht, entwickelt man eine realistische, unbeschwerte Einstellung zu vorübergehenden Mißerfolgen und begreift sie als Schritte zum Erfolg, der sich unweigerlich früher oder später einstellen wird.

Durch die langsam ansteigenden Anforderungen beim Training entwickelt man sich Schritt für Schritt weiter. Wenn Sie realistische Anforderungen mit gestaffeltem Schwierigkeitsgrad an Ihren Körper stellen, wird er sich weiterentwickeln. Und wenn Sie Ihren Geist und Ihre Emotionen in ähnlich langsam voranschreitender Form fordern, werden auch sie sich dementsprechend entfalten:

Innerhalb der Grenzen seiner natürlichen Fähigkeiten paßt der menschliche Organismus sich zwangsläufig den Anforderungen an, die an ihn gestellt werden. In diesem Anpassungsprozeß spiegelt sich ein Gesetz wider, das es den Menschen ermöglicht hat, jahrtausendelang zu überleben und sich dabei ständig weiterzuentwickeln.

Selbst Steine gehorchen dem Gesetz der Anpassung. Wenn Sie einen Stein mit einem Werkzeug zermahlen, wird er allmählich seine Form verändern. Doch wenn Sie ihn zu schnell zu zerkleinern versuchen, kann es passieren, daß er zerbricht. Die sichersten Resultate erhält man, wenn man eine allmähliche Veränderung anstrebt, und zwar im Rahmen der derzeitigen Fähigkeiten. Einen Berg besteigt man am besten in kleinen Schritten. Wenn man dabei große Sprünge macht, erreicht man oft nur das Gegenteil von dem, was man beabsichtigt.

Ich ermahne viele Athleten und sonstige Schüler aus allen sozialen Schichten und Berufen immer: «Vertraut auf den Prozeß eures Trainings; vertraut auf den Prozeß eures Lebens.» Wenn man die großen Zusammenhänge betrachtet, gibt es keine Fehler, sondern nur Lektionen. Deshalb wollen wir aus allen Herausforderungen, allen Erfolgen und Mißerfolgen etwas lernen!

Das Gesetz der Anpassung und seine Anwendung

Viele Menschen sind so zielorientiert, daß sie ganz vergessen, den Weg, der zum Ziel führt, zu genießen. Das erinnert mich an einen alten chinesischen Fluch: «Mögest du all deine Ziele erreichen.» Das Paradoxe daran ist: Wenn wir den Prozeß des Strebens nach unseren Zielen genießen, ist die Chance, sie zu erreichen, viel größer, und wir werden entdecken, daß ein großer Teil des Vergnügens bereits auf dem Weg zum Ziel liegt.

Das Gesetz der Anpassung ist ebenso unumstößlich wie das Gesetz der Schwerkraft. Dennoch vertrauen die meisten Menschen nicht auf dieses Gesetz, weil sie an sich selbst zweifeln oder verwirrt sind. «Kann ich darin wirklich gut werden?» – «Werde ich mein Ziel erreichen?» – «Werde ich Erfolg haben?» fragen wir uns vielleicht. Doch solche Fragen bewirken nur eine innere Anspannung und schwächen unsere Motivation. Gehen Sie lieber entschlossen auf Ihr Ziel zu! Werden Sie sich darüber klar, daß Fortschritt etwas Automatisches ist: Wenn Sie eine Sache eine Zeitlang konzentriert üben und entschlossen sind, sich darin zu verbessern, dann *werden* Sie sich auch verbessern. Manche Menschen besitzen jene einmalige Kombination psychischer, emotionaler und genetischer Eigenschaften, die man braucht, um ein Weltklassesportler zu werden. Doch *jeder* Mensch, der sich längere Zeit in einer bestimmten Fähigkeit übt, kann auf diesem Gebiet kompetent, ja sogar zum Experten werden.

Probieren geht über Studieren

Wie das Gesetz der Anpassung funktioniert, kann man ganz leicht beobachten: Nehmen Sie sich irgendeine körperliche Aktivität vor, die Ihre Fähigkeiten momentan ein wenig übersteigt. Das kann ein einfacher Liegestütz, ein einarmiger Liegestütz oder ein Handstand sein; vielleicht möchten Sie sich auch aus der Rückenlage aufsetzen oder mit nach vorn gestreckten Beinen auf dem Boden sitzen und Ihre Zehen berühren, oder Sie wollen es schaffen, fünf Minuten lang auf der Stelle zu joggen, ohne müde zu werden.
Sobald Sie sich für eine bestimmte Übung entschieden haben, führen Sie sie jeden Morgen und jeden Abend mehrmals aus, und zwar *täglich*. Jeder neue Versuch ist eine Aufforderung an Ihren Körper, sich zu verändern. Bitten Sie ihn ganz höflich darum, und übertreiben Sie nicht. Aber seien Sie konsequent.

> Setzen Sie sich *kein* bestimmtes Ziel, erlegen Sie sich auch kein zeitliches Limit auf, und legen Sie nicht fest, wie oft Sie diese Übung jeden Tag wiederholen müssen. (An manchen Tagen haben Sie vielleicht Lust, etwas mehr zu trainieren, an anderen Tagen weniger.)
>
> Praktizieren Sie das einen Monat lang, und achten Sie darauf, was dabei geschieht: Sie werden feststellen, daß Ihr Körper Ihre «höfliche Bitte» erfüllt, ohne daß Sie sich besondere Mühe geben müssen.
>
> Wenden Sie diese Methode auf jede Veränderung an, die Sie in Ihrem Leben anstreben. Es erfordert nur ein wenig Zeit und Ausdauer, bis Sie Ihr Ziel erreichen. Ihr Körper wird sich anpassen. Vertrauen Sie auf diesen Prozeß, bitten Sie darum, und die Bitte wird Ihnen erfüllt werden.

Wenn wir das Gesetz der Anpassung anwenden, erreichen wir eine ganz neue Ebene der Zuversicht, der Verantwortung und des Engagements, denn dann wissen wir genau, daß unser Erfolg davon abhängt, was wir von uns zu fordern bereit sind. Wir werden auch ein Gefühl der Klarheit und inneren Sicherheit bekommen, denn wir *wissen:* Wenn wir uns für etwas entscheiden, was im Rahmen unserer Fähigkeiten liegt, dann wird es uns auch gelingen. Wir fragen uns ja auch nicht, ob ein Stein zu Boden fällt, wenn wir ihn loslassen. Warum also sollten wir an unserem Erfolg zweifeln?

Prinzip 3: Gleichgewicht

Jeder Athlet weiß, wie wichtig Gleichgewicht ist. Doch Gleichgewicht ist viel mehr als bloße physische Balance. Es ist ein allumfassendes Prinzip, das sämtliche Aspekte unseres Körpers und unseres Denkens, Trainings und Lebens durchdringt. Ich nenne es das Prinzip des goldenen Mittelwegs: «Weder zuviel noch zuwenig.»

Der innere Athlet, der von Natur aus gleichgewichtsorientiert ist, bewegt sich weder zu schnell noch zu langsam, weder zu weit zur einen Seite noch zu weit zur anderen; er ist weder zu aktiv noch zu passiv, springt weder zu hoch noch zu niedrig.

Das Gleichgewicht bestimmt die richtige Geschwindigkeit, Zeiteinteilung und Präzision, von der für den Athleten alles abhängt. Auch der menschliche Körper ist auf ein fein abgestimmtes Gleichgewicht der chemischen Zusammensetzung des Blutes und der Körpertemperatur angewiesen; er darf weder zu schnell noch zu langsam atmen, weder zu dick noch zu dünn, weder zu muskulös noch zu mager sein. Selbst bei unserer Aufnahme von Wasser und Grundnährstoffen muß Ausgewogenheit herrschen. Wo wir auch hinschauen, überall wirkt das Gesetz des Gleichgewichts.

Im Grunde ist dieses Gesetz nicht anderes als eine Anerkennung unserer natürlichen Grenzen. Selbstverständlich können wir über die Grenzen hinausgehen, die das Gesetz des Gleichgewichts uns auferlegt, ebenso wie wir auch den anderen Naturgesetzen eine Zeitlang Widerstand leisten können, doch auf lange Sicht müssen wir unweigerlich dafür bezahlen. Denn letzten Endes siegt das Prinzip von Aktion und Reaktion, genau wie beim Glücksspiel immer die Bank gewinnt.

Dieser Grundsatz läßt sich auch auf unser Training anwenden. Wenn wir uns im Gleichgewicht befinden, werden wir immun gegen Ungeduld und Frustration, denn dann ist uns klar, daß auf jeden Aufwärtszyklus automatisch ein Abwärtszyklus folgt – und umgekehrt. Es wäre vollkommen unrealistisch, nur Aufschwungphasen zu erwarten. (Man kann nicht alles haben – das wäre so, als wollten wir nur ein einziges Mal essen und dann für immer und ewig satt sein.)

Meist sieht unser Fortschritt im Leben so aus, daß wir zwei Schritte vorwärts gehen und einen zurück. An manchen Tagen haben wir viel Energie, an anderen nicht; manchmal gewinnen wir, dann verlieren wir wieder. Wenn wir das begriffen haben, bleiben unser Denken und unsere Emotionen im Gleichgewicht, und wir verlieren nicht den Mut, selbst wenn wir beim Training unsere Höhen und Tiefen erleben. Die höhere Weisheit des Gesetzes vom Gleichgewicht gibt uns Auftrieb.

Das Gesetz des Gleichgewichts und seine Anwendung

Sobald uns immer klarer wird, daß die Welt und unser Training Körper, Geist und Emotionen umfassen, gewinnt der Begriff «Gleichgewicht» eine noch viel tiefere Bedeutung, denn jetzt erkennen wir, daß physische Probleme lediglich Symptome unausgewogener mentaler und emotionaler Verhaltensmuster sind. Wenn wir uns körperlich nicht ganz auf der Höhe fühlen, fragen wir uns: «Was geht momentan in meinem Denken und meinen Emotionen vor?»

Der Zustand inneren und äußeren Gleichgewichts – körperlicher, geistiger und emotionaler Gelassenheit – läßt sich gut mit dem Wort «zentriert» umschreiben. Denn die drei Zentren des Menschen sind so eng miteinander verbunden, daß ein Ungleichgewicht in einem Bereich sich sofort auf die anderen auswirkt. Der Kampfsportler weiß, daß man den Gegner leicht umwerfen kann, wenn dieser mit seinen Gedanken woanders ist oder sich in einem Zustand emotionaler Erregung befindet.

Die folgenden Tests sollen Ihnen den Nutzen und den falschen Gebrauch des Gleichgewichts demonstrieren.

Geistiges und körperliches Gleichgewicht

Test 1 Wählen Sie für diese Übung einen Augenblick, in dem Sie verhältnismäßig ruhig sind und sich wohl fühlen. Nun stehen Sie auf, und balancieren Sie auf einem Bein. Wenn Ihnen das völlig mühelos gelingt, tun Sie es mit geschlossenen Augen. Prägen Sie sich ein, wie verhältnismäßig leicht das ging.

Wenn Sie sich das nächste Mal über irgend etwas aufregen, wenn Sie wütend, traurig, ängstlich oder innerlich aufgewühlt sind oder über ein Problem nachdenken, das Sie gerade beschäftigt, wiederholen Sie diesen Balance-Test. Dabei gibt es zwei Möglichkeiten: Wenn Sie «über Ihre innere Erregung meditieren», werden Sie leicht die Balance verlieren. Wenn Sie dagegen «über Ihr Gleichgewicht meditieren», dann wird Ihre

Erregung sich legen. Physisches Gleichgewicht und emotionaler Aufruhr sind wie Feuer und Wasser, die sich nicht gut miteinander vertragen.

Test 2 Wir können einen Zustand des körperlichen, geistigen oder emotionalen Ungleichgewichts auch unter Kontrolle bekommen, indem wir ganz bewußt etwas Unausgewogenes tun, um das Ungleichgewicht deutlich zu erkennen und auf diese Weise beherrschen zu können.

Zur Veranschaulichung: Wenn Sie das nächste Mal an einem sportlichen Wettspiel teilnehmen, bewegen Sie sich ein paar Minuten lang absichtlich im Ungleichgewicht, dann wieder im Gleichgewicht, dann wieder im Ungleichgewicht, und so weiter. Wenn Sie zu sehr zu einer ganz bestimmten Verhaltensweise neigen, versuchen Sie so zu tun, als neigten Sie dem anderen Extrem zu. Wenn Sie beispielsweise beim Spiel immer zu ängstlich und vorsichtig sind, versuchen Sie einmal ganz bewußt, sich zu aggressiv zu verhalten. Wenn Ihre Tennisaufschläge zu weit nach rechts gehen, sollten Sie den Ball zu weit nach links schlagen. Sie werden feststellen, daß Ihre Spielweise hinterher besser wird.

Das wird ein ziemlich unangenehmes Gefühl sein, so, wie wenn man einen Anzug trägt, der zwei Nummern zu klein ist. Trotzdem wird es Ihnen ungeheuer weiterhelfen, denn in dem Sie beide Extreme ausloten, können Sie den goldenen Mittelweg finden und wieder ins Gleichgewicht kommen. In Kapitel 7 werde ich noch näher auf diese wertvolle Methode eingehen, Gleichgewicht zu erlangen.

Prinzip 4: Die natürliche Ordnung

Das Prinzip der natürlichen Ordnung erklärt die fortschreitende Entwicklung aller Dinge in der Zeit. In der Natur folgt eine Jahreszeit ohne jede Eile genau in der richtigen Reihenfolge auf die andere. Aus einem Sämling wird ein Baum, so wie ein Kleinkind zu einem erwachsenen Menschen heranwächst. Diese Entwicklung verläuft niemals rückwärts, und der Prozeß läßt sich auch nicht beschleunigen; alles richtet sich nach der natürlichen Ordnung der Dinge.

Nur der Mensch hat es eilig. Unser Verstand rennt schneller als das Leben. Wir ignorieren das Gesetz der natürlichen Ordnung, setzen uns zeitlich begrenzte Ziele und hetzen uns ab, um diese völlig willkürlichen Ziele zu erreichen. Natürlich braucht man Ziele, denn ohne sie gibt es keine Bewegung im Leben. Wenn wir keine Ziele hätten, würden wir morgens gar nicht erst aufstehen. Aber wir sollten nicht versuchen, uns starre *zeitliche* Ziele zu setzen. Solche Ziele sind unrealistisch, denn wir können die Zukunft nicht voraussehen. Je langfristiger unsere Ziele sind, um so weniger realistisch sind sie in der Regel auch. Wir können zwar die Richtung unseres Fortschritts voraussehen, aber nicht seine Geschwindigkeit. Das Leben hält zu viele unvorhergesehene Wendungen und Veränderungen für uns bereit, als daß wir die natürliche Ordnung der Dinge in die Bahn lenken könnten, die unseren Vorstellungen entspricht.

Der Fortschritt hängt sowohl von der investierten Zeit als auch von der Intensität unserer Bemühungen ab. Man kann sich seinen Aufgaben intensiver widmen und sie dadurch in kürzerer Zeit erledigen, oder man beschäftigt sich weniger intensiv mit ihnen und braucht dafür länger. Zeit und Intensität müssen sich also in einem Gleichgewicht befinden.

Wenn wir zu intensiv trainieren, mag es vielleicht so aussehen, als kämen wir schneller voran, und wenn wir Glück haben, genießen wir sogar einen kurzlebigen Ruhm. Doch letzten Endes ereilt uns zwangsläufig die natürliche Konsequenz eines Lebens, das aus dem Gleichgewicht geraten ist: Wir fühlen uns total ausgebrannt.

Gleichgültig, welche Zyklen wir durchlaufen und in welchem Tempo wir uns vorwärtsbewegen, es ist stets am besten, auf die natürliche Ordnung zu vertrauen und jeden Tag mit unserer ganzen Energie und unserem ganzen Humor zu genießen, komme, was wolle. Humor ist ein gutes Zeichen dafür, daß wir die Welt aus einer ausgewogenen Perspektive betrachten. Denn so großartig unsere sportlichen Ziele oder Leistungen auch sein mögen, wir bleiben trotzdem für immer und ewig winzige Pünktchen in einem riesigen Universum. Wenn wir einen Golfball neben das Loch schieben oder beim Tennisaufschlag einen Doppelfehler machen, wird das den Kosmos wohl kaum erschüttern.

Das Gesetz der natürlichen Ordnung und seine Anwendung

Sicherlich haben wir alle uns schon einmal gedacht: «Eigentlich sollte ich mehr leisten, eigentlich sollte ich schneller vorankommen.» Das ist häufig ein Zeichen dafür, daß wir das Gesetz der natürlichen Ordnung vergessen haben. Ebenso wie der Begriff «Mühe geben», hat auch das Wort «sollen» im Denken eines natürlichen Athleten nichts zu suchen. «Sollen» bedeutet nämlich, daß wir *mit der Situation, so wie sie ist,* nicht zufrieden sind. Es ist der größte Widerspruch, den es gibt, der schwankende Boden, auf dem wir unsere Neurosen heranzüchten. Unsere Zeit ist zu kostbar, um über Dinge nachzubrüten, die nicht existieren.

Ob Ihr Training zu «intensiv» oder zu «leicht» ist, hängt natürlich von Ihren Fähigkeiten ab. Ich stelle immer ein systematisches Übungsprogramm auf, damit die Athleten, die ich trainiere, ein Grundgerüst haben, das sie dann, je nach ihren individuellen Fähigkeiten, abwandeln können. Sie müssen sich mehr auf ihr inneres Gespür verlassen als auf ein äußeres Programm.

Inwieweit wir uns im Einklang mit dem Gesetz der natürlichen Ordnung bewegen, läßt sich daran ablesen, wie wohl wir uns bei unserem Training fühlen und wie sehr wir es genießen. Natürlich hat jeder Mensch gute und schlechte Tage, doch wenn wir uns längere Zeit zuviel abverlangen, verlieren wir leicht das Gefühl der Freude, mit dem wir unser Training begonnen haben.

Eine Schwimmerin erklärte einmal in aller Öffentlichkeit, sie sei froh, wenn sie die Olympischen Spiele endlich hinter sich habe, denn dann brauche sie nie wieder ein Schwimmbecken zu sehen. Können Sie sich vorstellen, wie es wäre, wenn Sie die gleiche Einstellung zu Ihren Leben hätten? «Ja, ich weiß, ich habe es weit gebracht; aber ich kann es gar nicht mehr erwarten, bis es endlich vorbei ist.» So, wie wir trainieren, leben wir; und so, wie wir zu leben gelernt haben, trainieren wir auch. Wenn wir den einen Bereich unseres Lebens einmal genau unter die Lupe nehmen, begreifen wir auch den anderen.

Wir können den Konsequenzen der Naturgesetze nicht entrinnen. Wer sie übertritt bekommt zwar keinen Strafzettel, doch die «Rechtsbrecher» der Natur bauen sich ihr eigenes Gefängnis.

Sie müssen in Ihrem Leben ein Gleichgewicht zwischen Wohlbefinden und Schmerz schaffen und ein Gespür für die natürliche Ordnung der Dinge entwickeln. Praktizieren Sie das Prinzip der Widerstandslosigkeit, indem Sie sich alles zunutze machen, was Ihnen auf Ihrem Weg, auf Ihrer Reise durchs Leben begegnet. Gehen Sie Schritt für Schritt vorwärts, und vertrauen Sie auf das, was kommt. Wenn Sie sich innerhalb der Naturgesetze bewegen, werden Sie nicht nur sich selbst entdecken und ein gewisses Maß an Erfolg erreichen, sondern Ihr Leben auch von Jahr zu Jahr mehr genießen.

Die Orientierung an den Naturgesetzen ist der erste Schlüssel zur sportlichen Freiheit. In den folgenden Kapiteln werden Sie sehen, wie Sie mit Hilfe diese vier großen Prinzipien über einengende Selbsteinschätzungen hinauswachsen können. Sie werden lernen, emotionale Blockaden zu überwinden und Ihre inneren und äußeren Talente zu entfalten – und das alles ist eine gute Vorbereitung für die Besteigung Ihres Berges.

2
Die Macht der Bewußtheit

Das Leben ist eine großartige Schule, und die Natur ist der beste Lehrer, den es gibt. Doch ohne Bewußtheit kann man die Stimme des Lehrers nicht hören. Durch Bewußtheit verwandeln wir die Lektionen, die das Leben uns erteilt, in Weisheit, und verwirrende Umstände und Ereignisse lassen sich in nützliches Wissen umsetzen. Bewußtheit steht also am Beginn eines jeden Lernprozesses.

Lernen ist eine Reaktion auf die Anforderung, uns weiterzuentwickeln – etwas zu tun, was wir vorher nicht konnten. Daher ist der Prozeß des Lernens zwangsläufig mit Fehlern und Irrtümern verbunden. Diese Fehler sind an sich kein Problem; zum Problem werden sie erst, wenn wir sie ignorieren oder mißverstehen. Um einen Fehler korrigieren zu können, muß man sich ihn zunächst einmal *voll und ganz* bewußtmachen; dann kommt die Korrektur ganz von selbst.

Normalerweise messen wir unseren Fortschritt beim Sport an den Ergebnissen. Mit anderen Worten: Wenn man das Spiel gewinnt, den Ball einlocht, sein Ziel erreicht, scheint alles in bester Ordnung zu sein; doch wenn man das Spiel verliert oder der Golfball im hohen Gras landet, weiß man, daß *irgend etwas* nicht stimmt. Durch Bewußtheit kann man dieses *Etwas* spezifizieren.

Die meisten Probleme sind bereits halb gelöst, wenn man sie genau definiert hat.
Harry Lorayne

Wenn diese Bewußtheit etwas rein Intellektuelles wäre, könnten kleine Kinder gar nicht lernen. Aber Bewußtheit ist mehr als nur ein rein begriffliches Verstehen, Bewußtheit ist eine Sensibilität, die den ganzen Körper umfaßt und die man sich durch direkte Erfahrung erworben hat. Ohne totale Bewußtheit etwas lernen zu wollen ist, als versuchten wir, eine Briefmarke ohne Gummierung an einem Brief zu befestigen – sie bleibt einfach nicht kleben.

Unser Weg ist mit Fehlern und Irrtümern gepflastert – im Leben ebenso wie beim Training. Wenn wir eine neue Fertigkeit erlernen, reduzieren wir unsere Fehler allmählich bis zu einem Grad, wo sie uns nicht mehr an der Erreichung unseres Ziels hindern. Selbst das Raumfahrtprogramm der NASA ist nicht fehlerfrei; aber die Fehler sind so minimiert worden, daß man sie praktisch überhaupt nicht mehr wahrnimmt. Selbst bei den «perfekten Programmen» der olympischen Turner, die mit zehn Punkten bewertet werden, kommen noch Fehler vor, aber sie sind so unwesentlich, daß sie nicht ins Gewicht fallen. Den Experten erkennt man daran, daß er die kleineren Fehler macht.

Natürlich sollte man sich nicht nur seiner Schwächen, sondern auch seiner Stärken bewußt sein. Das Wissen um unsere Stärken schenkt uns Selbstvertrauen; es ermutigt, motiviert und befriedigt uns. Doch nur wenn wir auch unsere Schwächen erkennen, können wir daran arbeiten und uns tatsächlich verbessern.

Bewußtwerdung, Desillusionierung und Erfolg

Bewußtheit ist zwar heilsam, aber nicht immer angenehm. Im Gegenteil: Der Prozeß der Bewußtwerdung kann sehr desillusionierend sein. In den ersten Monaten meines Aikido-Trainings verlor ich ziemlich viele Illusionen. Bei dieser Kampfsportart mit ihren fließenden Bewegungen muß man bei jeder Bewegung vollkommen entspannt bleiben, selbst wenn man angegriffen wird. Dabei fiel mir auf, daß meine Schultern ziemlich angespannt waren. Zuerst führte ich diese Anspannung auf das Aikido zurück; doch allmählich begriff ich, daß mir jetzt zum ersten Mal eine Verspannung zum Bewußtsein kam, die in Wirklichkeit schon immer dagewesen war. Wenn Erstsemester in der Turnmannschaft der Stanford University diesen Prozeß der Erkenntnis, Bewußtwerdung und Desillusionierung durchliefen, waren sie manchmal ziemlich frustriert und erklärten mir, ihrem Trainer, «auf der High-School seien sie viel besser gewesen», und jetzt «würden sie immer schlechter». Das beunruhigte mich, bis ich Filme von ihren sportlichen Leistungen im Vorjahr sah, auf denen deutlich zu erkennen war, daß sie sich um Klassen verbessert hatten. Aber sie legten jetzt einfach strengere Maßstäbe an, und deshalb kamen ihnen ihre Fehler deutlicher zum Bewußtsein als im Jahr zuvor.

Ein sicheres Anzeichen wachsender Bewußtheit ist das Gefühl, «sich zu verschlechtern». Beim Sport, in zwischenmenschlichen Beziehungen und bei jedem Lernprozeß ist der Prozeß der Bewußtwerdung häufig mit einem vorübergehenden Sinken des Selbstwertgefühls verbunden; das Bild, das wir von uns haben, bekommt einen Knacks. Daher neigen die meisten Menschen dazu, sich gegen diesen Prozeß zu wehren; das ist ein instinktiver Abwehrmechanismus. Über diesen inneren Widerstand gegen die Bewußtwerdung müssen wir uns im klaren sein, um uns jene Entmutigung und Frustration zu ersparen, die schon so manchen Sportler genau in dem Augenblick aufgeben ließ, als er in seiner Sportart gute Leistungen zu zeigen begann – weil er das Gefühl hatte, «sich zu verschlechtern».

Eine Bewußtheit, die den ganzen Körper umfaßt

Die meisten Sportler haben den Mut, ihre physischen Fehler zu erkennen und zu überwinden. Dieser eine Aspekt entwickelt sich also weiter. Doch der innere Athlet muß sich gleichermaßen der Schwächen seines Körpers, seines Geistes und seiner Emotionen bewußter werden. Das erfordert die Bereitschaft, sein Gesicht zu verlieren – sich selbst vorübergehend in einem Licht zu sehen, das nicht so schmeichelhaft ist, wie man es sich vielleicht gewünscht hätte. Wir *alle* haben uns geistige, emotionale und physische Eigenschaften aus unserer Kindheit bewahrt, die falsch, unreif und ausgesprochen dumm sind. Den meisten Menschen kommen diese Charakterzüge gar nicht zum Bewußtsein; sie steigen nur hin und wieder an die Oberfläche, wenn man innerlich aufgewühlt ist, unter Druck steht oder sich in einer Krise befindet. Bewußtheit ist wie Sonnenlicht über einem dunklen Brunnen. Wir sehen die kleinen Dämonen, die da unten lauern, so lange nicht, bis das Licht der Bewußtheit direkt von oben in den Brunnen hineinscheint. Erst dann erkennen wir all diese unterentwickelten Eigenschaften und Fähigkeiten in unserem Inneren und lernen Demut und Mitgefühl.

Gegen die Erkenntnis unserer physischen Schwächen wehren wir uns nur ein kleines bißchen; doch der Bewußtwerdung unserer geistigen und emotionalen Schwachpunkte setzen wir massiven Widerstand entgegen. Dafür gibt es zwei plausible Gründe: Erstens *fallen physische Fehler mehr auf.* Die Resultate springen einem auf Anhieb ins Auge. Wenn wir zum Beispiel den Baseball nicht treffen, liegt es auf der Hand, daß wir einen Fehler gemacht haben. Emotionale und geistige Schwächen dagegen sind nicht so leicht erkennbar. Zweitens *identifizieren wir uns mehr mit unserem Geist und unseren Emotionen als mit unserem Körper.* Und wir neigen dazu, das zu verteidigen, womit wir uns identifizieren. Deshalb verteidigen wir das Bild, das wir von uns selbst haben, unsere Wertvorstellungen und die Menschen, die wir lieben, viel erbitterter als jene Dinge, die wir als getrennt von uns wahrnehmen.

Einmal sah ich in einer Zeitschrift einen Cartoon, in dem ein Mann einen kleinen Wagen mit Eis vor sich herschob. Der Mann blieb stehen, um einem Redner zuzuhören, der auf einer Tribüne stand und einer kleinen Menschenmenge einen Vortrag hielt. Das Gesicht des Eisverkäufers zeigte Interesse und wachsende Zustimmung, als der Redner rief: «Nieder mit dem Faschismus! ... Nieder mit dem Kommunismus! ... Nieder mit der Regierung! ... Nieder mit den Politikern!» Doch plötzlich nahm es einen mißmutigen Ausdruck an, und der Mann ging gekränkt weiter und murmelte ärgerlich etwas in seinen Bart hinein. Der Redner hatte anscheinend hinzugefügt: «Nieder mit dem Eis!»

Vielleicht glauben Sie nicht, daß wir uns mehr mit unseren Gedanken und Emotionen identifizieren als mit unserem Körper (und diese daher auch heftiger verteidigen). Aber ist Ihnen denn nicht auch schon aufgefallen, daß es den Menschen viel leichter fällt, über ihre körperlichen Gebrechen zu sprechen als über irgendein emotionales oder geistiges Problem? Wenn man einem Sportler sagt, er wirke im Augenblick ziemlich schwerfällig und unbeholfen, wird er darüber schon ein bißchen bestürzt sein; aber wenn man ihm erklärt, er wirke dumm oder unreif (das heißt, er zeige eine geistige oder emotionale Schwäche), wird er viel eher aus der Fassung geraten und sich verteidigen. Aus dieser Abwehrhaltung heraus wehren wir uns gegen die Bewußtwerdung unserer Fehler. Der natürliche Sportler kann sich eine solche Abwehrreaktion nicht leisten; diese Bürde ist einfach zu schwer, wenn man leicht und frei werden möchte.

Wenn Sie ein natürlicher Sportler werden wollen, der im Einklang mit den Naturgesetzen lebt, dürfen Sie dem Prozeß der Bewußtwerdung keinerlei Widerstand entgegensetzen. Mit Hilfe einer geschärften Beobachtungsgabe können Sie Ihre Schwächen entdecken, Ihre Illusionen durchbrechen und Ihre Fehler in eine Bewußtheit verwandeln, die den ganzen Körper durchdringt..., und in Kraft. Im Eifer des Trainings und des sportlichen Wettkampfs treten verborgene Schwächen ans Tageslicht; daher bietet uns die sportliche Arena enorme Möglichkeiten, unseren ganzen Körper weiterzuentwickeln.

Sobald uns unser instinktiver Widerstand gegen die Erkenntnis unserer Eigenheiten und Schwächen klar wird, begreifen wir auch, warum das Lernen für Erwachsene nicht leicht ist. Kinder sind es in der Erwachsenenwelt gewohnt, dauernd ihr Gesicht zu verlieren; Fehler gehören zu ihrem täglichen Leben. Eigentlich tun kleine Kinder kaum etwas anderes, als Fehler zu begehen. Sie machen in die Hose, stürzen, lassen Dinge auf den Boden fallen. Aber für sie gibt es keine Erkenntnis, gegen die sie sich wehren müßten, und deshalb ist der Prozeß der Bewußtwerdung, Übung und Korrektur für sie etwas ganz Natürliches. Wenn das auch bei uns so wäre, könnten wir viel rascher lernen.

Den meisten Menschen ist bei ihren sportlichen Bemühungen schon «irgendwie» klar, was sie falsch machen, und deshalb versuchen sie auch eine Zeitlang, ihren Fehler «irgendwie» zu korrigieren. Doch wenn man Fehler zu verbessern versucht, die einem gar nicht hundertprozentig klar sind, hat man vorübergehend häufig das Gefühl, noch schlechter zu sein als vorher. Deshalb kehrt man bald wieder zu seinen gewohnten Verhaltensmustern zurück.

Denn oft ist es viel einfacher, in diesem Zustand der Verwirrtheit zu verharren. Ein Sportler hatte einen autoritären Trainer, der ihn ständig beschimpfte. Er wiederholte mir eine der Schimpftiraden, mit welcher der Mann ihn kürzlich überhäuft hatte. Als ich ihn fragte, warum er sich denn keinen anderen Trainer suche, antwortete der Sportler seufzend: «Na ja, wenigstens bin ich an den Mann gewöhnt.»

Wir bleiben im Sport, in unseren zwischenmenschlichen Beziehungen und anderen Bereichen des täglichen Lebens häufig aus dem gleichen Grund bei unseren alten, eingefahrenen Verhaltensmustern. «Wenigstens sind wir daran gewöhnt», sagen wir uns. Je unflexibler und je weniger bereit wir sind, Risiken einzugehen, um so eher bleiben wir in der Sackgasse alter Gewohnheiten stecken, die schon längst nicht mehr gut für uns sind. Manchmal bedarf es eines physischen oder emotionalen Schmerzes, damit wir das Bewußtsein entwickeln und die Schritte unternehmen, die zu einer Veränderung notwendig sind.

Und dann kam der Zeitpunkt,
wo das Risiko,
in einer Knospe verschlossen zu bleiben,
schwerer wog als das Risiko
zu erblühen.
Anaïs Nin

Wie Bewußtheit entsteht

Der Prozeß der Bewußtwerdung ist – wie alles andere auch – den Naturgesetzen unterworfen. Das heißt, es passiert nicht alles auf einen Schlag, sondern in einer natürlichen Reihenfolge: vom Groben zum Feinen. Der Prozeß der allmählichen Bewußtwerdung ähnelt einer Skulptur, die Sie von sich selbst anfertigen. Zunächst entscheiden Sie sich, welche Form Sie aus dem Stein heraushauen möchten (das heißt, Sie definieren Ihr Ziel). Dann beginnen Sie den Stein zu behauen. Dieser «Rohentwurf» ist Ihr allgemeines Bewußtsein. Dann kommen die Detailarbeit und das Polieren – das sind die subtileren Bewußtseinsstufen.

Ein Beispiel für das grobstoffliche Bewußtsein ist es, wenn Ihnen auffällt, daß Sie ab und zu hinfallen, oder daß Sie jähzornig sind und in Ihrer Wut manchmal andere Menschen schlagen, oder daß Sie häufig zerstreut sind und vergessen, wo Sie sich befinden. Ein Beispiel für das verfeinerte Bewußtsein hingegen ist der Kunstspringer, der selbst bei einem dreifachen Salto genau auf die Stellung seiner Hände und Finger achtet, oder der Yogi, der seine inneren Organe steuern kann.

Eine japanische Geschichte zeigt, welchen Respekt man diesem hochentwickelten Bewußtsein in östlichen Kulturen entgegenbringt.

Ein alter Samurai, der wußte, daß er nicht mehr lange zu leben hatte, wollte sein Schwert dem fähigsten seiner drei Söhne vermachen. Also ersann er einen Test.
Er bat einen Freund, sich im Schuppen über dem Eingang zu verstecken, und gab ihm drei Säcke Reis. Dann forderte er seine Söhne auf, der Reihe nach einzutreten.
Als der erste Sohn spürte, wie der Reissack auf seinen Kopf stürzte, zückte er seine Schwert und schnitt den Sack in zwei Hälften, noch ehe er zu Boden fiel.
Der zweite Sohn durchtrennte den Sack sogar, noch ehe er seinen Kopf traf.
Der dritte Sohn spürte, daß irgend etwas nicht stimmte und weigerte sich, den Schuppen zu betreten. Er bekam das Schwert seines Vaters.

Anfänger sind Menschen, die noch kein verfeinertes Gespür für ihre Fehler besitzen. In diesem Sinne sind wir alle Anfänger, denn, gleichgültig wie weit wir es inzwischen schon gebracht haben, es gibt immer wieder neue Feinheiten, für die unser Bewußtsein noch nicht geschärft genug ist. Auf unserem Weg zum Gipfel sind wir alle Anfänger, sobald wir neues Terrain betreten.

Das Beispiel Margaret

Am Oberlin College betreute ich einmal eine begeisterte Kunstspringerin namens Margaret. Ihr allmählicher Bewußtwerdungsprozeß bei der Einübung eines bestimmten Sprungs entspricht genau den Stadien, die wir alle beim Training und im täglichen Leben durchlaufen. Nach ihrem ersten Versuch war ihr überhaupt nicht klar, was sie falsch gemacht hatte. Sie war völlig auf mein Feedback angewiesen.

Nach ein paar Versuchen konnte sie mir bereits sagen, was sie nicht richtig gemacht hatte, aber erst, *nachdem* sie gesprungen war und die Fehler schon begangen hatte.

Bald wurde sie sich ihrer Fehler schon während des Springens bewußt.

Und schließlich verschmolzen Bewußtsein, Körper, Geist und Emotionen schon *vor* dem Sprung zu einer Einheit, und sie korrigierte ihre Fehler, noch bevor sie welche machte. Das war ein vollendeter Sprung.

Dieses Beispiel ist von ungeheurer Tragweite für unser tägliches Leben, denn wir durchlaufen diesen Prozeß in allen Lernsituationen.

Es ist ein großer Unterschied, ob man einen Fehler erkennt (diese Erkenntnis kommt einem bereits nach einer ganz einfachen Erklärung) oder ob man diesen Fehler als *Fehler* akzeptiert, denn das bedeutet, daß man sich voll und ganz dafür verantwortlich fühlt, diesen Fehler auch zu korrigieren. Volle Bewußtheit bedeutet, daß man zu einer Veränderung bereit ist; aber so weit sind wir vielleicht noch nicht.

Das läßt sich am Beispiel einer Frau in einem Gymnastik-Team veranschaulichen, die Übergewicht hatte. Diese Frau *erkannte,* daß sie ihr überschüssiges Fett verlieren mußte. Schließlich sah sie es selbst im Spiegel, und doch brauchte sie ein ganzes Jahr, bis ihr diese

Schwäche *voll und ganz als Fehler zum Bewußtsein kam.* Lange Zeit hatte sie sich gegen diese Erkenntnis gewehrt, die für all ihre Freunde klar auf der Hand lag – genau wie es bei Alkoholikern manchmal Jahre dauert, bis sie ihre offenkundige Sucht erkennen.

Man muß eine falsche Gewohnheit also *spüren* und nicht nur verbal eingestehen, ehe man die Motivation entwickelt, etwas daran zu ändern. Das gilt für den Sport genauso wie fürs tägliche Leben.

Ich hatte einmal einen Freund namens Roger, der pausenlos redete; vielleicht sprach er sogar im Schlaf. Er wußte, daß er ein Marathonredner war – das war sogar eines seiner beliebtesten Gesprächsthemen. Aber Roger begriff nicht, daß diese Angewohnheit ein *Fehler* war, mit dem er seine Freunde von sich forttrieb.

Die meisten seiner Bekannten bemühten sich, tolerant zu sein, und sagten ihm nie, wie sehr er sie mit seinem ständigen Gerede langweilte. Bis ihn eines Tages auf einer Party eine Frau mitten in einem seiner Lieblingsmonologe unterbrach und ihm erklärte, er sei «sterbenslangweilig». Sie wies ihn darauf hin, daß man keinen Dialog mit ihm führen konnte und daß alle Menschen sofort die Flucht ergriffen, wenn sie ihn kommen sahen.

Zuerst war Roger ganz entsetzt. Er hatte sein Gesicht verloren. Doch schon bald kamen ihm seine Dauermonologe als Fehler zum Bewußtsein – allerdings immer erst dann, wenn er bereits geendet hatte. Ein paar Wochen später fiel ihm sein zwanghaftes Gerede schon während des Sprechens auf. (Er hatte sogar das Gefühl, als werde es immer schlimmer.) Schließlich gelang es Roger, seine Zwangsmonologe zu unterdrücken, noch ehe er den Mund aufmachte. Er wurde ein guter Zuhörer, und – es klingt wie ein Happy-End in einem Roman – schließlich heiratete er die junge Frau, die ihm so offen ihre Meinung gesagt hatte.

Genau wie Roger lernte, sein Mundwerk unter Kontrolle zu bekommen, können wir alle lernen, unseren Körper zu steuern. Der Schlüssel dazu ist Bewußtheit – die Fähigkeit, die Lektionen wahrzunehmen, von denen wir ständig umgeben sind.

Lehrer, die diesen langsam voranschreitenden Prozeß der Bewußtwerdung kennen, brauchen niemals ungeduldig mit ihren Schülern zu werden; denn ein kluger Lehrer weiß, daß es eine sehr begrenzte Form der Kommunikation ist, seine Schüler auf ihre Fehler aufmerksam zu machen. Damit spricht er nur ihren Verstand an. Es dauert länger, bis die volle Bewußtheit alle drei Zentren durchdrungen hat und uns den emotionalen Ansporn, die geistige Klarheit und die physische Fähigkeit gibt, uns zu ändern.

So läuft der langsame Prozeß der Bewußtwerdung beim Kunstspringer, Skifahrer, Cellisten, Billardspieler, Golfspieler und Töpfer ab – und auch bei Ihnen. Wenn Sie sich über diesen natürlichen, allmählichen Prozeß der Bewußtseinserweiterung im klaren sind, können Sie Ihr eigener behutsamer Lehrer werden. Sie müssen sich nur genügend Zeit zum Lernen lassen.

Feedback für die Bewußtheit

Wir alle sind schon einmal in eine Situation geraten, in der wir spürten, daß wir einen Fehler machten, aber wir wußten nicht, welchen. In solchen Situationen kann man sich viel Zeit sparen, indem man sich eines Feedbacks bedient. Die folgenden Methoden sind sehr hilfreich:

Die anderen Schüler Wir können aus den Fehlern und Erfolgen anderer Sportler lernen; außerdem können sie uns auch als Ansporn dienen.

An Schülern, die weniger Übung haben als Sie, erkennen Sie Ihre eigenen Fortschritte. Wenn Sie beobachten, wie diese Anfänger sich allmählich verbessern, genau wie Sie es damals taten, wird Ihnen klar, daß auch Sie sich immer weiter vervollkommnen können.

Schüler, die fortgeschrittener sind als Sie, können Ihnen als nachahmenswerte Vorbilder dienen. Kleine Kinder lernen anhand von Vorbildern – das ist wahrscheinlich die natürlichste Lernmethode, die es gibt. Fortgeschrittene Sportler können aber auch ein Ansporn für Sie sein: Sie beweisen Ihnen, daß jeder Mensch seine Fähigkeiten auf ein hohes Niveau bringen kann.

Visuelles Feedback Nichts trägt so sehr und so rasch zum Bewußtwerdungsprozeß bei, als wenn man sich einen Film oder eine Videoaufnahme seiner eigenen Bewegungen anschaut. Selbst ein Spiegel kann Ihnen ein realistisches Bild Ihrer eigenen Stärken und Schwächen vermitteln.

Der Lehrer Das Video oder der Film kann Ihnen zwar zeigen, wie Sie aussehen, doch nur ein Lehrer kann Ihnen genau zeigen, was für Fehler Sie machen, und zwar in der Reihenfolge ihrer Wichtigkeit. Im Gegensatz zum Film oder Video gibt der Lehrer ein intelligentes Feedback, denn er kann Ihre Fehler analysieren, Ihnen Informationen darüber geben und erklären, wie sie sich korrigieren lassen.

Ihr Lehrer ist auf dem Weg bergauf schon ein Stückchen weiter vorangeschritten als Sie und kann Ihnen zeigen, wie Sie manchen Fallen und Gefahren auf diesem Weg ausweichen. Der Lehrer war schon immer eine der besten Feedback-Quellen beim Bewußtwerdungsprozeß.

Übertreibung Wenn Ihnen keine Film- oder Videoaufnahmen von sich selbst zur Verfügung stehen und Sie auch keinen Lehrer haben, Ihren Weg zur Bewußtwerdung aber trotzdem abkürzen wollen, dann brauchen Sie Ihre Fehler nur *ganz bewußt zu übertreiben*. Wenn Sie beim Golfspielen mit einem ständigen Rechtsdrall zu kämpfen haben oder immer in eine ganz bestimmte Richtung stürzen, dann verstärken Sie diese Tendenz noch – und zwar mit Absicht. Das hilft Ihnen in zweierlei Hinsicht: Erstens tritt der Fehler dadurch ganz klar und deutlich zutage, und Ihr Bewußtsein erweitert sich schlagartig. Zweitens begehen Sie Ihren Fehler jetzt absichtlich, mit vollen Bewußtsein und unter voller Kontrolle, statt es wie bisher unbewußt zu tun. Dadurch läßt er sich viel leichter korrigieren.

Manche Lehrer empfehlen ihren Schülern, sich ruhig Fehler zu gestatten; sie sagen, man solle Geduld mit sich haben und keine Selbstkritik üben. Das ist eine sehr sinnvolle Methode. Doch wenn man noch einen Schritt darüber hinausgeht und seinen Fehler bewußt und absichtlich wiederholt, wird man bald feststellen, daß man ihn überwunden hat. Ein *absichtlicher Fehler* ist kein Fehler mehr.

3
Vorbereitung

Wenn ich sechs Stunden Zeit hätte,
um einen Baum zu fällen,
würde ich die ersten vier Stunden darauf verwenden,
die Axt zu schärfen.
Abraham Lincoln

Vorbereitung ist die wichtigste Voraussetzung für den Erfolg, Wenn wir ein Haus bauen möchten, ist es gut, zunächst einmal ein solides Fundament zu legen. Zwar ist jeder einzelne Schritt des Prozesses wichtig, aber wenn wir kein Fundament haben, gefährden wir das ganze Gebäude. Das gilt auch für alle anderen Gebiete: Wenn wir Erfolg haben möchten, müssen wir ein Fundament errichten, das Geist, Körper und Emotionen tragen kann.

Wenn wir uns nicht vorbereiten, laufen wir Gefahr, schlechte oder kompensatorische Gewohnheiten zu entwickeln. Und schlechte Gewohnheiten sind wie ein hoher Baum oder ein bequemes Bett: Man kommt leicht hinein, aber schlecht wieder heraus. Fast alle Schwierigkeiten, denen wir bei unserem Training begegnen, lassen sich darauf zurückführen, daß wir in der Vergangenheit bestimmte Entwicklungs- oder Übungsschritte übersprungen haben – also auf eine Schwachstelle in unserem Fundament.

Ein Meister
– gleichgültig, auf welchem Gebiet –
hat es sich zur Gewohnheit gemacht,
Dinge zu tun, die andere Menschen langweilig
oder unbequem finden.
Unbekannter Verfasser

Professionelle Sportler und Weltklasse-Athleten kehren immer wieder zu den grundlegenden Übungen zurück, um ihr Fundament zu stärken. Den meisten Menschen fällt das Training so schwer, weil ihnen nie jemand beigebracht hat, ein inneres Fundament auf der Basis ihres Denkens und ihrer Emotionen zu errichten; statt dessen sind sie gleich dazu übergegangen, ihre physischen Fertigkeiten zu trainieren. Deshalb haben sie das Lernen nie gelernt.

Sportunterricht und Training im Verein sind meistens nichts anderes als ein Überlebenskampf à la Darwin. Die Lehrer bzw. Trainer hetzen die Jugendlichen durch das vorgeschriebene Übungsprogramm, und die Überlebenden kommen am Ende in die erste Mannschaft; die anderen bleiben auf der Strecke, und viele entdecken niemals, welche Fähigkeiten in ihnen stecken.

Der innere Athlet hingegen erkennt, daß alle Dinge in der Natur ihre Reifezeit brauchen und sämtliche Entwicklungsstadien durchlaufen müssen, um Gestalt anzunehmen. Deshalb steht bei ihnen am Anfang eine *gründliche* Vorbereitung.

Die vollständige Vorbereitung ist der schwierigste und gleichzeitig wichtigste Teil eines jeden Lernprozesses. Die Zubereitung von Gemüse auf chinesische Art besteht zu 95 Prozent aus Vorbereitung: Man muß darauf achten, daß das Gemüse ganz frisch ist, den Wok genau auf die richtige Temperatur erhitzen, das Gemüse putzen und kleinschneiden. Wenn man das alles geschafft hat, ist das Kochen einfach.

Wenn man ein Auto mit Lack besprayen will, muß man erst einmal die mühselige Arbeit auf sich nehmen, die Karosserie zu reinigen, abzuschmirgeln, Unebenheiten zu spachteln und Dellen auszubeulen. Dann muß man wieder schmirgeln und reinigen, abdecken und grundieren – das Sprayen ist am Ende dann gar nicht mehr schwer. Wie sähe das Auto aus, wenn man nicht die richtige Vorarbeit geleistet hätte? Genau wie der Durchschnittssportler – uneben, voller Dellen und anfällig für Verschleiß.

Alle Hindernisse, die Ihnen bis jetzt begegnet sind oder vielleicht noch begegnen werden, sind ein direktes Resultat ungenügender oder falscher Vorbereitung. Ein Sportler, der zwar Muskelkraft entwickelt, sich aber nicht darum bemüht hat, gleichzeitig auch beweglich und elastisch zu werden, neigt dazu, diesen Mangel an Beweglichkeit durch noch mehr Stärke auszugleichen. Anfangs sieht es vielleicht so aus, als erfülle diese Kompensation tatsächlich ihren Zweck; doch das daraus entstehende Ungleichgewicht wird den Sportler irgendwann blockieren oder in seinem Lernprozeß behindern.

Stellen Sie sich einen Eisberg vor, der auf dem Meer dahintreibt. Die sichtbare Spitze des Eisbergs steht für die physischen Fähigkeiten, die wir bei einer sportlichen Darbietung oder bei einem Wettkampf zeigen. Der größere Teil des Eisbergs, der unter der Meeresoberfläche liegt, symbolisiert unsere Vorbereitung. An der Oberfläche sieht man diesen Teil vielleicht nicht, doch ohne ihn würde jene Spitze des Eisbergs, die uns auf den ersten Blick ins Auge fällt, umkippen und sinken.

Lernen ist wie der Bau eines Hauses. Die *erlernten Fähigkeiten* sind der sichtbare *obere Teil des Hauses*. Die *physische Begabung* bildet das Fundament. Die *geistige und emotionale Begabung* – innere Qualitäten wie Konzentrationsgabe und dauerhafte Motivation – sind der *Boden,* auf dem das Haus und das Fundament stehen.

Das Fundament eines Hauses und der Boden darunter machen äußerlich nicht sehr viel her. Kein Mensch fährt an einem Haus vorbei und ruft bewundernd aus: «Schau mal, was für ein elegantes Fundament!» Aber nur eine solide Basis, die auf innerer Vorbereitung beruht, sorgt dafür, daß dieses Haus – und Ihre Karriere als Sportler – lange Zeit Bestand hat.

Ein Coach – nennen wir ihn Ernie – hat mehr Sportler auf Olympia-Niveau gebracht als alle anderen Trainer, die ich kenne. Sein Erfolgsgeheimnis lag in der richtigen Vorbereitung: Er achtete darauf, daß die jungen Athleten unter seiner Anleitung in ihrem ersten Jahr an der High School fast ausschließlich an jenen Eigenschaften arbeiteten, die physische Begabung ausmachen.

Einige seiner Schüler fanden diese Vorbereitungsarbeit langweilig und gaben das Training auf. Doch diejenigen, die begriffen, wie wichtig Vorbereitung ist, hielten durch. Hinterher gehörten sie zu den besten High-School-Sportlern in ganz Amerika und waren bei den College-Trainern sehr begehrt.

Wir alle würden unseren Weg bergauf gern abkürzen. Aber stellen Sie sich einmal zwei Raumschiffe vor, die um die Wette zum Mars fliegen. Am Anfang hat Raumschiff A einen Vorsprung, doch aufgrund übereilter Vorbereitungen hat es nicht genug Treibstoff, außerdem hat man ein paar wichtige Sicherheitsvorkehrungen versäumt. Raumschiff B dagegen startet erst, als alle Vorbereitungen getroffen sind, und nimmt genügend Treibstoffvorräte mit. Anfangs scheint es hinter seinem Konkurrenten zurückzubleiben. Doch nur eines der beiden Raumschiffe wird den Weg zum Mars und zurück schaffen: das Raumschiff, dessen Besatzung alle nötigen Vorkehrungen für diese Reise getroffen hat.

Plan für die Entwicklung Ihrer sportlichen Fähigkeiten

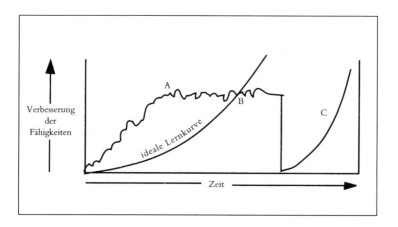

Das obige Diagramm veranschaulicht drei verschiedene Lernmuster.

Kurve A zeigt den übereilten, ziellosen, starken Schwankungen unterworfenen Lernprozeß der meisten Sportler. Am Anfang verbessern sie sich sehr rasch, doch sobald die Anforderungen steigen, beeinträchtigen ihre Schwächen die Leistungen allmählich immer mehr. Die unzureichende Vorbereitung – und das daraus resultierende schwache Fundament – verstärken die Aufwärts- und Abwärtszyklen dieser Sportler, bis sie schließlich keine Fortschritte mehr machen.

Wenn man diesen Punkt erreicht hat, denkt man vielleicht, man sei «zu alt» für diesen Sport, oder man habe jetzt «alles aus sich herausgeholt, was in einem stecke». Dann kann es passieren, daß die Motivation nachläßt. Vielleicht kommt man zu dem Schluß, daß «andere Dinge im Leben wichtiger sind», und gibt auf.

Kurve B ist der Weg des absoluten Athleten. Anfangs scheint er nur ganz langsam Fortschritte zu machen, denn am Anfang ist der Weg schwer, und die Erfolge treten noch nicht deutlich sichtbar zutage. Diese Sportler arbeiten gewissermaßen «unter der Meeresoberfläche», um ihr Fundament im verborgenen zu errichten. Langsam, aber sicher steigt ihre Lernkurve dann an, bis ihr Fortschritt sich rasch, kontinuierlich und beinahe mühelos immer weiter beschleunigt.

Kurve C ist eigentlich am wichtigsten, denn sie ist für die meisten Menschen eine Art zweiter Anlauf. Wenn man sich nicht genügend vorbereitet hat und die Leistungen sich irgendwann auf einer ganz bestimmten Stufe einpendeln, statt weiter anzusteigen, kann man den Weg des natürlichen Athleten nachholen. Das geschieht am besten, indem man erst einmal eine Zeitlang (vielleicht für einige Monate) ein paar Schritte zurückgeht und intensiv an den grundlegenden Übungen und an jenem «Begabungsfundament» arbeitet, auf das ich in den nächsten Kapiteln noch zu sprechen kommen werde. Dabei sollte man sich Zeit lassen und nur ganz langsam voranschreiten. Nach relativ kurzer Zeit werden Sie wieder raschere Fortschritte machen und Ihren früheren Leistungsstand sogar übertreffen.

Schrittweise Vorbereitung

Ob es nun um physische, mentale oder emotionale Vorbereitung geht, der Erfolg ist Ihnen sicher, wenn Sie Ihre Aufgabe Schritt für Schritt angehen. Vielleicht arbeiten Sie an der Lösung eines komplizierten physikalischen Problems; vielleicht sind Sie auf Arbeitssuche; oder Sie möchten einen doppelten Salto rückwärts erlernen. Diese Aufgaben mögen Ihnen schwierig vorkommen; doch jede läßt sich in eine Reihe kleiner Schritte unterteilen, die zusammen einen langsamen, systematischen Prozeß bilden, und dieser Prozeß führt letzten Endes zum Ziel.

Vollbringe,
was immer dir möglich ist
mit dem, was du hast,
dort, wo du bist.
Unbekannter Verfasser

Wenn wir unsere Energie auf die einzelnen Zwischenschritte konzentrieren, wird der ganze Prozeß viel überschaubarer und auch angenehmer. Dann nähert man sich seinem Ziel fast unmerklich. Man kann alles im Leben in solche Schritte zerlegen; und je besser Sie diese Vorstufe zur Erreichung Ihrer Ziele beherrschen, um so mehr werden Sie selbst hinterher über Ihre Leistungen staunen.

Schwierigkeit ist nur eine Illusion

Das Wort «Schwierigkeit» hat keine absolute Bedeutung; es ist ein relativer Begriff und hängt ganz von Ihrer Vorbereitung ab. Wenn Sie vorbereitet sind – das heißt wenn Sie alle erforderlichen physischen, mentalen und emotionalen Fähigkeiten entwickelt haben –, dann wird nichts mehr schwierig für Sie sein.

Vielen Sportlern fällt das Lernen anfangs leicht und dann allmählich immer schwerer. Dieses langsame Anwachsen der Schwierigkeiten ist uns so vertraut, daß wir es als etwas völlig Normales akzeptieren. Aber es ist kein natürliches Muster, sondern lediglich ein Resultat ungenügender Vorbereitung.

Der innere Athlet bereitet sich gut vor und hat ein solides «Begabungsfundament». Dadurch fällt ihm das Lernen im Laufe der Zeit immer leichter.

Damit wir nicht in Lernkurve A verfallen, sollten wir vielleicht einmal die wichtigsten Gründe untersuchen, warum Menschen sich für einen Weg entscheiden, der auf den ersten Blick wie eine Abkürzung aussieht:

- Vielleicht ist ihnen nicht klar, wie wichtig gründliche Vorbereitung ist.

- Vielleicht wissen sie nicht, worin gründliche Vorbereitung besteht.
- Vielleicht haben sie es eilig und suchen nach einer Abkürzung, weil sie den Weg, der vor ihnen liegt, nicht realistisch einschätzen.
- Es kann auch sein, daß sie kein Selbstvertrauen haben und vor einem Weg zurückschrecken, auf dem sie anfangs scheinbar langsamer vorankommen werden und der keine sofortigen Erfolgserlebnisse verspricht.
- Vielleicht haben sie aber auch einen Lehrer, der in eine der obigen Kategorien gehört.

Viele Trainer und Lehrer erlauben ihren Schülern, Abkürzungen zu nehmen, oder ermutigen sie sogar noch dazu, «damit ihr Interesse nicht erlahmt» oder «weil es praktischer ist». Konkurrenzdruck und Termine verstärken diese Tendenz zum Gebrauch von Abkürzungen noch; aber so etwas ist niemals empfehlenswert, und die besten Lehrer wissen das.

Von einem Anfänger kann man nicht erwarten, daß er den Trainingsprozeß und die Prioritäten, die man dabei setzen muß, voll und ganz versteht. Deshalb ist ein intelligenter, geduldiger Lehrer eine der wichtigsten Voraussetzungen für den Erfolg jedes Trainings. Also suchen Sie sich Ihren Trainer sorgfältig aus!

Die Wahl des richtigen Lehrers

Der Lehrer ist Ihr Führer auf einem Weg, der sich mit der Besteigung eines Berges vergleichen läßt. Manche Führer kennen nur das Flachland; andere können Ihnen den ganzen Weg zeigen. Die besten Führer kennen all ihre eigenen Schwächen und sehen daher auch die Ihren; sie können Ihnen die Hindernisse zeigen, die auf Ihrem Weg liegen, Sie aber auch auf interessante Seitenstraßen und schöne Landschaften hinweisen. Wenn Ihr Führer darauf besteht, daß Sie genau den gleichen Weg wählen wie er, dann ist sein Wissen begrenzt. Suchen Sie sich einen Führer aus, der Ihre individuellen Fähigkeiten richtig einschätzen und den besten Weg für Sie finden kann. Ein guter Lehrer, der die natürliche Gabe der Bewußtheit besitzt, kann wie ein Leuchtfeuer sein, das Ihnen den Weg erhellt.

Lehrer, die Bewegungsabläufe trainieren, können einen tiefgreifenden Einfluß auf das Selbstbild und die Lebenseinstellung eines Schülers haben; nur der Einfluß der Eltern ist noch größer. Ein wahrer Lehrer vermittelt seinen Schülern durch das Medium der Bewegung wichtige Lektionen für das Leben. Ein durchschnittlicher Lehrer hingegen bringt ihnen einfach nur bestimmte Fähigkeiten bei. Hüten Sie sich vor jenen Trainern, die so viel wissen und können und in der Lage sind, «unschlagbare» Teams zu formen, dabei aber gleichzeitig die elementare Freude und Freiheit des Sports unterdrücken.

Wenn Sie wissen, wie wichtig ein guter Lehrer ist, sollten Sie sich Ihren Trainer oder den Ihres Kindes mit der gleichen Sorgfalt aussuchen, mit der man einen Chirurgen wählt. Sie möchten sich ja auch nicht von einem mittelmäßigen Chirurgen operieren lassen – selbst wenn er nett ist, seine Praxis in der Nähe Ihres Hauses hat oder ein paar Dollar weniger verlangt. Doch nach solchen Kriterien suchen sich viele Leute ihre Bewegungslehrer aus. Es lohnt sich schon, sich ein bißchen genauer umzusehen, um einen wirklich hervorragenden Lehrer für sich oder Ihr Kind zu finden. Das Geld ist auf jeden Fall gut investiert, denn ein inspirierter Lehrer kann einen positiven Einfluß ausüben, an den sich Kinder (und auch Erwachsene) bis an ihr Lebensende erinnern.

Unterricht ist eine *Kommunikationskunst*. Wenn ein Lehrer ein Wissen von 100 Volt besitzt, seinen Schülern aber nur 20 Volt davon vermitteln kann, so ist dieser Lehrer weniger erfolgreich als ein anderer, der vielleicht nur halb so viel weiß, aber in der Lage ist, dieses ganze Wissen an seine Schüler weiterzugeben.

Lehrer, die selbst in vielen sportlichen Wettkämpfen gesiegt haben und mehrfach Meister geworden sind, eignen sich häufig sehr gut als Trainer, denn sie sind weit gereist, und ihre Leistungen können ein Ansporn für ihre Schüler sein, die ihnen wahrscheinlich aufmerksam und respektvoll zuhören und ihre Anweisungen peinlich genau befolgen werden. Sie sollten sich aber auch nicht zu sehr von Rekorden und einer langen Liste akademischer Titel beeindrucken lassen. *Es kommt nicht darauf an, was der Lehrer weiß und kann, sondern was seine Schüler wissen und können.*

Ein guter Lehrer beherrscht die Sprache des Intellekts – das heißt die Sprache der Worte – und kann sich klar ausdrücken, so daß sein Schüler ihn versteht.

Ein hervorragender Lehrer beherrscht die Sprache des Körpers – er kann den Muskeln, Knochen und Nerven seines Schülers zeigen, was für ein Gefühl es ist, wenn eine Übung richtig ausgeführt wird.

Ein phantastischer Lehrer spricht die Sprache der Emotionen – er inspiriert und motiviert, und er ist in der Lage, Ihre ursprüngliche Liebe zu Ihrer Disziplin neu zu entfachen.

Ein meisterhafter Lehrer beherrscht alle drei Fähigkeiten.

Begabte Lehrer findet man häufig dort, wo man am wenigsten mit ihnen rechnet. Denken Sie daran: Die besten Lehrer unterrichten nicht einfach nur ein Fach, sondern vermitteln ihren Schülern durch das Medium dieses Fachs Lebensprinzipien.

Die richtige Vorbereitung für Kinder

*Meistens wird aus Kindern genau das,
was wir ihnen zutrauen.*
Lady Bird Johnson

Wenn wir uns in der Hetze und dem Gedränge unserer heutigen Welt umschauen, in der jede Minute genau verplant ist, verstehen wir sehr gut, warum wir es hin und wieder eilig haben. Doch unser Leistungsdrang überträgt sich auch auf unsere Kinder; und nirgends zeigt sich das deutlicher als beim Kindersport. Vielleicht wird es bald eine Meisterschaft der Windelträger geben, und Fans im Vorschulalter werden sie anfeuern. Statt dessen sollte man lieber folgendes bedenken.

Für Kinder (ja sogar Kleinkinder) sind Bewegungsspiele etwas Phantastisches. Sie sind ein wunderbarer Ansporn und eine gute Übung für sie und bieten ihren vitalen kleinen Körpern eine Möglichkeit, sich zu vergnügen und ihre Beziehung zu den Naturgesetzen zu entdecken. Bestimmte Fertigkeiten zu erlernen ist für Kinder jedoch nicht wichtig.

Sie sollten vielmehr:

- ein positives Gefühl für ihren eigenen Körper entwickeln;
- schon bei ihren ersten Versuchen Erfolgserlebnisse haben (das erreicht man, indem man mit relativ einfachen Aufgaben anfängt);
- die aus guten Leistungen erwachsende Freude an aktiver Bewegung kennenlernen;
- Selbstvertrauen entwickeln, und zwar durch die Erfahrung, daß es ihnen gelingt, bestimmte Aufgaben zu bewältigen.

Man sollte den Erfolg nicht an den Zielen oder dem Ehrgeiz der Eltern messen, sondern am strahlenden Lächeln des Kindes.

Kinder müssen mit anderen Kindern spielen können, und zwar an kindgerechten Geräten und in einer kindgerechten Umgebung, in der alles weich und farbenfroh und kindersicher ist. Eine Verletzung, ein angstbesetztes Erlebnis oder ein Mißerfolg im frühen Kindesalter können ein Kind lange Zeit beeinträchtigen.

Kinder sollten keinen Privatunterricht bekommen, schon gar nicht von ihrer Mutter oder ihrem Vater. Zwar kann ihnen ein wohlmeinender Erwachsener geduldige, fachmännische Anleitung geben; doch für Kinder stellt ein Privatlehrer ein allzu großes und leistungsfähiges erwachsenes Vorbild dar, das sie nie erreichen können. Das kann sehr entmutigend für ein Kind sein. Achten Sie auch einmal darauf, was für einen Spaß es Kindern macht, wenn ihre Mutter oder ihr Vater sich ungeschickt benimmt, und wie schadenfroh sie lachen, wenn man ihnen das Gefühl gibt, daß sie stärker und klüger sind als die Erwachsenen. Die beste Lernumgebung für ein Kind ist eine kleine Gruppe anderer Kinder, von denen einige geschickter und andere weniger geschickt sind als sie.

Spiele im Kleinkindalter können die spätere Entwicklung eines Kindes erleichtern; doch die Betonung sollte dabei auf der Art von Spiel liegen, die dem Kind Spaß macht, und nicht auf intensivem Training. Im Kleinkindalter sollten solche Spiele auch noch keinen Wettkampfcharakter haben.

Kinder können – je nach Alter - mit verschiedenen Arten von Bewegungstraining beginnen. Wann man damit anfangen soll, hängt von der Entwicklung ihrer Knochen und Gelenke, ihrer Aufmerksamkeitsspanne und dem natürlichen Interesse ab, das sie einem solchen Training entgegenbringen. Wenn ihre Kinder sich für irgendeine sportliche Betätigung interessieren, erlauben Sie ihnen ruhig, sie auszuprobieren – gleichgültig, ob Sie selbst nun daran Interesse haben oder nicht. Allerdings müssen die Kinder sich verpflichten, mindestens drei Monate lang dabeizubleiben. Wenn Sie Ihr Kind dagegen irgend etwas anfangen lassen, woran nur *Sie* Interesse haben, können Sie sich auf eine Enttäuschung gefaßt machen.

Wenn Ihre Kinder motiviert sind und gut vorbereitet wurden, wird es nur ein vier- bis fünfjähriges ernsthaftes Training erfordern, bis sie den Höhepunkt ihrer Leistungsfähigkeit erreicht haben. Das spätere Training bringt nur noch kleine Verbesserungen, ohne die bereits erreichten Fähigkeit weiter zu festigen. Sie brauchen Ihre Kinder also nicht schon im Windelalter in langen, anstrengenden Trainingssitzungen auf die Olympischen Spiele vorzubereiten.

Übereifrige Eltern, die in ihrer liebevollen Begeisterung übers Ziel hinausschießen, können viel Schaden anrichten. Wenn Eltern sich zu sehr einmischen, kann das die Kinder verwirren und ihre Motivation schwächen; denn dann wissen sie nie genau, ob sie auch wirklich aus eigenem Interesse mitmachen oder nur eine Phantasie ihrer Eltern ausleben. Kinder, die unter elterlichem Druck stehen, werden diesen inneren Widerspruch immer spüren, gleichgültig, was ihre Eltern ihnen einreden; sie haben ein sehr feines Gespür für die Gefühle ihrer Eltern (viel feiner, als man ihnen zutraut) und durchschauen rasch die soziale Lüge, an die wir vielleicht glauben.

Sie können Ihren Kindern also lediglich emotionale und finanzielle Unterstützung bieten, sie zu ihrem Unterricht fahren und ihnen Vertrauen in den Lernprozeß vermitteln. Natürlich ist es wunderbar, wenn Sie sich hin und wieder ein Spiel anschauen, bei dem Ihre Kinder mitwirken; aber wenn Sie zu übereifrig sind oder vor freudiger Erregung fast den Verstand verlieren, wenn Ihre Kinder gewinnen, bekommen die Kinder das Gefühl, daß Sie genauso enttäuscht von ihnen sein werden, wenn sie einmal verlieren.

Ob Ihre Kinder sich nun zu Sport, Musik, Kampfkunst oder Tanz hingezogen fühlen – von einem regelmäßigen Training, das Körper, Geist und Emotionen umfaßt, können sie alle sehr viel profitieren. Für jedes Kind gibt es irgend etwas Passendes; welches

Training der Persönlichkeit der Kinder entspricht, das müssen sie und ihre Eltern gemeinsam herausfinden.

Behandelt Kinder so,
als seien sie bereits die Menschen,
die sie eines Tages werden können.
Haim Ginott

Gründliche Vorbereitung und die Wunder, welche die Zeit wirkt, können Erwachsenen ebenso wie Kindern helfen, das Beste aus sich herauszuholen.

ZWEI

Wie man seine Begabung entwickelt

Jeder Mensch hat irgendein Talent; doch nur die wenigsten haben den Mut, ihrem Talent dorthin zu folgen, wo es sie hinführt.
Erica Jong

Jedesmal, wenn ich bei einem Ferienkurs Kunstturnen unterrichtete, erlebte ich Turner, die zwar fleißig trainierten, aber trotzdem mit frustrierenden Hindernissen zu kämpfen hatten; denn sie hatten noch nicht jene entscheidenden Qualitäten entwickelt, die ihnen ganz neue Möglichkeiten eröffnet und ihnen das Lernen erleichtert hätten. Die Spitzensportler, die wir im Fernsehen bewundern, sind das Produkt eines natürlichen Ausleseprozesses: Diesen Leuten ist es gelungen, die Hunderte oder gar Tausende von Sportlern zu überflügeln, die es nicht geschafft haben.

Wenn wir uns mit etwas beschäftigen und immer weiter üben, entwickeln wir mit der Zeit automatisch die Eigenschaften, die zum Erfolg führen. Vielleicht ist das tatsächlich die «natürlichste» Methode. Sie hat nur einen Haken: Wir alle haben gern das Gefühl, erfolgreich zu sein; deshalb arbeiten wir mit Vorliebe an unseren Stärken und stellen sie zur Schau – aber einer Auseinandersetzung mit unseren Schwächen weichen wir im Eifer des sportlichen Wettkampfs lieber aus. Normalerweise kompensieren wir eine Schwäche auf einem Gebiet durch eine Stärke auf einem anderen. Bei Anfängern und fortgeschritteneren Schüler scheint diese Taktik vielleicht tatsächlich zu funktionieren; doch letzten Endes beeinträchtigen die Fähigkeiten, die wir nicht entwickelt haben, uns in jenen Bereichen, in denen wir bereits weiter fortgeschritten sind. Wenn wir gleich zu Beginn unserer sportlichen Karriere und vor jedem Spiel bestimmte Begabungen systematisch trainieren, können wir ein ausgewogenes Fundament für unsere Leistungen schaffen.

Auf lange Sicht sparen Sportler, die zunächst einmal ihre Begabungen entwickeln, sich viel Arbeit. Tom Weeden, ein Anfänger an der High-School, war entschlossen, Spitzenturner zu werden. Also fragte er alle Trainer, die ihm über den Weg liefen, um Rat, darunter auch mich. Ich schlug ihm vor, zunächst einmal Muskelkraft und Beweglichkeit zu entwickeln und auch noch ein paar andere grundlegende Dinge zu üben. Erst dann sollte er sich auf die Entwicklung turnerischer Fertigkeiten konzentrieren. Diesen Rat hatte ich schon vielen jungen Sportlern gegeben. Tom war intelligent und geduldig genug, meinem Ratschlag zu folgen. Ungefähr ein Jahr lang hörte niemand etwas von ihm – doch dann war er plötzlich wieder da und gewann jeden Wettkampf. Tom bekam ein Sport-Stipendium an einer Spitzenuniversität und wurde einer der besten Turner der Vereinigten Staaten.

Für einen Erfolg, der «über Nacht» gekommen ist,
braucht man ungefähr zehn Jahre.
Unbekannter Verfasser

Es spielt keine Rolle, wo Ihrer Meinung nach Ihre Grenzen liegen und in was für einer Form Sie im Augenblick sind. Selbst wenn Sie sich schon seit einem Jahr in einer Phase kontinuierlichen Leistungsabfalls befinden: Wenn Sie bereit sind, sich dem Initiationsprozeß zu unterziehen, der zur Entwicklung Ihrer Talente notwendig ist, werden Sie ein natürlicher Athlet werden. Alle Fähigkeiten, die Sie brauchen, stecken bereits in Ihnen, denn sie sind Ihnen angeboren. Vielleicht müssen Sie mehr Zeit und Energie investieren als andere Menschen, um die richtigen Qualitäten ans Tageslicht zu fördern, aber Sie werden es mit Sicherheit schaffen.

Da wir alle intuitiv wissen, wie wichtig eine gründliche Vorbereitung ist, liegt es eigentlich nahe, diesen Ratschlag zu befolgen. Doch nur die wenigsten Menschen hören in ihrem Drang, sich mit irgendwelchen besonderen Fähigkeiten zu profilieren, auf ihren Verstand – vielleicht, weil Vorbereitung nicht besonders aufregend ist oder weil sie nicht wissen, wie man sich das richtige Fundament aus geistigen, emotionalen und physischen Begabungen baut.

In den nächsten drei Kapiteln möchte ich Ihnen einen Plan vermitteln, wie Sie Ihre Begabungen entwickeln können. Ich beginne mit dem wichtigsten Schlüssel zum Erfolg: Ihrem Geist.

4
Geistige Begabung

Der Geist lenkt den Körper.
Koichi Tohei

*Golfspielen besteht zu zwanzig Prozent aus Technik
und zu achtzig Prozent aus mentalen Fähigkeiten.*
Ben Hogan

Vielleicht erinnern Sie sich noch an einen Augenblick, in dem Sie mit Ihren Gedanken ganz woanders waren. Irgend jemand sprach zu Ihnen, und Sie merkten plötzlich, daß Sie kein Wort davon mitbekommen hatten. Oder vielleicht sind Sie sogar schon einmal bei Rot über eine Ampel gefahren, weil Sie das rote Licht nicht gesehen hatten. In solchen Situationen funktionierten Ihre Ohren durchaus, und sie hatten auch nicht die Augen geschlossen; aber *Ihre Aufmerksamkeit war von irgendeinem Gedanken abgelenkt*. Ihre Aufmerksamkeit kann nämlich in zwei verschiedene Richtungen wandern: entweder nach außen, in die Welt der Energie und Bewegung, oder nach innen, zu Ihren Gedanken. Bei den meisten Menschen springt die Aufmerksamkeit ziellos zwischen inneren Angelegenheiten und äußerer Realität hin und her.

Psychisch kranke Menschen sind ein extremes Beispiel für diese Gedankenverlorenheit. Bei ihnen wird die Gewohnheit, ihre Aufmerksamkeit nach innen zu richten, zum Zwang, so daß sie den Kontakt zur äußeren Realität, wie wir sie kennen, völlig verlieren.

Im Gegensatz dazu können die meisten Menschen ihre Aufmerksamkeit relativ unbeirrt auf die Außenwelt richten; doch bis zu einem gewissen (wenn auch geringeren) Grad haben wir alle die gleiche Neigung wie jene psychisch kranken Menschen, von denen ich gerade gesprochen habe: Wir lassen uns vom Lärm unserer Gedanken ablenken, und unsere Aufmerksamkeit schweift von der Gegenwart ab in die Vergangenheit oder Zukunft.

Wenn Sie sich in ein ruhiges Zimmer setzen und die Augen schließen, werden Sie bald viele kaum merkliche Reize registrieren, die normalerweise unterhalb Ihrer bewußten Wahrnehmungsschwelle liegen. Vielleicht spüren Sie einen leichten Schmerz oder eine leichte Anspannung in einem bestimmten Körperbereich. Sie werden sich Ihrer Atmung bewußt und spüren, wie Ihr Zwerchfell und Ihre Brustmuskulatur sich dabei dehnen und wieder entspannen. Sie hören das rhythmische Schlagen Ihres Herzens und nehmen schließlich noch feinere innere Geräusche und Lichter wahr. Vor allem aber bemerken Sie den Strom Ihrer Gedanken, der unaufhörlich immer weiterfließt

Bei den meisten Menschen schwankt die Aufmerksamkeit ziellos zwischen der Welt und den Inhalten ihres Denkens hin und her – jenem unablässigen Strom von Träumereien, Phantasievorstellungen, Sorgen, Plänen, Ängsten, Erwartungen, Empfindungen des Zorns, des Kummers und des Bedauerns, und Situationen, die im Geist immer wieder durchgespielt werden. Bei erwachsenen Menschen ist der Kopf voller zwanghafter, zufälliger Gedanken, die meist um irgendwelche Probleme kreisen. Emotionsgeladene oder beunruhigende Gedanken nehmen die Form von Sorgen, Zorn und Ängsten an; bei solchen Gedanken spannt unser Körper sich unwillkürlich an. Das können Sie anhand Ihrer eigenen Erfahrung überprüfen.

Gedanken sind das, was uns von hinten anfällt.
O. J. Simpson

Wie kannst du denken und gleichzeitig dein Ziel treffen?
Yogi Berra

Wenn etwas geschieht, was uns nicht gefällt – etwas, das sich nicht mit unseren Vorstellungen, Erwartungen und Werturteilen verträgt –, geraten wir in Zorn. Oft passiert uns das sogar gegen unseren Willen. Es ist eine Reaktion – aber nicht darauf, was tatsächlich passiert ist, sondern auf unsere eigenen Gedanken über den Grund unseres inneren Aufruhrs. Andere Menschen läßt dasselbe Ereignis vielleicht völlig kalt, weil sie es anders sehen oder bewerten.

Wir alle haben schon einmal Eifersucht, Kummer, Ängste und Sorgen erlebt; eigentlich wollen wir gar nicht, daß solche Gedanken und Reaktionen uns verfolgen – aber sie tun es trotzdem.

Auf den ersten Blick mag es so aussehen, als seien verschiedene Mißstände in dieser Welt an unserer inneren Erregung schuld; doch wenn wir unsere Verhaltensmuster einmal genau analysieren, wird uns klar, wo der Ursprung unserer Unzufriedenheit liegt: Wir sind unzufrieden, weil unser Denken sich gegen die Umstände wehrt. Wie das folgende Gespräch zeigt, ist es nicht immer leicht, solche ablenkenden Gedanken beiseite zu schieben.

Meditationsschüler: Ich bin innerlich aufgewühlt.
Lehrer: Das ist nur eine Reaktion auf einen flüchtigen Gedanken. Vergiß ihn.
Schüler: Aber ich kann ihn nicht vergessen.
Lehrer: Dann laß ihn los.
Schüler: Ich kann ihn auch nicht loslassen.
Lehrer: Dann laß ihn einfach fallen.
Schüler: Ich kann ihn nicht fallenlassen!
Lehrer: Tja, dann bleibt dir wohl nichts anderes übrig, als ihn hinauszuwerfen.

Der innere Athlet hat gelernt, seine Aufmerksamkeit darauf zu richten, was als nächstes kommt – den nächsten Wurf, den nächsten Down, den nächsten Schwung oder irgendeine andere Bewegung. Natürlich gehen auch ihm ständig irgendwelche Gedanken durch den Kopf, aber er läßt sich von solchen Ablenkungen nicht beirren; er konzentriert sich auf das Hier und Jetzt. Diese Gabe, die man durch das intensive Training einer speziellen Fähigkeit entwickeln kann, läßt sich auch auf das tägliche Leben anwenden. *Diese Konzentration auf den jetzigen Augenblick gehört vielleicht zu den größten Vorteilen, die wir aus einem Training ziehen können.*

Sobald es uns leichter fällt, veraltete Verhaltensmuster zu durchbrechen, so daß wir uns nicht mehr zwanghaft auf jene Grenzen und

Hindernisse konzentrieren, die nur ein primitives Machwerk unseres eigenen Denkens sind, kommen unsere geistigen Begabungen zum Vorschein. Alle starren Denkmuster äußern sich in Anspannung und diversen anderen physischen Beschwerden. Viele Sportler bemühen sich, diese physischen Symptome zu überwinden. Sie machen Dehnübungen, praktizieren Entspannungstechniken und so weiter. Das sind alles sehr sinnvolle Tätigkeiten, aber eben nur Hilfsmaßnahmen. Es hat zum Beispiel keinen großen Wert, jeden Tag zwanzig Minuten lang Dehnübungen zu machen, wenn ein unkontrollierter Geist den Körper hinterher gleich wieder in Anspannung versetzt, so daß die harten Knoten in den Muskeln sofort wiederkehren. Dehnübungen und Entspannung sind ein wichtiges Element der körperlichen Begabung eines Sportlers; doch ehe man sie einsetzt, muß man sich erst einmal mit dem Ursprung seiner physischen Beschwerden auseinandersetzen.

Realitäts-Check

Machen Sie einmal folgenden lustigen Test: Vor ihnen öffnet sich eine Tür, und Sie sehen ein Spülbecken voller Wasser. Der Stöpsel steckt im Abfluß, und das Wasser läuft und läuft und beginnt schon über den Rand des Beckens zu fließen. Was würden Sie tun: den Wasserhahn zudrehen und den Stöpsel herausziehen oder einen Mop holen?
Viele Sportler und auch die meisten Menschen, die sich mit Problemen des täglichen Lebens beschäftigen, verschwenden viel Zeit mit «Aufwischen» – das heißt, sie befassen sich nur mit den Symptomen. Ein gutes Beispiel dafür sind Paare, die sich ständig über alles mögliche streiten, statt sich um eine Verbesserung ihrer Kommunikation zu bemühen – damit könnten sie ihre Probleme an der Wurzel beseitigen.
Um geistige Talente entwickeln zu können, muß man «den Stöpsel herausziehen», das heißt man muß die Ursache seiner emotionalen Erregung und seiner physischen Anspannung bekämpfen.

Es gibt eine sehr wirksame Methode, uns über unseren momentanen Geisteszustand klarzuwerden: Wir brauchen ihn nur mit dem geistigen Niveau eines drei Monate alten Kindes zu vergleichen. Babys speichern viele Bewegungs- und Energieeindrücke, die sie in ihrer Umwelt wahrnehmen, in ihrem Gedächtnis ab. Aber da sie noch keine Worte kennen und auch noch keine komplexen Assoziationen, Ansichten, Einstellungen und Werturteile *im Hinblick* auf diese Eindrücke haben, denken sie nicht viel darüber nach. Sie philosophieren nicht, bilden keine Begriffe und stellen auch keine Theorien auf, sondern richten ihre ganze Aufmerksamkeit auf den jetzigen Augenblick, ohne irgendwelche Werturteile oder Erwartungen.

Deshalb sind kleine Kinder ziemlich frei von den komplexen Ängsten, Zornesempfindungen, Neigungen, Erwartungen, Plänen, Vorlieben, Selbsteinschätzungen und selbstkritischen Gedanken, die das Denken der meisten Erwachsenen beherrschen. Vielleicht steht deshalb in der Bibel, daß wir nicht ins Himmelreich kommen können, wenn wir nicht werden wie die Kinder.

In ihrer inneren Klarheit, Entspanntheit, Sensibilität und Offenheit für ihre Umgebung sind Babys innere Athleten – in ihrer einfachen, direkten Art, mit dem Leben umzugehen, frei von allen mentalen Reaktionen oder Widerständen. Diese Eigenschaften erklären nicht nur ihre erstaunliche Lernfähigkeit, sondern auch ihren natürlichen Charme und ihre Spontaneität. Die gleichen Charakterzüge befähigen den inneren Athleten zu seinen Leistungen.

Wenn wir unseren Geist zum Schweigen bringen,
beginnt die Symphonie.
Unbekannter Verfasser

Zu Beginn unseres Lebens waren wir alle Meister in der Kunst der Bewegung, denn damals maßen wir den Dingen noch keine Bedeutung zu und waren glücklich in unserer ursprünglichen «Unwissenheit», bis Assoziationen und vorgefaßte Meinungen unseren Körper und unseren Lernprozeß zu hemmen begannen. Wenn Babys zum Beispiel stehen lernen, fallen sie am Anfang dauernd hin und stehen einfach immer wieder auf. Sie bewerten ihre Leistung nicht und vergleichen sich auch nicht mit anderen Kindern («Oh, verdammt! Warum bin ich nur so tolpatschig! Das Baby da drüben auf der anderen Straßenseite macht das sicher viel besser als ich!»).

Um unsere angeborenen Fähigkeiten wiederzuerlangen, müssen wir uns erst einmal mit vier Hindernissen auseinandersetzen, die den meisten Menschen hin und wieder das Leben schwermachen: *negative Selbsteinschätzung, Versagensängste, destruktive Selbstkritik und Mangel an zielgerichteter Aufmerksamkeit.* Auf diese vier wichtigsten mentalen Blockaden möchte ich nun eingehen.

Negative Selbsteinschätzung

Der eine glaubt, er kann;
der andere glaubt, er kann nicht,
und beide haben recht.
Unbekannter Verfasser

Es ist ein bekanntes psychologisches Phänomen, daß unsere Erfolge im Leben meistens unseren Erwartungen entsprechen. Man nennt dieses Prinzip «selbsterfüllende Prophezeiung». Wenn Sie erwarten und glauben, ein phantastischer Tänzer oder ein mathematisches Genie zu sein oder auf andere Menschen unsympathisch zu wirken, setzen Sie damit psychische Prozesse in Gang, die dazu beitragen, daß Ihre Erwartungen sich tatsächlich erfüllen. In dem, was Sie bis jetzt erreicht haben, spiegelt sich Ihre Selbsteinschätzung wider.

Dieses Prinzip der selbsterfüllenden Prophezeiungen gilt für alle Gebiete, auf denen Sie etwas erreichen möchten. Wenn Sie von vornherein damit rechnen, schlecht abzuschneiden, sind Sie automatisch weniger motiviert und interessiert; Sie investieren weniger Zeit und Energie, und folglich werden Sie auch tatsächlich weniger leisten.

Geistige Begabung

Ein gutes Beispiel dafür ist die Geschichte des Schuhverkäufers, der zum Sklaven seiner eigenen Selbsteinschätzung wurde. Sein Chef wies ihm einen 260 Quadratkilometer großen Verkaufsbezirk zu. Im ersten Monat machte der Mann einen Umsatz von 10 000 Dollar. Sein Chef war so begeistert, daß er die Größe seines Verkaufsbezirks im nächsten Monat verdoppelte. Trotzdem verkaufte der Mann wieder nur Schuhe im Wert von 10 000 Dollar. Enttäuscht reduzierte der Chef seinen Verkaufsbezirk auf die Hälfte der ursprünglichen Größe – und auch in diesem Monat verkaufte der Mann Schuhe im Wert von 10 000 Dollar.

Er hatte eine «10 000 Dollar im Monat»-Selbsteinschätzung.

Jedesmal wenn ich einer neuen Gruppe von Kindern oder Erwachsenen Turnunterricht gebe, beobachte ich, wie diese Menschen genau die Rolle übernehmen, die ihrer Selbsteinschätzung entspricht. Einige Leute spielen die Rolle des «Klassenbesten»: Sie stellen sich ganz vorn hin und zeigen, was sie können. Andere drücken sich still ans hintere Ende der Reihe und machen Bemerkungen wie: «Ich bin nicht besonders geschickt.»

Jeder Mensch hat unterschiedliche Selbsteinschätzungen – je nachdem, um welche Fähigkeit es gerade geht. Wahrscheinlich haben Sie, was Ihre sportlichen Leistungen angeht, eine ziemlich hohe Meinung von sich (sonst hätten Sie gar nicht erst damit angefangen). Doch auf anderen Gebieten, wie Automechanik, Buchhaltung, Malerei oder Schriftstellerei, trauen Sie sich vielleicht nicht so viel zu.

Ich möchte damit nur veranschaulichen, daß diese *Selbsteinschätzung* nicht mehr Realität besitzt als der Schatten eines Schattens. Ihr Selbstbild ist eine Illusion, die Ihnen schon vor langer Zeit aufgezwungen wurde, und sie wird all Ihre Bemühungen so lange überschatten, bis Sie sie als Illusion erkennen und überwinden.

Um alles zu erreichen, was von uns verlangt wird,
müssen wir uns für größer halten, als wir sind.
Johann Wolfgang von Goethe

Eine Wunschliste

Es gibt eine gute Methode, destruktive Selbstbilder zu bekämpfen: Stellen Sie eine Liste von fünfzig Eigenschaften oder Fähigkeiten auf, die Sie besitzen – oder von Aktivitäten, denen Sie sich gern intensiver widmen würden, wenn Sie das Gefühl hätten, es darin zu etwas bringen zu können. Sobald die Liste fertig ist, benoten Sie die einzelnen Fähigkeiten mit einer Punktzahl von 1 bis 10: 1 bedeutet, daß Sie darin vollkommen unfähig sind, 10 bedeutet Weltklasse. Aber schreiben Sie nicht nur Tätigkeiten auf, die Sie tatsächlich ausüben, sondern auch solche, denen Sie normalerweise lieber aus dem Weg gehen.

Sobald Sie Ihre Fähigkeiten bewertet haben, werfen Sie einmal einen Blick in diesen Spiegel Ihrer Selbsteinschätzung. Achten Sie vor allem auf die Fähigkeiten, in denen Sie sich schlecht benotet haben. Macht Ihnen irgendeine dieser Aktivitäten Spaß? Warum? Oder warum nicht? Haben Sie sich je *wirklich* bemüht, diese Dinge zu erlernen? Gibt es einen plausiblen Grund, warum Sie diese Fähigkeiten *wirklich nie* besonders gut beherrschen konnten? Es gab schon Menschen ohne Arme, die hervorragende Maler geworden sind; ich kenne einen Mann, der nur ein Bein hat und trotzdem ein guter Kunstspringer wurde; und so mancher Blinde hat es zu hervorragenden Leistungen beim Marathon oder Trampolinspringen gebracht. Was für eine Entschuldigung haben Sie vorzubringen?

Und das ist der letzte Schritt dieser Übung: Sobald Sie dieses Kapitel fertig gelesen haben, setzen Sie sich ruhig hin und denken Sie darüber nach, was ich in diesem Kapitel über die Illusion unserer Selbsteinschätzungen gesagt habe. Lesen Sie die Liste mit den Noten, die Sie sich selber gegeben haben, noch einmal durch; und dann *verbrennen* Sie sie.

Sobald uns klar wird, was für Beschränkungen wir uns mit diesen Selbsteinschätzungen auferlegen, können wir sie überwinden. Häufig wurden uns diese selbstgeschaffenen Grenzen von unseren Eltern eingeimpft, oder sie sind aus irgendeinem Erlebnis entstanden, das wir falsch interpretiert haben.

Nur wenn es uns gelingt, diese Selbstbilder zu überwinden, können wir mit unseren Techniken und unserem Training wirklich durchschlagende Erfolge erzielen.

Als Kind hatten Sie *unbegrenzte Möglichkeiten;* damals konnten Sie alles lernen, was im Bereich der menschlichen Fähigkeiten liegt. Sie trugen die Anlagen in sich, Arzt, Anwalt, Ingenieur, Handwerker, Tänzer, Artist oder Olympiateilnehmer zu werden. Auf die Idee, daß Ihnen das Lernen schwerfallen könnte, kamen Sie gar nicht. Sie waren völlig frei von allen selbstauferlegten Beschränkungen. Das erinnert mich an eine Geschichte, die Jim Fadiman mir einmal erzählt hat:

«Eines Tages beschloß meine vierjährige Tochter, fliegen zu lernen. Das schien ihr nicht besonders schwer zu sein, denn schließlich können es sogar die Vögel. Also stellte sie sich aufs Sofa, sprang in die Höhe und bewegte dabei die Arme hin und her. Leider war ihr erster Versuch nicht ganz so erfolgreich, wie sie sich das vorgestellt hatte.

Vögel haben Federn, überlegte sie sich. Vielleicht ist es das, was mir fehlt. Also holte sie sich eine Feder aus dem Hof, hielt sie in ihrer kleinen Hand fest und sprang wieder in die Höhe. Hinterher erklärte sie mir, die Feder habe ihr eindeutig geholfen.»

Indem Jim seine Tochter bei dem Versuch, vom Sofa herunterzufliegen, gewähren ließ, erlaubte er ihr, ihre *natürlichen* Fähigkeiten und Grenzen gefahrlos zu erkunden. Auf diese Weise konnte sie eine ausgewogene, realistische Vorstellung von ihren Fähigkeiten bekommen, unbeeinflußt von den Erwartungen anderer Menschen. Als ich ihn fragte, warum er ihr denn diese Mühe nicht erspart habe, indem er ihr erklärte, daß «kleine Jungen und Mädchen nicht fliegen können», antwortete er lächelnd: «Woher sollte ich denn das wissen? Ich hätte mich ja auch täuschen können!»

In unseren ersten Lebensjahren waren wir noch für alles offen und innerlich frei, um zu lernen. Doch als wir älter wurden, prägte sich uns die Vorstellung ein, daß wir in manchen Dingen «gut» und in anderen «schlecht» seien, weil wir gelobt oder getadelt wurden oder eine Situation falsch interpretierten. So ging es mir, als ich fünf Jahre alt war.

Damals malte ich im Kindergarten meinen ersten Baum. Er sah aus wie ein grüner Lutscher, denn schließlich war es mein allererster Versuch. Dann schaute ich mich um und sah mir die Bilder der anderen Kinder an. Zu meiner großen Enttäuschung sahen *ihre* Bilder *tatsächlich* wie Bäume aus. Damals war mir nicht klar, daß diese Kinder in ihrem Leben schon viel mehr Bäume gemalt hatten als ich und daß meine Bäume, wenn ich erst einmal so viel Übung wie sie hätte, vielleicht noch viel grüner und blättriger aussehen würden als ihre. Aber ich warf zu schnell die Flinte ins Korn. Ich zog aus meinem Erlebnis sofort die Schlußfolgerung, ich könne nicht gut malen.

Das Selbstbild des kleinen Sammy entstand auf eine ganz andere Weise. Er streckte die Hand nach einem Glas Milch aus. Aber da er erst drei Jahre alt war, konnte er die Entfernung noch nicht richtig einschätzen und warf das Glas um. In ihrem ersten Zorn sagte seine Mutter: «Was bist du für ein ungeschicktes Kind!» Das Wort «ungeschickt» war neu für Sammy. Er vermutete, daß es etwas mit Milch zu tun hatte.

Dann passsierte es wieder, aber diesmal mit Saft. «Sei doch nicht so ungeschickt!»

«Aha», überlegte Sammy sich. «Es hat also gar nichts mit Milch zu tun. Es bedeutet ‹verschütten›. Ich bin ungeschickt, weil ich immer Sachen verschütte.» Bald hatte er etliche Gläser mit Flüssigkeit umgekippt und war mehrere Male die Treppe hinuntergefallen, um seine Ungeschicklichkeit zu *beweisen*.

Manchmal hast du das Gefühl, daß dir alles gelingt. In solchen Situationen kann ich mich ganz vorn an die Spitze meines Surfbretts stellen und mit voller Wucht mitten durch die Brandung hindurchschießen; ich kann mich in eine unmögliche Position bringen und wieder hinausmanövrieren, einfach weil ich glücklich bin. Mit einem solchen Selbstvertrauen überstehst du Situationen, die sonst fast unmöglich zu bewältigen wären.
Midget Farrelly

Eigentlich liegt es auf der Hand, daß ein geringes Selbstwertgefühl nicht gut für uns ist, denn es schränkt unsere Leistungen ein. Doch auch eine unrealistisch hohe Selbsteinschätzung bringt Probleme mit sich. Kleine Kinder, die dauernd für alles gelobt werden und denen man immer sagt, sie seien «phantastisch» und «die Besten», gewöhnen sich an dieses Lob, denn das ist die positive Aufmerksamkeit, nach der jedes Kind sich sehnt. Sie werden sich bemühen, diese Anerkennung nach Möglichkeit immer wieder zu bekommen, und vielleicht entwickeln sie bestimmte Fähigkeiten sogar früher als andere Kinder.

Der Haken bei der Sache ist, daß das Selbstwertgefühl dieser Kinder zuerst von dem Lob und später von der Leistung abhängig wird, mit der sie sich das Lob verdient haben. Sie wachsen in einer ständigen Erfolgserwartung auf und projizieren diese Erwartung auch auf andere Menschen, so daß jeder damit rechnet, daß sie erfolgreich sein werden. Diese Erwartung wächst sich zu einem ungeheuren Druck für sie aus, denn schließlich dürfen sie die Welt nicht enttäuschen. Aus solchen Menschen werden großartige Studenten, Spitzensportler oder Selbstmörder.

Im Grunde ist also beides problematisch, eine unrealistisch hohe Selbsteinschätzung *ebenso* wie eine unrealistisch niedrige. Am besten ist es, sich gar kein Bild von sich selbst zu machen. Kinder, die ohne übertriebenes Lob und ohne übertriebenen Tadel aufwachsen, entwickeln zu allem, was sie tun, eine realistische, experimentierfreudige Einstellung und bleiben beharrlich dabei, ohne sich unter unnötigen psychischen Druck zu setzen. Sie erkunden einfach das Leben, und ihre Leistungen und Erfolge erwachsen aus einer natürlichen, angeborenen Neugier und einem Gefühl der inneren Befriedigung und nicht aus dem Streben nach äußeren Belohnungen oder Streicheleinheiten. Solche Kinder erreichen alles zum angemessenen Zeitpunkt, auf natürliche Art und Weise, mit Spaß an der Sache und ohne unnötigen Streß.

Vielleicht ist Ihnen auch schon aufgefallen, daß wir Erwachsenen die unterschiedlichsten Selbsteinschätzungen haben, je nachdem, um welches Gebiet es gerade geht. Immer wenn Sie ein Vorhaben mit zu wenig Selbstvertrauen angehen, verwirrt oder entmutigt sind oder sich innerlich *stark unter Druck setzen, gut abzuschneiden,* dann zwingen Sie Ihrem Leben eine völlig willkürliche Selbsteinschätzung auf. Dieses Selbstbild raubt Ihnen jenes Gefühl der Leichtigkeit und Freude, das Sie als Kind besaßen.

Wenn Ihnen so etwas das nächste Mal passiert, können Sie sich entweder mit diesem Selbstbild abfinden, es ignorieren, sich dagegen wehren oder es sich zunutze machen. Wenn Sie sich damit abfinden, wird Ihre Zukunft genauso aussehen, wie Ihre Vergangenheit. Wenn Sie es ignorieren, wird es Sie weiterhin auf subtile Art und Weise beeinträchtigen. Wenn Sie sich dagegen wehren, verschwenden Sie nur Ihre Energie. Also *machen Sie es sich zunutze*, und zwar voll und ganz. Lassen Sie seine psychische Kraft auf sich wirken, und dann durchbrechen Sie es, indem Sie *Ihr Verhalten ändern. Lernen Sie, Dinge zu tun, die Sie sich niemals zugetraut hätten;* dann werden die Wörter «kann nicht» die Macht über Ihr Leben verlieren.

Der größte Wert waghalsiger Unternehmungen wie Laufen über glühende Kohlen, Fallschirmspringen oder Bergsteigen liegt darin, daß man dabei eine realistische Selbsteinschätzung entwickelt. Ich biete zum Beispiel ein Intensivtraining in Techniken des Messerkampfes an, mit dem man sich tiefere Ebenen des Selbstvertrauens, Mutes und Engagements erschließen und außerdem beweglicher werden kann. In solchen Kursen haben die Teilnehmer die Chance, sich mit ihren selbstauferlegten Beschränkungen auseinanderzusetzen und sie zu überwinden.

Wenn wir sagen «Daran habe ich kein Interesse», *meinen* wir damit in Wirklichkeit häufig: «Das kann ich nicht gut.» Sie werden staunen, für wie viele Dinge Sie sich plötzlich interessieren, wenn «kann nicht» seine Macht verliert.

Eine Methode, sich neue Möglichkeiten zu eröffnen, sind positive Affirmationen. Mit solchen Affirmationen machen Sie eine positive Aussage über sich selbst, zum Beispiel: «Ich putte ziemlich gut.» – «Unter Druck bin ich noch besser als sonst.» – «Ich merke mir die Namen und Gesichter der Leute, die mir begegnen.» – «Ich genieße es, nicht mehr zu rauchen. Ich brauche keine Zigaretten.»

Vielleicht empfinden wir solche Aussagen als glatte Lügen, denn immer wenn wir sie machen, melden sich in unserem Inneren ganz andere Überzeugungen zu Wort, die diesen positiven Aussagen zu widersprechen scheinen. Diese unterschwelligen Überzeugungen müssen wir *registrieren,* ja sogar bewußt bis zum Extrem verstärken. Dadurch heben wir sie in unser Bewußtsein empor, und dort können sie sich in nichts auflösen. Mit einer positiven Aussage, die bis jetzt vielleicht noch gar nicht der Wahrheit entspricht, eröffnen wir uns neue Möglichkeiten und setzen uns unter einen gewissen Druck, uns in Richtung auf unsere positive Affirmation zu verändern.

Sie können die Wirkung solcher Affirmationen noch steigern, indem Sie sich ihre positivste Manifestation in allen Details genau vorstellen. Für unser Unterbewußtsein gibt es keinen Unterschied zwischen dem, was wir uns ausmalen, und dem was «wirklich» ist – was wir mit unseren physischen Augen sehen. Je deutlicher wir uns positive Resultate vorstellen, um so stärker ziehen wir die entsprechende positive Energie an und öffnen unser Unterbewußtsein, so daß es diese wunderbaren Dinge tatsächlich in unser Leben integrieren kann. Als ich noch an Turnwettkämpfen teilnahm, malte ich mir oft aus, wie ich die phantastischsten Übungen mit Bravour absolvierte, und ich glaube, ich verdanke meinen Erfolg zu einem großen Teil dieser Angewohnheit.

Jeder Erfolg zieht weitere Erfolge nach sich, denn er untergräbt unsere selbstauferlegten Beschränkungen.

Und vergessen Sie nicht, daß das Naturgesetz des Prozesses stärker ist als alle Selbstbilder! Wenn Sie eine Zeitlang regelmäßig üben, werden Sie sich automatisch verbessern. Die Überwindung unserer Selbsteinschätzungen ist ein grundlegender Schritt auf dem Weg zum inneren Athleten.

Versagensängste

Mißerfolge sind ein wesentlicher Bestandteil eines jeden Lernprozesses – ein natürlicher Wegweiser, ein Führer, eine Hilfe, die uns weitere Fortschritte ermöglicht. Ich «versagte» in der Turnhalle mindestens fünfzigmal am Tag, und das war gar nichts Besonderes. Um etwas zu lernen, müssen wir genau darauf achten, was nicht richtig funktioniert. Den meisten Menschen wurde die Angst vor Mißerfolgen, besonders vor Mißerfolgen in der Öffentlichkeit, schon im Kindesalter eingeimpft; man schärfte ihnen ein, daß sie auf keinen Fall versagen dürften. Deshalb haben wir ein paar Verteidigungsmechanismen gegen Mißerfolge entwickelt.

Ein sehr verbreiteter Abwehrmechanismus besteht darin, daß man «sich gar nicht erst richtig bemüht». Sportler, die manchmal den Eindruck erwecken, als seien sie träge, sind vielleicht einfach nur nicht richtig motiviert. Warum nicht? Meist liegt das daran, daß sie von vornherein nicht daran glauben, es schaffen zu können; sie fürchten zu versagen. Und wenn sie dann tatsächlich scheitern, können sie sich wenigstens an den Glauben klammern: «Wenn ich mir wirklich Mühe gegeben hätte, dann hätte ich es geschafft!»

Angst erzeugt Anspannung; und Anspannung hemmt den Blutstrom und verlangsamt unsere Reflexe. Unsere Atmung wird flacher, was zu einer generellen oder chronischen Kontraktion antagonistischer Muskelgruppen führt; ja, sogar unsere Sehkraft kann durch Anspannung beeinträchtigt werden. All diese Veränderungen schränken die Effektivität unserer Bewegungen ein und können dazu führen, daß wir versagen. Durch Angst vor dem Versagen entsteht also ein Teufelskreis: Das, wovor wir am meisten Angst hatten, tritt tatsächlich ein.

Um diesen Teufelskreis zu durchbrechen, müssen wir uns mit dem Mißerfolg aussöhnen; denn er ist nicht unser Feind. Aber es genügt nicht, ihn einfach nur zu tolerieren. Denn «Tolerieren» bedeutet, daß man etwas lediglich erträgt. Doch um Nutzen aus unserem Mißerfolg ziehen zu können, müssen wir dankbar dafür sein. Wenn wir etwas lernen, sollten wir uns von vornherein eine gewisse, nicht zu knapp bemessene Anzahl an Fehlern zugestehen. Wir sollten sogar absichtlich Fehler machen, einfach um locker und entspannt zu bleiben und uns eine ausgewogene Perspektive zu bewahren. Wenn wir bewußt «danebenhauen» können, dann können wir auch bewußt ins Ziel treffen.

Innere Sportler lachen über einen Mißerfolg wie über einen guten alten Freund, der ihnen einen Streich gespielt hat. Die größten Erfinder, Künstler und Sportler aller Zeiten haben jede Menge Fehler gemacht. Viele Leute wissen, daß Babe Ruth ein Meister des Home-run war; aber die meisten vergessen, daß er auch oft «ausgemacht» wurde.

Es gibt eine Übung, mit deren Hilfe Sie sich dieses Prinzip ganz gut klarmachen können. Rein physisch betrachtet, ist diese Übung ein Kinderspiel; doch in psychologischer Hinsicht stellt sie schon eine gewisse Herausforderung dar: Versuchen Sie einmal absichtlich Mißerfolg zu haben! Wenn Sie Vertreter sind, lassen Sie Ihr nächstes Verkaufsgespräch platzen. Machen Sie sich einfach einen Spaß daraus, und werfen Sie alle Sorgen über Bord. Wenn Sie beim Golf das nächste Mal eine 18-Loch-Runde spielen, versuchen Sie dazu doppelt so viele Schläge zu brauchen wie sonst. Machen Sie ruhig Fehler, vor denen Sie normalerweise Angst hätten. Genießen Sie Ihren Mißerfolg, und warten Sie ab, ob die Welt zusammenbricht. (Sie wird es nicht tun.) Bald werden Sie merken, wie Sie dabei quasi «aus Versehen» Fortschritte machen.

Destruktive Selbstkritik

Die anderen Menschen
werden uns immer unterschätzen,
denn wir bewerten uns nach dem,
was wir uns zutrauen;
und die anderen beurteilen uns nur nach dem,
was wir bereits geschafft haben.
Longfellow

Wenn Babys den gleichen Hang zur Selbstkritik hätten wie Erwachsene, würden sie vielleicht niemals laufen oder sprechen lernen. Können Sie sich vorstellen, daß ein kleines Kind wütend mit dem Fuß auf den Boden stampft und ruft: «Verdammt! Ich hab's schon wieder geschafft!» Babys kennen zum Glück keine Selbstkritik. Sie reagieren auf Fehlschläge nicht anders als auf Erfolg: Sie üben einfach weiter.

Selbstkritik ist ein erlerntes Verhaltensmuster, das wir meist schon in der Kindheit erwerben, da Kinder naturgemäß viele Fehler machen und deshalb häufig mit destruktiver Kritik überhäuft werden.

Es gibt nur drei wirkliche Ursachen für Fehler in der Welt:

1. negative (oder unbewußte) Verhaltensmuster;
2. Mangel an Information oder Erfahrung;
3. die Tatsache, daß kein Mensch immer perfekt ist.

Und es gibt zwei Arten von Kritik:

1. kontruktive Kritik: «Du hast den Ball etwas zu weit oben getroffen; sieh zu, daß du den Schwung beim nächsten Mal ein bißchen tiefer ansetzt.»
2. destruktive Kritik: «Völlig falsch – Mann, war das blöd!»

Wenn Sie als Kind häufig solche destruktive Kritik hinnehmen mußten, hat Ihre jugendliche Psyche sich wahrscheinlich in den Verteidigungsmechanismus geflüchtet, der sich am leichtesten anwenden ließ: Sie haben diese Kritik *verinnerlicht* – das heißt, Sie haben angefangen, *sich selber* zu kritisieren, damit die anderen es nicht tun. Dieser kindliche Abwehrmechanismus «funktioniert» zwar normalerweise, denn man kann sich damit tatsächlich viel Kritik von Eltern, Geschwistern oder Spielkameraden ersparen. Doch diese archaische Angewohnheit, sich selber zu kritisieren, damit es niemand anders tut, nützt einem im Erwachsenenalter nichts mehr. Denn wenn man Selbstkritik übt, trägt man immer noch die Last jener Eltern, Geschwister oder Spielkameraden auf seinen Schultern, die einen in der Kindheit so unfreundlich behandelt haben.

Vielleicht kommt Ihnen gar nicht richtig zum Bewußtsein, daß Sie ein Opfer Ihrer eigenen Selbstkritik sind, da es ja nicht so ist, daß Sie sich ständig lautstark mit Selbstvorwürfen überhäufen. Man kann sich auch auf subtilere Art und Weise «selbst verprügeln», indem man eine ungeduldige, frustrierte oder depressive Lebenshaltung entwickelt.

Wir üben aus den gleichen Gründen Selbstkritik, aus denen andere Menschen uns früher kritisierten: als Strafe für unsere Fehler. Menschen, die sich selber kritisieren, glauben daran, daß ihre Leistungen sich verbessern werden, wenn sie sich mit ihrer Selbstkritik bestrafen. Dabei ist genau das Gegenteil der Fall: Wenn man sich im Anschluß an einen Fehler selbst kritisiert (also bestraft), steht es psychologisch gesehen eins zu eins: «Ein Fehler – eine Bestrafung.» Dann kann man den gleichen Fehler wieder machen. Wenn man sich dagegen nicht kritisiert, übernimmt man die Verantwortung für seinen Fehler, und es ist *weniger* wahrscheinlich, daß man ihn wiederholt.

Versuchen Sie lieber Ihr bester Freund zu sein, statt sich zu bekämpfen.

Gehen Sie nachsichtig mit sich um. Wenn Sie sich selbst keine bedingungslose Freundschaft entgegenbringen, wer soll es dann tun? Wenn Sie außer mit Ihrem Gegner im Spiel auch noch mit sich selber zu kämpfen haben, sind Sie in der Minderheit.

Bewahren Sie sich eine Haltung des *vorbehaltlosen Selbstwertgefühls,* frei von jeder Selbstkritik. Sie sind doch sicherlich auch der Meinung, daß es grausam und sinnlos ist, einem anderen Menschen zu sagen: «Sie sind wirklich zu blöd – ein richtiger Tolpatsch – Sie sollten endlich aufgeben – Sie machen immer die gleicher Fehler – Sie werden es nie schaffen!» Ihren Mitmenschen würden Sie so etwas nie an den Kopf werfen. *Warum gehen Sie mit sich selber weniger höflich um?*

Zielgerichtete Aufmerksamkeit

Wenn wir allem, womit wir uns gerade beschäftigen, unsere uneingeschränkte *Aufmerksamkeit* widmen, können wir ungeheuer viel erreichen. Aber eine solche ungeteilte Aufmerksamkeit kommt ziemlich selten vor, außer bei einer sportlichen Darbietung oder einem Wettkampf, wenn wir uns tatsächlich ganz auf den jetzigen Augenblick konzentrieren und alles andere vergessen. Ein Sportler kann Probleme im täglichen Leben haben – zum Beispiel Schwierigkeiten in seiner Partnerschaft oder mit seinen Finanzen –, doch wenn er in Aktion ist, erlebt er den gegenwärtigen Moment in seiner ganzen Macht. Im Augenblick der Wahrheit findet jeder Mensch Momente des Schweigens. Selbst bei der intensivsten Tätigkeit können wir uns innerlich ganz ruhig und gelassen fühlen.

Ein Sportler, der diesen Zustand der zielgerichteten Aufmerksamkeit erreicht hat, ist «voll da». Manche Sportler bezeichnen diesen Zustand als «Fließen» oder als «die Zone». Für den inneren Athleten ist er die «Heimat».

Wenn ich beim Golfspielen in Höchstform bin,
dann ist es, als ... würde ich einen Schritt zurücktreten und
mit dem Golfschläger in der Hand beobachten,
wie die Erde sich dreht.
Mickey Wright

Wenn Skifahrer und Surfer diese hundertprozentige Konzentration spüren, wissen sie, daß ihnen alles gelingen wird. Golfspieler «sehen» in diesem Zustand geradezu Energielinien, die vom Ball ins Loch führen. Und Tennisspieler, die sich in der «Zone» befinden, sehen vor ihrem geistigen Auge, was als nächstes passieren wird.

Im täglichen Leben ist die Aufmerksamkeit bei den meisten Menschen sehr diffus; wir lassen uns ständig durch irgendwelche Gedanken ablenken. Das heißt, wir konzentrieren uns nur halb auf das, was wir tun; die anderen 50 Prozent unserer Aufmerksamkeit richten sich auf unsere Gedanken darüber, was wir gerade tun, oder hängen vagen Tagträumereien nach. In der Tat gleicht unser Leben oft einem Traum.

Wenn wir lernen, unsere Aufmerksamkeit ganz auf den jetzigen Augenblick zu richten, können wir unsere sportlichen Leistungen verbessern. Innere Athleten, die diese Fähigkeit, «ins Jetzt und Hier zurückzukehren«, auch auf andere Bereiche ausdehnen, verbessern damit gleichzeitig die Qualität ihres täglichen Lebens.

Man ignoriert einfach alles andere und konzentriert sich. Man vergißt die ganze Welt und ... ist nur noch ein Teil seines Wagens und der Rennstrecke. Das ist ein ganz besonderes Gefühl, das sich mit nichts anderem vergleichen läßt. Man lebt überhaupt nicht mehr in dieser Welt.
Jochen Rindt

Geist und Körper

Die folgende Übung zeigt, wie sich schon die kleinste Ablenkung auf unseren ganzen Körper auswirken kann: Bitten Sie einen Freund, ganz locker und bequem dazustehen und die Arme in die Seiten zu stemmen. Dann soll er einen Arm anspannen, nach unten ausstrecken und dabei die Faust ballen. Jetzt kündigen Sie ihm an, daß Sie versuchen werden, seinen Arm 30 bis 50 Zentimeter seitlich von seinem Körper wegzuziehen. Tun Sie das, und achten Sie darauf, wieviel Kraft Sie dabei aufwenden müssen.

Als nächstes sagen Sie ihm, daß Sie mit der Hand vor ihm hin und her wedeln werden mit einer Zickzack-Bewegung nach unten, ohne ihn dabei zu berühren, und daß Sie dann gleich wieder versuchen werden, seinen Arm nach außen zu ziehen wie beim ersten Mal. Das machen Sie dann.

Spüren Sie den Unterschied? Was ist mit der Konzentration des Mannes geschehen, als Sie ihn mit Ihrer Handbewegung ablenkten?

Jetzt können Sie sich sicher vorstellen, wie geistige Ablenkungen sich auf die Leistungen eines Menschen auswirken. Sportliches Training ist die beste Schulung für zielgerichtete Konzentration, denn es erfordert, daß wir unsere ganze Aufmerksamkeit auf die Gegenwart richten. Der innere Athlet lernt, sein Ziel bis zum Ende zu verfolgen, im Sport ebenso wie im Leben, gleichgültig, welche Ablenkungen auf ihn zukommen. Seine Aufmerksamkeit ist genauso stark wie die unbeirrbare Konzentration der Weltklasseathleten.

Hindernisse sind die erschreckenden Dinge, die wir sehen, wenn wir unseren Blick vom Ziel abwenden.
Hanah More

Wenn eine Turnerin vom Schwebebalken fällt, ist ihr Geist schon vorher abgestürzt. Um nicht das Gleichgewicht zu verlieren, muß Sie im Geist (oder in ihrer Aufmerksamkeit) direkt über dem Balken bleiben. Um einen Footballspieler stoppen zu können, muß man erst einmal seine Aufmerksamkeit ablenken. Wer American Football spielt, weiß, daß manche Ballträger besonders schwer zu Fall zu bringen sind und daß das nicht nur eine Frage der physischen Kondition ist, sondern auch des mentalen Trainings.

Ich machte mir überhaupt keine Sorgen, daß der Batter den Ball treffen könnte. Es war wie ein Traum. Ich dachte gar nicht darüber nach. Wenn ich nachgedacht hätte, dann hätte ich nie so ein perfektes Spiel hingelegt.
Catfish Hunter

Die folgende zweiteilige Übung soll Ihnen den Unterschied zwischen schwacher Aufmerksamkeit und totaler Zielgerichtetheit veranschaulichen:

Einfach weitergehen

Test 1 Stellen Sie sich in einer Entfernung von ungefähr drei Metern direkt gegenüber Ihrem Übungspartner auf. Nehmen wir einmal an, Ihr Partner ist ein Mann. Seine Füße stehen schulterbreit auseinander, und zwar beide genau in der gleichen Entfernung von Ihnen. Nun nehmen Sie eine ängstliche Haltung ein, und gehen Sie geradeaus, und zwar so, als wollten Sie sich rechts an Ihrem Partner vorbeischieben. In dem Augenblick, als Sie an ihm vorbeigehen wollen, hebt er den rechten Arm und hält ihn direkt vor Ihre Brust. Lassen Sie Ihren Geist an dem Arm haltmachen, den der Mann vor Ihnen ausstreckt.

Test 2 Diesmal tun Sie genau das gleiche, nur mit einer anderen mentalen Einstellung: Gehen Sie im gleichen Tempo auf Ihren Freund zu, aber projizieren Sie Ihre Aufmerksamkeit dabei

> mit aller Macht Tausende von Kilometern vor sich. Deshalb achten Sie gar nicht auf den erhobenen Arm Ihres Freundes. Ihr Geist und Ihre Vorwärtsbewegung gehen durch den Arm hindurch, als sei er gar nicht da. Sie sind entspannt, konzentriert und Ihrer Sache ganz sicher. Was passiert diesmal?

Der Arm Ihres Freundes steht in dieser Übung für die kleinen Ablenkungen des täglichen Lebens – die ablenkenden Gedanken, die Ihnen oft ganz plötzlich kommen. Wenn Sie den Gedanken, die Sie ängstigen, in Wut bringen oder Ihnen Beschränkungen auferlegen, genausowenig Beachtung schenken wie dem Arm Ihres Freundes, dann sind Sie auf dem besten Weg zur zielgerichteten Aufmerksamkeit.

Jeder Basketballspieler hat schon einmal erlebt, was für eine Unterschied es ist, ob man den Ball mit ungeteilter Aufmerksamkeit in den Korb wirft oder ob man sich nur halb darauf konzentriert. Wenn Stretch zum Beispiel im Begriff ist, den Ball zu werfen, und seine Aufmerksamkeit dabei zwischen dem Korb und dem hinter ihm stehenden Verteidiger der Gegenmannschaft hin und her schwankt, dann wird er den Korb wahrscheinlich verfehlen, obwohl er ihn beim Training mühelos treffen könnte. Versuchen Sie es ruhig einmal selbst, und spielen Sie Basketball mit Ihrem Papierkorb:

> **Abfall-Basketball**
>
> Setzen Sie sich in einer Entfernung von drei Metern vor einen Papierkorb, und zerknüllen Sie Papierabfälle zu ungefähr 20 kleinen Kügelchen. Dann beginnt das Spiel:
>
> **Schritt 1** Werfen Sie ein paar Kügelchen aufs Geratewohl in Richtung Papierkorb, ohne genau auf Ihr Ziel zu achten. Fallen sie in den Korb oder daneben?
>
> **Schritt 2** Diesmal konzentrieren Sie sich ganz auf Ihr Ziel. Richten Sie Ihren Blick genau auf die Mitte des Papierkorbs,

> und vertiefen Sie sich in Gedanken darin. Dann werfen Sie ein paar Papierkügelchen hinein, bleiben dabei aber ganz locker und entspannt. (Denken Sie daran: Sie dürfen sich nicht «anstrengen», sonst spannen Sie sich an und lassen die Kugeln einfach in den Korb fallen.) Und nun überprüfen Sie Ihre Trefferquote. Waren Sie wirklich konzentriert?
>
> **Schritt 3** Tun Sie das gleiche wie bei Schritt 2; aber diesmal fordern Sie einen Freund auf, sich hinter Sie zu stellen und Sie ab und zu in die Rippen zu knuffen, während Sie die Papierkügelchen werfen. Achten Sie darauf, wie sich diese Ablenkung auf Ihre Konzentration und die Präzision ihrer Würfe auswirkt.

Zielgerichtete Aufmerksamkeit befreit Sie von inneren Ablenkungen und Problemen und kann Ihnen helfen, jedes Spiel zu meistern. Eine solche mentale Kraft hat auch ungeheure Auswirkungen auf das Spiel Ihres Lebens. Wenn Sie Ihre Fähigkeit verstärken, sich ganz auf die Dinge zu konzentrieren, die vor Ihnen liegen, werden Sie feststellen, daß Sie mehr und mehr in der Gegenwart leben. Sie werden frei von inneren Komplikationen und stellen fest, daß Ihr tägliches Leben immer einfacher, erfüllter und intensiver wird.

Freiheit von geistigen Ablenkungen bedeutet Kraft. Ein Olympiameister im Gewichtheben besitzt nicht nur körperliche Kraft, sondern auch einen starken Geist. Die gleiche Art von Aufmerksamkeit befreit uns im Augenblick der Wahrheit von jedem Gedanken an Kritik, Angst oder an unsere eigene Selbsteinschätzung. Der innere Athlet kommt früher oder später zu der Erkenntnis, daß jeder Augenblick, ob er sich nun auf dem Spielfeld befindet oder nicht, der Augenblick der Wahrheit ist.

Man ist am Geschehen beteiligt und ist sich dessen auch irgendwie bewußt; aber man konzentriert sich nicht auf den ganzen Tumult um einen herum, sondern einzig und allein auf die Chance, die man vor sich hat. Ich würde es mit einer Art Tagtraum vergleichen ... dem Zustand

der inneren Isolation, in dem ein großer Musiker sich bei einem Konzert befindet ... Es ist nichts rein Mechanisches und auch nichts rein Geistiges, sondern trägt beide Elemente in sich; es liegt auf einer ganz anderen, ferneren Ebene.
Arnold Palmer

Das Training des inneren Athleten läuft nicht automatisch ab. Ehe wir bestimmte mentale Eigenschaften entwickeln können, müssen wir uns erst einmal darüber klarwerden, auf *welche* Eigenschaften es uns überhaupt ankommt. Wenn wir unser Training nicht bewußt und systematisch aufbauen, ist es planlos und willkürlich. Wenn Sie zum Beispiel das Gefühl haben, daß an der Art, wie Sie gelaufen sind, *irgend etwas* nicht stimmte, sich aber nicht genau über das Problem im klaren sind, dann trainieren Sie wahrscheinlich einfach nur Ihren Körper weiter – das heißt, Sie bemühen sich, Ihre Leistung zu verbessern, indem Sie noch mehr vom gleichen tun.

Doch wie Sie in Kapitel 2 («Die Macht der Bewußtheit») bereits erfahren haben, kann man nur dann die richtigen Maßnahmen zur Lösung eines Problems ergreifen, wenn man es erkannt hat.

Viele Golfspieler erleben Zeiten, in denen es ihnen einfach beim besten Willen nicht gelingt, einen Ball einzulochen; und Tennisspieler haben Phasen, in denen sie ständig Doppelfehler machen. In solchen Situationen richten diese frustrierten Sportler vielleicht die Augen zum Himmel und fragen sich, warum die Götter sie so hart bestrafen; vielleicht tragen sie als Glücksbringer eine in vierblättrige Kleeblätter eingewickelte Kaninchenpfote mit sich herum; oder sie bekommen nervöse Zuckungen oder gehen freiwillig ins Altenheim – nur weil sie sich nicht über die Ursache ihres Problems klarwerden können.

Nun, da Sie die geistigen Strukturen und Mechanismen, die Ihr Spiel beeinflussen, näher kennengelernt haben, brauchen Sie nie wieder in solchen Phasen plötzlichen Leistungsabfalls steckenzubleiben.

Und vergessen Sie nicht: Manchmal sieht es so aus, als ob Sie vor sich hinkümmern, auf der Stelle treten oder sogar in Ihren Leistungen nachlassen würden, obwohl Sie in Wirklichkeit vielleicht nur Anlauf für einen neuen Start nehmen!

Wenn Sie einen klaren Kopf haben, dann ist auch Ihr Körper auf der Höhe seiner Bewußtheit und Leistungsfähigkeit. Wenn man in Aktion ist, sollte man «den Verstand verlieren und zum Bewußtsein kommen».

Sobald Ihnen klar wird, welchen Einfluß Ihr Denken und Ihre geistige Verfassung auf Ihre Bewegungen hat, haben Sie schon einen ersten Einblick in die Mechanismen gewonnen, die hinter Ihren sportlichen Leistungen stecken. Als nächstes wollen wir uns mit den Emotionen beschäftigen, dem *Treibstoff* für Ihre Reise.

5
Emotionale Begabung

Vielleicht wissen wir, wohin unsere Reise führt, und haben sogar ein stabiles Fahrzeug; doch für jede Reise, sei es durch die Welt des Sports oder die des täglichen Lebens, brauchen wir auch genügend emotionalen Treibstoff, um uns in Bewegung setzen zu können.

Im Gegensatz zur physisch-vitalen Energie weckt die emotionale Energie in uns den *Gefühlsimpuls,* auf unsere Ziele zuzusteuern; diesen Impuls bezeichnen wir als Motivation. Wenn die emotionale Energie uns frei und ungehindert durchströmt, sind wir automatisch motiviert. Und es gibt keine mächtigere Kraft auf der Welt als einen motivierten Menschen. Wir haben alle schon Erfolgsstorys von Leuten aus den untersten sozialen Schichten gehört, denen wahre Wunder gelangen, nur weil sie motiviert waren. Motivation bildet den Schlüssel zu jedem Trainingsprozeß und steht im Zentrum unserer emotionalen Begabung.

Ohne Begeisterung wurde noch nie etwas Großes erreicht.
Ralph Waldo Emerson

Begeisterung und Motivation können das Zünglein an der Waage sein, das über Sieg oder Niederlage, Erfolg oder Mißerfolg, ja sogar über Leben und Tod entscheidet. Die Energie ihrer Motivation hilft

Langstreckenläufern über die «Mauer des Schmerzes» hinweg, wenn ihre physischen Energiereserven erschöpft sind. Andererseits kommt es vor, daß kraftstrotzende Athleten mit überschäumender vital-physischer Energie einfach nur ziellos herumbummeln und es zu nichts bringen, weil ihnen der emotionale Impuls fehlt, sich um die Erreichung ihrer Ziele zu bemühen.

Wir alle sind uns darüber im klaren, wie wichtig Selbstdisziplin ist, doch für uns besteht diese Selbstdisziplin darin, uns zu Dingen zu überwinden, die wir eigentlich nicht gern tun. Wenn wir ausreichend motiviert sind, ist unsere Begeisterung so groß, daß wir gar nicht über Disziplin nachzudenken brauchen. Als junger Turner war ich zum Beispiel so voller Enthusiasmus und freudiger Erregung, daß ich jahrelang sechs Tage in der Woche mehr als vier Stunden trainierte und dabei nie das Gefühl hatte, zu «arbeiten» oder mich disziplinieren zu müssen. Ich hielt meinen Blick nur auf das leuchtende Ziel gerichtet, das vor mir lag und mich inspirierte. Das war mein Schlüssel zum Erfolg.

Wenn die Kraft unserer emotionalen Energie erst einmal freigesetzt wird, kann sie wahre Wunder wirken: Sie unterdrückt alle Ängste und überrollt alle Hindernisse wie eine Dampfwalze. Hindernisse sind jene Dinge, über die wir uns Sorgen machen, wenn wir unseren Blick vom Ziel abwenden.

Ich habe schon erlebt, wie Sportler, denen ich das nie im Leben zugetraut hätte, amerikanische Meister wurden, und zwar einzig und allein durch zielgerichtete emotionale Energie. Ein Mannschaftskamerad von mir, Eric, hatte als kleiner Junge Kinderlähmung gehabt. Als ich ihn das erste Mal sah, waren seine Beine so verkümmert, daß er nur mit Schienen oder auf Krücken gehen konnte. Eric spezialisierte sich auf das Turnen an den Ringen. Er trainierte einfach härter als alle anderen. Es genügte ihm nicht, eine überdurchschnittliche Muskelkraft zu entwickeln, sondern er begann außerdem einen Abgang zu üben, bei dem er etwa drei Meter hoch durch die Luft wirbelte. Dabei schlug er einen voll gedrehten Salto und landete dann unter Aufbietung einer ungeheuren Willenskraft ohne jede fremde Hilfe auf seinen spindeldürren Beinen. Unzählige Male mußte ich mit ansehen, wie er zu Boden stürzte. Sein Bruder erzählte mir, daß er immer weinte, wenn er nach Hause kam, weil seine Beine so sehr schmerzten. Aber nach drei Jahren konnte Eric schon ohne Beinschienen durch die Turnhalle laufen und wurde Zweiter bei den amerikanischen Meisterschaften.

Im täglichen Leben brauchen wir zur Bewältigung kleiner Aufgaben, die nur wenig Energie erfordern, keine große Motivation. Doch in der Welt des Sports wird uns viel mehr abverlangt.

Die meisten Menschen stellen sich Motivation als etwas Passives vor, das uns einfach überkommt, ohne das wir irgendeinen Einfluß darauf hätten. An manchen Tagen fühlen wir uns vielleicht motiviert, an anderen nicht. Ich möchte Ihnen in diesem Kapitel zeigen, daß die ganze Motivationsenergie, die wir in unserem Leben je brauchen werden, bereits in uns steckt.

Emotionale Begabung ist die Fähigkeit, diese natürliche Energiequelle zu stimulieren und anzuzapfen. Wer dieses emotionale Talent entwickelt, der lernt, Wind in seine eigenen Segel zu blasen.

Wir unterscheiden häufig zwischen «positiven» Emotionen wie Freude, Gelassenheit und Hochstimmung und «negativen» Gefühlen wie Angst, Kummer oder Zorn. Aber letztere sind in Wirklichkeit gar keine Emotionen, sondern emotionale Blockaden, die den freien, natürlichen Strom unserer Motivation behindern. Um das besser verstehen zu können, wollen wir uns einmal an unsere Kindheit zurückerinnern:

Im Babyalter war Motivation für uns etwas ganz Selbstverständliches. Wir waren dauernd motiviert, denn wir interessierten uns für alles. Manchmal verkrampften wir unseren kleinen Körper und schrien, doch dieses Schreien war eine ganz einfache, natürliche Reaktion auf physisches Unbehagen und nicht auf komplizierte Gedankenspiele. Normalerweise war unser Kopf klar und unser Körper entspannt. Unser Geist und unser Körper befanden sich in ihrer natürlichen Beziehung zueinander – *unser Geist war frei von Gedanken*, in einem Zustand der Klarheit und konzentrierten Aufmerksamkeit; und *unser Körper war frei von Anspannung*, voller Gefühl, Sensibilität und Vitalität. Damals erlebten wir einen Zustand reiner Energie und Motivation, und das war der Treibstoff für unsere Aktionen, der Impuls, uns zu bewegen, die Welt zu erkunden, zu wachsen.

Doch als wir heranwuchsen und uns der Gesetze, Sinngebungen und Anforderungen der Welt immer bewußter wurden, tat sich allmählich eine Kluft zwischen uns und dieser behüteten Wiege unserer Kindheit auf. Wir lebten völlig ungeschützt in einer Welt emotionalen und sozialen Aufruhrs und menschlicher Frustration und erfuhren, was Angst, Schuldgefühle und Sorgen sind. Wir lernten unsere Emotionen zu unterdrücken, um keine Gewissensbisse haben zu müssen; eigentlich empfanden wir überhaupt nicht mehr viel. Wenn unser Gedächtnis zum Sammelplatz traumatischer Erinnerungen wird, beginnen sich in unserem Körper Spannungen anzustauen. Wir spüren diese Anspannung als krampfhaften Schmerz in der Brust oder im Unterleib, aber auch im Kreuz, im Nacken, im Kiefer und in anderen Körperbereichen. Diese Spannungen, die wir in Zeiten großer Belastung empfinden, nennt man Emotionen. Doch was wir als «emotional» bezeichnen, ist meistens eine Blockade der emotionalen Energie. Weil diese Energie blockiert ist, so wie man Wasser, das durch eine Schlauch fließt, blockieren kann, indem man den Schlauch abklemmt, spüren wir Druck an den Stellen, an denen wir angespannt sind.

Die Energie staut sich in Knoten und nimmt die Form von Emotionen an, die wir als Zorn, Angst oder Kummer bezeichnen – je nachdem, welche Gedanken zu dieser Anspannung geführt haben. Emotionale Blockaden (oder Spannungen) sind Reaktionen auf Gedanken. Wenn Sie in einer Bank Schlange stehen und sich jemand vor Sie drängen will, geraten Sie vielleicht gleich «in Wut». Kleine Kinder werden nicht wütend, wenn sich in einer Schlange jemand vordrängt, weil sie die Reaktionen unserer Gesellschaft auf dieses Verhalten noch nicht übernommen haben. Aber sie haben gelernt, daß «man warten muß, bis man dran ist». Im Hinblick auf unser soziales Zusammenleben ist das vielleicht auch völlig richtig. Doch solche Bedeutungen rufen emotionale Reaktionen in uns hervor. Nur in einem Geist, der frei von allen Sinngebungen, Werturteilen und Erwartungen ist, können die emotionalen Energien frei fließen, frei von Reaktionen der Angst, des Kummers und des Zorns.

Angst, Kummer und Zorn sind unsere drei primären emotionalen Hindernisse; und genau wie die drei Primärfarben bilden sie zusammen ein breites Spektrum emotionaler Zwischentöne wie Ungeduld, Frustration, Melancholie und Sorge.

Zwar sind Angst, Kummer und Zorn etwas ganz Normales; aber sie sind keine unvermeidlichen emotionalen Reaktionen auf den Streß, den wir um uns herum wahrnehmen. Kleine Kinder weinen vielleicht aus physischem Unbehagen, aber sie sind von Natur aus frei von den komplexen Gedankengebäuden, die bei Erwachsenen häufig zu emotionaler Anspannung führen.

Der innere Athlet verleugnet oder unterdrückt seine Gefühle nicht, sondern lernt, selbst in Streßsituationen locker und entspannt zu bleiben.

Seltsamerweise ist es sehr schwierig, sich wütend, ängstlich oder bekümmert zu «fühlen», wenn man tief, ruhig und gleichmäßig atmet und körperlich entspannt bleibt. Emotionale Erregung ist zwangsläufig mit einer Anspannung in der Brust oder im Unterleib verbunden. Wenn wir entspannt bleiben und uns auf unsere Atmung konzentrieren, umgehen wir den Streß, der die innere Anspannung erzeugt. Dann können wir viel effizienter handeln und uns ausdrücken.

Wenn zum Beispiel ein knurrender, zähnefletschender Hund auf uns zu gerannt kommt, besteht die angemessene Reaktion vielleicht darin, regungslos stehenzubleiben, davonzurennen, zurückzuknurren oder auf den nächsten Telegraphenmast zu klettern. Zu jeder dieser natürlichen Reaktionen sind wir spontan in der Lage, ohne jene innere Anspannung, die wir als Angst interpretieren. Denn diese Anspannung verzögert die angemessene Reaktion nur.

Es ist gesund, seine Trauer, Wut oder Angst zum Ausdruck zu bringen. Doch Anspannung, sei es nun ein emotionaler oder irgendein anderer Spannungszustand, ist nicht gut für unseren Körper. Es ist inzwischen durch zahlreiche medizinische Studien erwiesen, daß solche Zustände den Blutkreislauf, die Reaktionsfähigkeit unserer Muskeln und unser Immunsystem beeinträchtigen.

Den Teufelskreis
der Anspannung durchbrechen

Daß die Ursache für unsere emotionale Erregung und unsere körperliche Anspannung in unserem Denken liegt, haben wir bereits eingesehen. Doch wie können wir diesen Teufelskreis von mentalem Streß, der sich in emotionale und physische Anspannung verwandelt, durchbrechen, wenn wir noch nicht gelernt haben, unser Denken zu beherrschen?

Es gibt eine Technik, die uns hilft, unser emotionales Gleichgewicht wiederzufinden:

Anspannen, Schütteln, Atmen und Entspannen

Spannen Sie Ihren ganzen Körper bewußt drei bis fünf Sekunden lang an, so intensiv Sie können, und halten Sie dabei die Luft an.

- Dann schütteln Sie sich leicht.
- Als nächstes stellen Sie sich aufrecht hin, als wäre Ihr Kopf an einem Faden aufgehängt, und atmen Sie langsam, tief und gleichmäßig (Bauchatmung). Sie spüren, wie sich bei jedem Atemzug ein Gefühl tiefer Entspannung in Ihnen ausbreitet.
- Zwar ist es nicht leicht, emotionale Verhaltensmuster, die im Laufe von Jahren entstanden sind, zu durchbrechen, aber es ist durchaus machbar. Sie können jederzeit tief atmen, sich entspannen und von allem lösen. Lassen Sie das, was in diesem Augenblick in Ihrem Inneren oder in der Außenwelt geschieht, einfach zu, statt sich dagegen zu wehren. Empfinden Sie es nicht als «gut» oder «schlecht», sondern als interessant. Auf diese Weise können Sie Ihre wahren Emotionen, die Energie zu *handeln,* wieder zum Leben erwecken.

Atmung und Gefühl

Die ursprüngliche Bedeutung des Begriffs «Inspiration» ist «Einatmen». Die Atmung bildet einen wichtigen Schlüssel zu unserer emotionalen Verfassung, denn in ihr spiegelt sich der Grad unserer inneren Anspannung wider, und mit Ihrer Hilfe kann man diese Anspannung auch unter Kontrolle bekommen. Wenn Sie lernen,

Emotionale Begabung

richtig zu atmen und Ihr ganzes Gefühl in Ihre Atmung zu legen, werden Sie sich selbst im wahrsten Sinne des Wortes «inspirieren» können. Der natürliche Athlet atmet genau wie das Kleinkind ganz natürlich, tief aus dem Inneren seines Körpers heraus. Seine Atemzüge sind langsam, tief, entspannt und gleichmäßig.

Um sich über Ihre emotionale Verfassung klar zu werden und Ihre Gefühle unter Kontrolle zu bekommen, müssen Sie erst einmal anfangen, Ihre Atmung zu beobachten, und lernen, sie bewußt zu steuern. Bewußtes und diszipliniertes Atmen waren ein wichtiger Bestandteil der ältesten spirituellen Lehren und Überlieferungen. Yogies, Zen-Meister und Kampfsportler legten großen Wert auf die richtige Atmung.

Unsere Atmung ist das Band, das Geist und Körper eint. Bei der Meditation geht es zwar um den Geist, doch man könnte sie auch als eine Übung zur körperlichen Entspannung bezeichnen. Bei den Entspannungstechniken wiederum geht es um den Körper; dennoch könnte man sie auch als Meditationsübungen betrachten. Unser Körper und unser Geist sind durch das Atembewußtsein eng mit unseren Gefühlen verbunden. Die verschiedenen Methoden, einen Zustand des Wohlbefindens zu erlangen, zeigen den engen Zusammenhang zwischen diesen drei Zentren: dem physischen, dem mentalen und dem emotionalen. Im Mittelpunkt aller Meditationspraktiken stehen die Erkenntnisse und das Loslassen der Gedanken. Wenn wir uns von unseren Gedanken lösen, können unsere Emotionen frei und natürlich fließen, und unser Körper entspannt sich. Aber wir können diesen Prozeß natürlich auch aus einer anderen Richtung angehen und unser Augenmerk auf die Entspannung des Körpers legen. Denn sobald unser Körper sich entspannt, kehrt in der Regel auch in unser Denken Ruhe ein, und unsere Emotionen öffnen sich. All diese Wege zum Wohlbefinden sind nur verschiedene Methoden, um den natürlichen Athleten in unserem Inneren wieder zum Leben zu erwecken.

Wenn Sie jeden Tag ein paar Stunden lang auf Ihre Atmung achteten, würde Ihnen auffallen, daß es immer wieder Phasen gibt, in denen Sie stoßweise atmen, zwischendurch den Atem anhalten und Ihre Brust anspannen, so daß Ihre Atmung flach ist und sich auf den oberen Brustbereich beschränkt. Wenn Sie Ihre Atmung und die

Atmung anderer Menschen längere Zeit beobachteten, würden Sie merken, daß die drei wichtigsten emotionalen Blockaden – Wut, Kummer und Angst – stets von einem Ungleichgewicht in der Atmung begleitet sind. Wenn man zornig ist, atmet man ganz schwach ein und dafür übertrieben heftig aus. Wenn man traurig ist (zum Beispiel beim Schluchzen), atmet man stoßweise ein und nur schwach aus. Und wenn man Angst hat, ist die ganze Atmung häufig sehr schwach. Wenn Sie sich auf Ihre Atemmuster konzentrieren und ein Bewußtsein dafür entwickeln, können Sie solche Reaktionen als Fehler erkennen und Ihre Atmung als wichtigste Methode einsetzen, um Körper, Geist und Emotionen ins Gleichgewicht zu bringen.

Die folgende Übung soll Ihnen ein Gefühl für die richtige Atmung und ihre Auswirkungen auf den Körper vermitteln:

Natürlich atmen Setzen Sie sich bequem hin, entweder auf einen Stuhl oder ein Kissen. Ihre Wirbelsäule sollte gerade, aber nicht starr aufgerichtet sein.

Angespanntes Atmen Nun atmen Sie einmal ein paar Minuten lang mit hochgezogenen Schultern; atmen Sie flach und nur im oberen Brustbereich. Was ist das für ein Gefühl?

Natürliches Atmen Entspannen Sie Ihre Schultern, indem Sie sie ein paarmal heben und wieder fallen lassen, bis sie einfach ganz locker hängen. Spüren Sie das Gewicht Ihrer Schultern. Halten Sie den Mund geschlossen, ziehen Sie das Kinn leicht an, und schließen Sie die Augen.
Nun atmen Sie langsam und tief, aber ohne jede Anspannung. Spüren Sie, wie sich Ihre Bauchdecke beim Einatmen nach unten und leicht nach außen schiebt. Beim Ausatmen entspannen Sie Ihre Bauchdecke, so daß sie sich wieder nach oben und nach innen bewegt. Atmen Sie mindestens zehn Minuten lang so, und denken Sie dabei daran, Ihre Schultern entspannt und Ihren Mund geschlossen zu halten und darauf zu achten, wie sich Ihre Bauchdecke hebt und senkt. Was ist das für ein Gefühl, wenn man so natürlich atmet?

Sobald natürliche Atmung Ihnen in Fleisch und Blut übergegangen ist, können Sie sie auch beim Sport und in Ihrem täglichen Leben einsetzen. Bald werden Sie automatisch bewußter atmen und Ihre Atmung stets genau auf die Kraft und den Rhythmus Ihrer Bewegungen abstimmen, die dadurch leicht und graziös werden. Schließlich werden Sie spüren, wie Ihre Atemzüge Ihren Körper bewegen und Ihre Muskeln jeder unnötigen Anstrengung entheben. Immer wenn Ihnen *auffällt,* daß Sie angespannt sind, konzentrieren Sie sich einfach darauf, das angenehme Gefühl einer langsamen, tiefen, entspannten Atmung zu *spüren.* Lassen Sie Ihre Schultern locker hängen. Schon nach ein paar Sekunden werden Sie die Veränderung fühlen. Die Steuerung der Atmung ist nur eine von vielen Möglichkeiten, unsere emotionalen Reaktionen unter Kontrolle zu bekommen – nicht indem wir sie unterdrücken, sondern indem wir sie transzendieren.

Der innere Zeuge

Das Gesetz der Anpassung besagt, daß «das Leben das entwickelt, was es verlangt». Die logische Folgerung daraus lautet, daß *jene Fähigkeiten, die wir nicht regelmäßig gebrauchen, verkümmern.* Auf physischer Ebene heißt das zum Beispiel, daß ein Muskel, den wir nicht gebrauchen, mit der Zeit schwach wird. Das gilt auch für unsere emotionalen Reaktionsmuster: Wenn wir sie nicht mehr benutzen, veralten und verkümmern sie.

Registrieren ist die erlernbare Fähigkeit, alte Verhaltensmuster zu erkennen und sich davon zu befreien. Wenn wir zum Beispiel spüren, daß wir zornig sind, so registrieren wir dieses Gefühl und lösen uns davon.

Vielleicht kommt es Ihnen seltsam vor, aber wir können uns physisch wohl fühlen, unabhängig davon, was wir für negative Gedanken oder Emotionen gerade in uns aufsteigen. Negative Gedanken müssen nicht unbedingt einen negativen Spannungszustand nach sich ziehen – *vorrausgesetzt,* wir sind bereit, sie loszulassen. Darum geht es bei der Technik des Registrierens.

Sich eine emotionale Blockade einzugestehen («Ich habe Angst», «Ich bin wütend») ist etwas Konstruktives, ja sogar eine wichtige

Voraussetzung für optimale Gesundheit. Doch wenn man ständig über solche Blockaden nachgrübelt und sie dramatisiert, entsteht ein unerwünschtes Verhaltensmuster.

Angst, Zorn und Trauer gehören zu unserem Leben. Wir können sie nicht vertreiben, indem wir uns einfach wünschen, sie wären nicht da. Aber wie wir auf sie reagieren, ist unsere eigene Entscheidung.

Wir brauchen einen beängstigenden Gedanken oder den Spannungszustand, der ihm entspricht, nicht zum *Leben* zu erwecken; wir brauchen ihn nicht zu dramatisieren. Wir können zwar Angst haben, aber wir brauchen uns nicht unbedingt so zu verhalten, als seien wir ängstlich. Wir müssen nicht vor Schreck erstarren und schreien: «O Gott!» Wir brauchen nicht die Rolle eines Menschen zu spielen, der sich fürchtet.

Es ist nicht einfach, ein Reaktionsmuster nicht zu dramatisieren. Aber wir können lernen, daß man nicht unbedingt passiv darauf warten muß, daß beängstigende Gedanken verschwinden oder daß dieser Zustand «sich bessert». Man braucht auch nicht darauf zu warten, daß bestimmte Emotionen sich legen, um zu agieren, statt einfach nur zu reagieren. Man braucht nur sein Verhalten zu ändern – sonst nichts. Man kann positiv sprechen und positiv handeln, ganz gleichgültig, ob man sich nun so fühlt oder nicht.

Ein innerer Athlet kann es sich nicht leisten, den Ballast zwanghafter Verhaltensweisen und Reaktionsmuster mit sich herumzutragen. Wir dürfen diesen Ballast nicht ignorieren, unterdrücken oder uns dagegen wehren; denn es nützt uns gar nichts, wenn wir so tun, als spürten wir sein Gewicht nicht. Aber wir können unsere Reaktionen in positive Energie und positives Handeln umwandeln. Dann wird die Motivation zu unserem Naturzustand, der uns bei allem begleitet, was wir tun.

Wenn wir willig und eifrig sind,
reichen uns die Götter die Hand.
Aischylos

6
Physische Begabung

Mit Ehrgeiz allein bringt man es zu nichts;
er muß mit harter Arbeit gepaart sein.
James Garfield

Geistige Klarheit erhellt uns den Weg, emotionale Energie liefert den Treibstoff, und unser Körper ist das *Medium* für unsere Aktionen. Selbst wenn wir den Weg kennen und unsere Tanks voll sind, brauchen wir ein Fahrzeug, um auf die Reise gehen zu können. So müssen angehende Golfspieler, die die erforderliche geistige Klarheit und emotionale Motivation besitzen, zum Beispiel immer noch lernen, wie man den Schläger schwingt, um Golf spielen zu können! Oder um es anders auszudrücken:

Der Erfolg ist süß,
doch meistens riecht er nach Schweiß.
Unbekannter Verfasser

Unser wertvollster Besitz

Nehmen Sie sich einmal einen Augenblick Zeit, Ihren Körper richtig zu würdigen! Eigentlich sollten Sie sich Ihr Leben lang Zeit dazu nehmen, denn es gibt kein größeres Naturwunder. Die Beschreibung seiner komplizierten Mechanismen füllt ganze Enzyklopädien, und doch gäbe es eigentlich noch viel mehr darüber zu sagen. So wie das Universum Millionen von Körpern umfaßt, kann Ihr

Körper Millionen von Universen enthalten. Wir sind aus dem gleichen Stoff wie die Sterne. Mit jedem Atemzug atmen wir Moleküle ein, die von Jesus, Mohammed, Buddha oder Jeanne d'Arc ausgeatmet wurden.

Ihr Körper besitzt ein Gehirn, das beim Frühstück über den Kosmos nachdenken und beim Tee ein Sonett schreiben kann. Wenn es eine kosmische Gebrauchsanleitung gibt, so lautet die erste Regel darin sicherlich, daß jeder Mensch einen Körper erhält. Das ist der einzige Besitz, den wir garantiert unser Leben lang behalten, während wir unser Haus, unser Auto, unser Geld, unsere Freunde, unsere Partner, ja sogar unsere Überzeugungen jederzeit verlieren können. Nur unser Körper bleibt uns erhalten. Er ist das einzige, was uns «gehört», und doch ist auch er nur eine Leihgabe. Die Hand, die dieses Buch hält, ist die einzige Hand, die Sie in diesem Leben je haben werden.

Unabhängig von unseren Glaubensvorstellungen wissen wir nur eines mit Sicherheit: daß wir dieses Leben und diesen Körper besitzen. Wir dürfen nicht vergessen, daß unser Körper nur eine begrenzte Garantiezeit hat. Deshalb wollen wir uns damit beschäftigen, wie man seinen Körper pflegt und ernährt und seine Fähigkeiten weiterentwickelt.

Ein Medium der Wandlung

Da unser Denken und unsere Emotionen sich schwer beobachten lassen und sich in der Regel gegen jede Veränderung wehren, ist unser Körper das ideale Medium für Veränderungen; denn an ihm wird jede Wandlung deutlich sichtbar. Wenn wir positiv auf unseren Körper einwirken, so hat das auch einen segensreichen Einfluß auf unseren Geist und unsere Emotionen. Wenn wir unseren Körper lockern und von Spannungszuständen befreien, spiegelt sich diese Veränderung meist auch in unserem Denken und unserem Gefühlsleben wider (und umgekehrt). *Beim bewußten körperlichen Training formt man das Unsichtbare mit Hilfe des Sichtbaren.*

In diesem Kapitel geht es darum, welche Möglichkeiten wir haben, unsere physische Begabung für den Sport und das Leben zu fördern.

Physische Begabung

Dabei wollen wir zuerst einmal darüber nachdenken, was es eigentlich heißt, «seine Kondition zu verbessern». Denn unsere Vorstellungen davon, was es bedeutet, «in guter Kondition» zu sein, haben sich im Laufe der Zeit verändert.

Zu Beginn dieses Jahrhunderts definierten die Menschen in der westlichen Welt Fitneß als rein äußerliche Muskelkraft. Männer mit breiter Brust und kräftigen Muskeln galten als «fit». In unsrer Zeit haben Forschungsarbeiten zum Thema Streß, Bewegung und Ernährung uns ein differenzierteres Bild vermittelt. Dr. Kenneth Cooper hat viel zur Verbreitung der Erkenntnis beigetragen, wie wichtig es ist, auf die Gesundheit der Herzgefäße zu achten und aerobes Training zu betreiben. Inzwischen wissen wir auch, daß Profi-Footballspieler trotz ihrer Größe und Muskelkraft eine wesentlich geringere Lebenserwartung haben als der Durchschnittsmensch. Das ist vielleicht teilweise darauf zurückzuführen, daß bei sportlichen Wettkämpfen viel Raubbau mit dem Körper getrieben wird, aber sicherlich sind auch andere Faktoren wie beispielsweise die Ernährung daran beteiligt.

Aufgrund moderner Erkenntnisse, die durch die Medien publik gemacht wurden, sind viele Menschen heute gesünder als früher, weil sie sich fettarmer ernähren, auf Nikotin und andere Genußgifte verzichten, keinen oder nur wenig Alkohol trinken und Aerobic oder ähnliche Fitneß-Übungen betreiben. Dieser bessere Gesundheitszustand zahlt sich auch in einer höheren Lebenserwartung aus.

Doch wir wissen nach wie vor nicht genau, was «Fitneß» eigentlich ist. Wir sind immer noch dabei, das uralte Gesundheitswissen der östlichen Traditionen (vor allem bestimmter Kampfkunsttraditionen) wiederzuentdecken. Wir dringen auch immer tiefer in den Körper ein: von den äußeren Muskelschichten in Herz und Lungen und weiter bis in die verborgensten Winkel unseres Nervensystems.

Die Psychoneuroimmunologie oder Psychosomatik (die medizinische Wissenschaft vom engen Zusammenspiel zwischen Geist und Körper) liefert immer mehr Beweise für den Einfluß unseres Geistes/Gehirns auf unser neuromuskuläres System und unser Hormon- und Immunsystem. Deshalb definieren wir Fitneß inzwischen anders: nicht mehr als Leistungsfähigkeit bei der Arbeit oder als lange Lebenserwartung, sondern als einen Zustand der Gelassenheit, des inneren Reichtums und der heiteren Aufgeschlossenheit (inneren Frieden). Allmählich beginnen wir uns zu fragen: «Was nützt es uns, schlank und muskulös (oder gar reich und berühmt) zu sein, wenn wir uns dabei gestreßt, unsicher und angespannt fühlen oder süchtig nach Leistung und Erfolg werden?»

Das körperliche Fitneßtraining der Zukunft wird ein sehr bewußtes Üben sein, das außer Formen oder Weiterentwicklungen des Hatha-Yoga, der Atemarbeit und Meditation noch differenziertere Formen der Körperarbeit und ausgefeilte physikalische Therapien umfaßt wie Feldenkrais und Alexander-Technik, Hellerwork und andere Formen der Tiefenmassage, Aromatherapie, Farbtherapie, Biofeedback, Akupunktur, Akupressur, sowie Hunderte von anderen Methoden und Abkömmlingen von Systemen, bei denen es um Heilung und um den Aufbau einer engen Verbindung zwischen Geist und Körper geht.

Wir haben erlebt, wie Aerobic sich von seinen Anfängen, bei denen die Gelenke relativ stark belastet wurden, zu einer Übungsform mit leichten, fließenden Bewegungen weiterentwickelte und dabei vielfach auch komplizierte Aufwärm- und Abkühlübungen sowie Elemente der Tiefenentspannung, der Kampfkunst und der Meditation in sein Repertoire aufnahm. In der nächsten Generation werden wir feststellen, daß das Schwergewicht beim Sport und beim Spiel sich zunehmend auf Übungsformen verlagert, bei denen das kooperative Element wichtiger ist als der Wettkampf.

Während früher der Grundsatz «Ohne Schmerz kein Preis» galt, zeigen heute Lehrer, die wissen, worauf es ankommt, ihren Schülern, wie man seine Leistungen steigert, ohne dabei seinen «Wohlfühlbereich» zu verlassen, ohne Streß und ohne immer wieder Zyklen von Anstrengung, Erschöpfung und Erholung zu durchlaufen.

Wie man seinen Körper wieder in Form bringt

Unser Körper ist formbar; er nimmt im Lauf der Zeit genau die Form an, die unseren täglichen Gewohnheiten, unserer Ernährung und unserer körperlichen Tätigkeit entspricht. Vielleicht verändert er sich nur langsam, aber er *wird* sich auf jeden Fall verändern (nach dem Gesetz der Anpassung). Das Training des inneren Athleten besteht unter anderem darin, daß er die Form und die Bewegungen seines Körpers den natürlichen Kräften anpaßt. Schauen wir uns zum Beispiel einmal die Beziehung Ihres Körpers zur Schwerkraft an. Es gibt im Hinblick auf die Schwerkraft nur zwei stabile Positionen: waagerecht und senkrecht. Wenn Ihr Körper flach auf dem Boden liegt oder aufrecht dasteht, orientiert er sich auf natürliche Weise an der Schwerkraft. Doch wenn Ihr Körper sich nicht in einer geraden Linie befindet – wenn Sie eine schlechte Haltung haben –, brauchen Sie zusätzliche Energie, um Ihn trotz des Zuges der Schwerkraft stabil zu halten. Dann müssen Sie sich an einen Gegenstand oder einen anderen Menschen anlehnen oder Muskelkraft ausüben, um in Ihrer Position zu bleiben.

Nehmen Sie sich einmal einen Augenblick Zeit. Stehen Sie auf, und lehnen Sie sich aus der Taille heraus ein paar Grad nach vorn oder zur Seite oder nach hinten; oder strecken Sie einfach den Kopf ein paar Zentimeter vor. Bald werden Sie einen Druck oder eine leichte Anspannung in den Muskeln spüren, die jetzt arbeiten müssen, um Ihre Wirbelsäule in Ihrer senkrechten Position zu halten. Wenn Sie ein paar Minuten lang oder noch länger in dieser Haltung blieben, bekämen Sie bald Schmerzen.

Bewegung ist stets nur so zuträglich
wie die Haltung, in der wir sie betreiben.
Joseph Heller

Aufrechte Haltung

Achten Sie, während Sie sitzen, stehen oder sich bewegen, einmal zehn Minuten lang darauf, ob Sie eine aufrechte Haltung beibehalten können – mit gestrecktem Rücken, leicht angezogenem Kinn, nach oben gestrecktem Hinterkopf und lockeren, entspannten Schultern. Fällt Ihnen das leicht oder schwer?

Wenn es Ihnen so geht wie den meisten Menschen, dann befindet Ihr Körper sich wahrscheinlich nicht im Lot, sondern weicht ein wenig von der vollkommen senkrechten Ausrichtung an der Schwerkraft ab. Diese schlechte Haltung kann auf Unfälle, falsche Bewegungsmuster und Kompensationen aus Ihrer Kindheit zurückzuführen sein, aber auch auf eine unausgewogene Haltung bei Ihrer beruflichen oder sportlichen Tätigkeit, ja sogar auf ein emotionales Trauma, durch das sich Muskeln verkürzt und Spannungen in Ihrem Körper angestaut haben.

Aggressive Menschen schieben den Kopf oder das Kinn häufig ein wenig vor; das ist ein Resultat chronischer Anspannung und verkürzter Nackenmuskeln. Wenn Sie sich vor Jahren einmal den Knöchel verletzt haben und ihn unbewußt zu schonen begannen, hat das vielleicht zu kompensatorischen Reaktionen geführt, die sich über das Knie und die Hüften bis zu den Schultern hinauf erstreckten. Es gibt auch Menschen, die ständig krampfhaft den Bauch einziehen oder Ihr Becken nach hinten schieben. All das führt zu einer falschen Ausrichtung im Schwerefeld.

Solche Unausgewogenheiten in unserer Körperhaltung rufen chronische Spannungszustände hervor. Wir verschwenden Energie, weil wir ständig Muskelkraft aufwenden müssen, um unseren Körper aufrecht zu halten. Das führt dazu, daß wir zu oft und zu sehr ermüden. Natürlich können auch Ernährung, Schlafgewohnheiten und andere Faktoren zur Ermüdung beitragen, aber eine unausgewogene Körperhaltung zehrt am meisten an unseren Energien.

Oft spüren wir diese permanente körperliche Anspannung gar nicht mehr, weil wir uns im Lauf der Jahre daran gewöhnt haben, doch sie führt zu einem chronischen Gefühl des Unbehagens: Wir verändern dauernd unsere Körperhaltung, rutschen auf unserem Stuhl hin und her oder treten von einem Fuß auf den anderen, sind nervös und oft sogar gereizt. Wir fühlen uns einfach nicht mehr so «wohl in unserer Haut».

Streß und Erschöpfung äußern sich aber auch in anderen Beschwerden, von Spannungskopfschmerzen bis hin zu Kreuzweh. Durch die Spannung, die sich in unserem Inneren anstaut, verhärtet sich unser Bindegewebe, und unsere Durchblutung wird schlechter. Dadurch werden wir weniger beweglich oder mit der Zeit sogar steif.

Es gibt viele Massage-, Gymnastik- und Manipulationstechniken, die uns helfen können, unseren Körper wieder in Einklang mit der Schwerkraft zu bringen. Wenn unser Bindegewebe sich durch chronische Anspannung verkürzt hat, nützt es nämlich nicht viel, wenn wir «uns bemühen», eine gute Haltung einzunehmen; denn sobald wir uns entspannen, zieht das verkürzte Gewebe unsere Körperteile sofort wieder in die gewohnte, schlecht ausgerichtete Position. Hier können Tiefenmassage und chiropraktische Behandlung in vielen Fällen helfen. Bei der Massage streicht man bestimmte Körperpartien aus und übt Druck auf sie aus, um chronische Verspannungen vorübergehend zu lockern; bei der Tiefenmassage hingegen werden die Faszienhüllen oder Bindegewebe rund um die Muskeln gedehnt, und das mit länger anhaltendem Erfolg.

Bewußte Gymnastik

Im Gegensatz zu den meisten nach außen gerichteten Sportarten und Spielen, bei denen es um Punkte und Ergebnisse geht, richtet sich die bewußte Gymnastik nach innen und zielt auf ein allgemeines Gleichgewicht und Wohlbefinden von Körper, Geist und Emotionen ab.

Wenn wir sehr kräftig, aber unbeweglich sind, können Hatha-Yoga, Tanz oder andere Dehnübungen uns helfen, unseren Bewegungsspielraum zu erweitern. Wenn wir dagegen von Natur aus beweglich sind, können Übungen zum Aufbau von Muskelkraft mehr zum Gleichgewicht beitragen, weil sie unsere Muskelkontrolle verbessern und die Gelenke stabilisieren. Unser Körper reagiert naturgemäß auf ausgewogene, regelmäßige gymnastische Übungen.

Aushängen gegen den Druck der Schwerkraft

Ohne Schwerkraft wäre unser Körper bald nur noch eine formlose Masse, ohne Muskeltonus, mit schwacher Blut- und Lymphzirkulation, allen ungewohnten Belastungen hilflos ausgeliefert. Das Schwerefeld ist der Große Förderer: ein Fit-

> neßstudio, in dem wir vierundzwanzig Stunden am Tag trainieren. Astronauten im Weltraum müssen Gymnastik treiben oder sich künstliche Schwerkraft schaffen, sonst werden ihre Knochen weich.
> Andererseits kann der Zug der Schwerkraft uns aber auch schwächen. Schließlich werden wir den ganzen Tag zusammengedrückt: Unsere Wirbel werden gegeneinandergepreßt, nur durch kleine Polster – die Bandscheiben – voneinander getrennt; und auch unsere Füße haben eine schwere Last zu tragen. Auf all unsere Gelenke wird Stunde um Stunde ein großer Druck ausgeübt.
> Die einfachste Methode, diesen zermalmenden Druck der Schwerkraft auszugleichen, besteht darin, sich jeden Tag einmal *auszuhängen*. Hängen Sie sich jeden Morgen und jeden Abend an eine Eisenstange oder einen stabilen Türrahmen, oder bauen Sie sich eine einfache Hängestange, die Ihr Gewicht gut trägt. Hängen Sie sich zehn bis dreißig Sekunden lang daran aus, und spüren Sie, wie Ihre Gelenke und Ihre Wirbelsäule dabei sanft gedehnt werden.

Widerstand gegen Veränderungen

Genau wie unser Denken und unsere Emotionen neigt auch unser Körper dazu, sich gegen Veränderungen zu wehren. Wir gewöhnen uns bestimmte Bewegungs- und Verhaltensmuster an, die sich später nur noch verändern lassen, wenn wir uns bewußt darum bemühen.

Dieser Widerstand gegen Veränderungen hängt mit Newtons Trägheitsgesetz zusammen, das besagt: «Ein ruhender Körper verharrt so lange im Zustand der Ruhe, und ein sich bewegender Körper verharrt so lange im Zustand der Bewegung, bis eine äußere Kraft auf ihn einwirkt.» Wollte man dieses Gesetz auf jenen Widerstand gegen Veränderungen übertragen, von dem ich spreche, so könnte man sagen: «*Ein Körper, der sich im Gleichgewicht befindet, hat die Tendenz, im Gleichgewicht zu bleiben, und ein Körper, der sich nicht im Gleichgewicht befindet, neigt dazu, in diesem unausgewogenen Zustand zu verharren... bis eine äußere Kraft auf ihn einwirkt.*»

Deshalb *geht jede Veränderung anfangs mit einer Phase des körperlichen Unbehagens einher, so lange, bis der Körper sich an die neue Anforderung gewöhnt hat.* Dieses Unbehagen erleben wir jedesmal, wenn wir eine neue Begabung entwickeln, denn dabei spüren wir Beschwerden, die von Erschöpfung bis hin zu Muskelkater reichen können. Manchmal ist es nur ein leichter Schmerz, so wie das nagende Gefühl im Magen bei einer Schlankheitsdiät. Es können aber auch stärkere Symptome sein, wie zum Beispiel die Entzugserscheinungen, die auftreten, wenn man sich von einer Droge zu entwöhnen versucht. Auf jeden Fall aber sind diese Symptome ein Zeichen dafür, daß unser Körper sich umstellt, und sie legen sich nach einer gewissen Zeit wieder.

Diese Anfangsphase bei einer Umstellung auf eine neue Ernährung oder sportliche Betätigung oder andere Lebensgewohnheiten kann ein bis sechs Wochen, ja sogar noch länger dauern. Doch danach hat man sich an das neue Verhaltensmuster gewöhnt. Die *Stabilisierungsphase* dauert allerdings drei bis sechs Monate. In dieser Zeit ist es wichtig, unser Verlangen nach Veränderung, unsere Motivation und unser Engagement aufrechtzuerhalten, indem wir uns immer wieder unser Ziel vor Augen halten und uns von ihm inspirieren lassen.

Wenn der Wunsch nach Veränderung in uns an Kraft verliert, kehren unser Körper und unser Denken leicht wieder zu den alten Verhaltensmustern zurück. Statt Diät zu halten, verfallen wir wieder in unsere alten Eßgewohnheiten, und Raucher greifen irgendwann wieder zur Zigarette, wenn es ihnen nicht gelingt, während der Stabilisierungsphase an dem neuen Verhaltensmuster festzuhalten. Also seien Sie geduldig und ausdauernd, denn es braucht seine Zeit, bis man sich von alten Gewohnheiten gelöst hat.

Alle drei Gesetze – das Gesetz des Prozesses, des Gleichgewichts und der natürlichen Ordnung – weisen uns auf etwas Selbstverständliches hin: Durch einsichtiges, zielstrebiges und energisches Handeln können wir unseren Körper und unsere Verhaltensmuster ändern – wenn unser Denken und unsere Emotionen (unsere Motivation) harmonisch zusammenarbeiten, so daß ein starker *Wille* entsteht. Wenn wir deutlich *sehen,* was getan werden muß, und die Schwierigkeit dieser Veränderung realistisch einschätzen, dann haben wir größere Chancen auf Erfolg. Die größte Schwierigkeit liegt dabei häufig in unserem eigenen Körper.

Wie man sein physisches Ich ernährt

Wir «ernähren» unseren Körper auf vielen verschiedenen Ebenen – mit Sonnenlicht und frischer Luft, mit einer friedlichen Umgebung und mit liebevoller Energie von unseren Freunden und unserer Familie, aber natürlich auch mit der Nahrung, die wir zu uns nehmen. All diese Faktoren sind gleichermaßen wichtig für unser Gedeihen als vollständige menschliche Wesen, doch am offenkundigsten ist unser Bedürfnis nach Aufnahme, Verdauung und Verwertung von Nahrung. Unsere Nahrung hat einen großen Einfluß auf den Zustand, die Funktionen und Fähigkeiten unseres Körpers.

Genauso wichtig ist es, *wie* wir essen. Der Nahrungszyklus beginnt in dem Augenblick, in dem wir unsere Nahrung aufnehmen, und geht mit der Verdauung weiter; dann werden die einzelnen Nährstoffe dorthin transportiert, wo unser Körper sie braucht, und verwertet; und zuletzt werden giftige Abfallstoffe ausgeschieden. Jeder Schwachpunkt in diesem Zyklus kann unser Wohlbefinden sehr beeinträchtigen. Deshalb sind innere Ruhe, die richtigen Eßgewohnheiten und genügend Zeit und Platz zum Essen genauso wichtig wie die Beschaffenheit der Nahrung selbst.

Ich staune immer wieder über ein paar Freunde von mir, die peinlich genau auf die Qualität ihrer Nahrung achten, sie aber häufig in Hast und Eile herunterschlingen oder in einem Zustand innerer Anspannung essen. Mit diesem Problem haben viele aktive Menschen zu kämpfen: Ihnen fällt es schwer, sich Zeit fürs Essen zu nehmen – oft setzen sie sich dazu nicht einmal hin!

Jeder Aspekt des Nahrungszyklus ist wichtig. Das bedeutet nicht, daß wir aus unserer Ernährung unbedingt eine Wissenschaft machen müssen. Schon kleine Babys, deren Instinkte noch intakt sind, entscheiden sich automatisch für die richtige Kombination von Nährstoffen, wenn man ihnen eine Auswahl an Nahrungsmitteln anbietet.

Physische Begabung

In früheren Zeiten richteten die Menschen sich bei ihrer Ernährung nach dem Angebot der Jahreszeit. Sie aßen das, was gerade frisch war, ohne chemische Zusätze, Konservierungsmittel oder industrielle Verarbeitung. Der Prozeß der Verarbeitung, dem viele Nahrungsmittel heutzutage unterzogen werden – all die Konservierungs-, Farb- und Süßstoffe, die sie enthalten –, dient nur dem kommerziellen Zweck, den Profit zu erhöhen. Denn dadurch verhindert man, daß die Nahrungsmittel verderben oder an Masse verlieren, und lockt außerdem Kunden an, die an leuchtende Farben und einen übermäßig süßen Geschmack gewöhnt sind. Ob diese ganze Verarbeitung die Qualität der Nahrung verbessert oder verschlechtert, müssen Sie selbst entscheiden, sobald sich Ihre Instinkte verfeinern und Sie Vertrauen zu ihnen entwickeln.

Es gibt viele Experten, die eine Menge über Ernährung wissen, aber wenn es um ihren eigenen Körper geht, sind Sie der Experte. Manche «gute Nahrungsmittel» wie Vollkornweizenbrot sind für Sie vielleicht nicht gut, wenn Sie zum Beispiel gegen Vollkornweizen (oder Weizengluten) allergisch sind.

Viele Menschen müssen ihren Körper erst wieder in Form bringen, weil sie dazu neigen, *zuviel von dem zu essen, was ihr Organismus gar nicht braucht, und dafür zuwenig von dem zu sich nehmen, was er benötigt.* Für viele Menschen ist das Essen auch eine Art Trost, wenn ihnen langweilig ist oder wenn sie sich über irgend etwas aufregen.

An einem bestimmten Punkt in ihrer Entwicklung brauchen Sportler Treibstoff mit «hoher Oktanzahl» und beginnen ihre Ernährung zu vereinfachen; dann begreifen sie den Unterschied zwischen dem, was sie sich wünschen, und dem, was sie brauchen. Sobald dieser Sensibilisierungsprozeß der Körperinstinkte weiter voranschreitet, stellen viele Sportler fest, daß es ihnen besser geht, wenn sie weniger Fleisch essen – sie fühlen sich leichter und haben mehr Ausdauer.

Die Vorstellung, daß Sportler (oder andere Menschen) «viel Eiweiß» brauchen, ist ohnehin ein Hirngespinst. In unserem Land sind alle Erkrankungen, die mit Proteinen zusammenhängen, auf zu *viel* Eiweiß in der Ernährung zurückzuführen und nicht auf zu wenig. Es ist auch nicht notwendig, mühsam verschiedene Nahrungsmittel zu kombinieren oder viel Fleisch beziehungsweise (wenn man Vegetarier ist) viel Tofu zu essen. Jeder Mensch, der sich mit einer ausgewogenen Mischung aus Obst, Gemüse, Getreide und Hülsenfrüchten ernährt, nimmt automatisch viel Protein zu sich.

Ich bin zwar Veganer – das heißt, ich esse weder Fleisch noch Milchprodukte –, doch das ist für mich keine Religion, sondern lediglich eine einfache, gesunde Ernährungsweise. Für mein Alter habe ich mir eine erstaunliche Fitneß und Gesundheit und ein sehr jugendliches Aussehen bewahrt.

John Robbins, der Autor des «klassischen» Ernährungsbuches *Diet for a New America* (in deutscher Übersetzung: «Ernährung für ein neues Jahrtausend»), hat dazu beigetragen, die These, daß Sportler Fleisch brauchen, als Mythos zu entlarven.

Er beschreibt in seinem Buch Sportler wie Dave Scott aus Davis (Kalifornien), einen Athleten, der beim legendären Ironman-Triathlon auf Hawaii viermal einen Rekord aufstellte. Viele halten Dave Scott für den gesündesten Menschen, den es gibt. Scott ist Vegetarier.

Sixto Linares ist ebenfalls Vegetarier und brach den Weltrekord des «Double Ironman»: An einem einzigen Tag schwamm er siebeneinhalb Kilometer, fuhr 300 Kilometer Rad und lief 84 Kilometer.

Robert Sweetgall aus Newark (Delaware), der erste Ultra-Langstrecken-Geher der Welt, ist ebenfalls Vegetarier. Auch Edwin Moses, der von *Sports Illustrated* zum Sportler des Jahres gewählt wurde, ernährt sich rein vegetarisch.

Vielleicht hielte es niemand für möglich, daß auch an der Weltmeisterschaft im Bodybuilding ein Vegetarier teilnimmt. Doch Andreas Cahling, der im Jahr 1980 Mister International wurde, ist Vegetarier und war es während der ganzen letzten zehn Jahre, in denen er an den bedeutendsten internationalen Wettkämpfen teilnahm.

Robbins zählt in seinem Buch noch zahlreiche andere hervorragende Athleten in vielen Disziplinen auf, die alle kein Fleisch essen.

Ich selbst habe ganz ähnliche Erfahrungen gemacht. Ich hörte auf, Fleisch zu essen, als ich noch am College studierte und mich gerade von einem schweren Motorradunfall erholte. Allerdings war ich damals der einzige in meiner Mannschaft, der eine so «radikale» Veränderung seiner Ernährungsgewohnheiten auch nur erwogen hatte. Mein Trainer versicherte mir, das sei nur eine vorübergehende Modetorheit, und mein Arzt (der wie die meisten Mediziner an der

Universität kein einziges Seminar zum Thema Ernährung belegt hatte), erklärte mir, ich bräuchte «Leber und andere Fleischsorten», sonst könne mein Bein nicht heilen. Aber ich fühlte mich bei dieser Ernährungsumstellung so wohl, daß ich einfach auf meine Instinkte vertraute. Ein Jahr später war ich einer der besten Turner der Vereinigten Staaten und trug entscheidend dazu bei, daß meine Mannschaft in die amerikanische College-Meisterschaften kam.

Jeder Mensch muß nach seiner Bestimmung leben und seine Entscheidung ganz allein treffen: welchen Sport oder welche Kunst er praktizieren möchte, was für Hobbys ihn interessieren, wie er sich ernähren und seine zwischenmenschlichen Beziehungen gestalten will, und so weiter. Ich respektiere die individuellen Entwicklungsprozesse der anderen Menschen. Obwohl man von Yoga sehr viel profitieren kann, würde ich einem Fußballspieler beispielsweise nicht empfehlen, statt Fußball lieber Hatha-Yoga oder T'aichi zu praktizieren, weil das gesünder für ihn sei. Wenn das Fußballspielen ihm Spaß macht, dann sollte er genau das tun und nichts anderes. Deshalb vermittle ich den Leuten nur meine Erfahrungen und die Ergebnisse meiner Forschungsarbeiten; ich maße mir nicht an, ihnen vorschreiben zu wollen, was sie tun oder nicht tun und was sie essen oder nicht essen sollen. Jeder Mensch muß aufgrund seiner Einsicht, seiner Empfindungen und Bedürfnisse seine eigenen Entscheidungen fällen. Ich möchte meinen Lesern in diesem Buch (und in meinen anderen Büchern) nur die Informationen geben, die sie brauchen, um wirklich fundierte Entscheidungen zu treffen.

Doch wenn Sie Ihre Ernährung vereinfachen, mehr frische, natürliche, unverarbeitete Lebensmittel zu sich nehmen und auf Ihre Instinkte vertrauen, wird Ihr Körper mit der Zeit immer sensibler werden, und dann brauchen Sie keinen Ernährungsfachmann, der Ihnen sagt, was Sie essen sollen. Denn dann werden Sie immer häufiger feststellen, daß Sie genau auf das Appetit haben, was Ihr Körper braucht, statt zwanghaft immer das essen zu müssen, worauf Sie gerade Heißhunger haben.

Niemand kann dem Wirken der Naturgesetze entrinnen. Wenn Sie gesunde Lebensmittel zu sich nehmen, die noch ihren vollen ursprünglichen Nährwert haben, und wenn Sie richtig essen, dann wird diese Ernährung Sie kräftig, gesund und widerstandsfähig erhalten.

Wenn Sie dagegen zuviel oder zuwenig essen (und was «zuviel» oder «zuwenig» ist, variiert von Jahreszeit zu Jahreszeit und von Individuum zu Individuum), werden Sie unweigerlich dafür büßen müssen, wenn auch vielleicht nicht gleich heute oder morgen; doch irgendwann machen sich die Folgen unserer Ernährung zwangsläufig bemerkbar.

Es ist nicht leicht, sich richtig zu ernähren, und es ist auch nicht immer bequem. Deshalb müssen wir uns darüber klarwerden, wie unsere Ernährungsgewohnheiten sich auf unser Leben auswirken. Diese Einsicht kann unserer Motivation den nötigen Schwung geben, um unsere Trägheit oder Genußsucht zu überwinden.

Doch Information allein reicht noch lange nicht aus. Das beweisen die vielen Ärzte und Ernährungswissenschaftler, die nicht gesund sind, weil sie sich wider besseres Wissen falsch ernährt haben.

Wir können uns für unsere Ernährung sensibilisieren, indem wir einmal eine Zeitlang konsequent darauf achten, was wir essen und wie wir uns hinterher fühlen. Doch dann müssen wir auch nach diesen Erkenntnissen *handeln*.

Außer unserer Ernährung müssen wir auch unsere Körperhaltung, unsere Atmung und unsere Schlaf- und Entspannungsgewohnheiten in ein ausgewogenes, harmonisches Gleichgewicht bringen, um möglichst vital zu sein. Diese Vitalität wird uns wiederum die Kraft schenken, die wir brauchen, um unsere physischen Talente zu entwickeln.

Die vier physischen Grundqualitäten

Auf die mentale und die emotionale Komponente dessen, was wir als «Begabung» bezeichnen, bin ich bereits eingegangen. Doch um unsere Fähigkeiten wirklich auf ein hohes Niveau zu bringen, müssen wir auch viele verschiedene physische Eigenschaften entwickeln.

Das, was wir als *physisches Talent* bezeichnen, besteht aus vier Grundqualitäten: *Kraft, Beweglichkeit, Ausdauer und Sensibilität*. Wenn wir einen Menschen als «talentiert» bezeichnen, meinen wir damit in der Regel, daß er ein gutes Fundament besitzt, das auf diesen vier Eigenschaften basiert.

Die meisten Lernblockaden und Frustrationen, die uns auf unserer athletischen Reise begegnen (vor allem Blockaden beim Erlernen von Fertigkeiten, die wir für Sport, Spiel, Musik, Tanz oder Kampfkunst brauchen) rühren daher, daß uns einer oder mehrere von diesen vier Aspekten der physischen Begabung fehlen.

Wenn wir alle vier Eigenschaften entwickeln, erhöhen wir unser Potential. Wir bezeichnen talentierte Sportler häufig als «begabt», als hätten sie ihre Fähigkeiten zum Geburtstag geschenkt bekommen oder irgendwie besonderes «Glück» gehabt. Wahrscheinlich haben die meisten Menschen schon einmal die alte Redensart gehört: «Ich glaube ans Glück – und ich stelle fest: Je mehr ich mich anstrenge, um so mehr Glück habe ich!»

Zwar hat die Vererbung – unser Körperbau, unser Nervensystem, und so weiter – einen entscheidenden Einfluß darauf, wieviel wir erreichen können; aber ich glaube, Talent wird einem nicht in die Wiege gelegt, sondern eher entwickelt. Bei unserer Geburt bekommen wir lediglich bestimmte Anlagen mit, aber was wir daraus machen, liegt an uns. Ich habe schon viele «begabte» Sportler auf der Strecke bleiben sehen, weil sie nicht interessiert und zielorientiert genug waren. Und ich habe auch schon Sportler kennengelernt, die kaum jemand für begabt gehalten hätte und die dennoch ein hohes Leistungsniveau erreichten; mit anderen Worten: Sie haben sich aus «langsamen Lernern» zu «schnellen Lernern» entwickelt, indem sie an ihrer Kraft, Beweglichkeit, Ausdauer und Sensibilität arbeiteten.

Nun wollen wir uns diese vier Grundeigenschaften einmal näher anschauen, damit Sie den jetzigen Stand und die Entwicklungsmöglichkeiten Ihres sportlichen Talents besser einschätzen können. Doch vorher müssen wir uns mit der wichtigsten aller Voraussetzungen, dem Schlüssel zu diesen vier Grundbausteinen, beschäftigen.

Entspannung: der Schlüssel zum physischen Talent

Je müheloser du dich bewegst, um so schneller und stärker wirst du sein.
Bruce Lee

Durch Entspannung können wir unsere Kraft, Beweglichkeit, Ausdauer und Sensibilität steigern. Wenn Sie dieses Kapitel zu Ende gelesen haben, werden Sie verstehen, warum das so ist und wie es geht.

Studien zum Thema Bewegungsökonomie, die an verschiedenen Universitäten durchgeführt wurden, ergaben, daß die Menschen selbst bei den einfachsten Bewegungen – zum Beispiel beim Sitzen, beim Heben einer Gabel oder beim Halten eines Buches – Kraft verschwenden und ihre Muskeln unnötig anspannen. Und nicht nur das: Die Testpersonen versetzten auch Muskeln in Anspannung, die mit diesen Bewegungen gar nichts zu tun hatten.

Sobald Sie sich an den Zustand der Entspannung – eine gewisse Leichtigkeit in Ruhe ebenso wie in Bewegung – gewöhnt haben, werden Ihnen alle chronischen Verspannungen Ihres Körpers auffallen, und dann werden Sie auch in der Lage sein, sie zu lösen. Das ist ein riesengroßer Schritt vorwärts auf dem Weg zum inneren Athleten.

Entspanntheit ist der beste Maßstab für den Grad Ihres Wohlbefindens. Wie entspannt Sie in Ihren drei Zentren – dem physischen, dem mentalen und dem emotionalen – sind, zeigt genau, inwieweit Sie auf die Naturgesetze vertrauen und in Einklang damit leben. In der physischen Leichtigkeit spiegelt sich die Beziehung zwischen Körper und Geist wider. Wenn Sie wirklich entspannt und zentriert sind und sich wohlfühlen, kommt Ihr Geist zur Ruhe, Ihre Emotionen können klar und ungehindert fließen, und Ihr vitaler Körper gibt sich ganz dem Strom der Natur hin. Dann ist man mit sich und der Welt zufrieden, weil man sich in seinem Körper wohl fühlt.

Natürliche Athleten sind wie Kinder frei von allen Spannungen, die sie hemmen. Sie haben gelernt, Spannungen in Ihrem Körper zu erkennen und sofort zu lösen. Deshalb haben Sie einen ungeheuren Vorrat an Energie, der ausreicht, um ein einfaches Leben zu führen, aber auch, um mit Leichtigkeit sportliche Spitzenleistungen zu erreichen.

In unserer Fähigkeit zu entspannen spiegelt sich unsere Bereitschaft zu vertrauen.
Unbekannter Verfasser

Die meisten Menschen leiden schon so lange an kaum merklichen Verspannungen, daß sie gar nicht mehr wissen, was *richtige* Entspannung ist. Diese Entspannung ist keine vorübergehende Erleichterung, die man erreicht, indem man Energieknoten auflöst, sondern ein Zustand *ständig* entspannter Muskeln und gleichzeitig hoher Energie.

Es nützt nicht viel, wenn ich Menschen rate, sich zu «entspannen», solange ihnen der Grad ihrer inneren Anspannung noch gar nicht bewußt geworden ist und sie auch nicht wissen, was für ein Gefühl es ist, richtig entspannt zu sein.

Test: Wie entspannt sind Sie?

Bemühen Sie sich einmal, Ihren Arm schlaff herunterhängen zu lassen, und bitten Sie einen Freund, ihn hochzuheben. Achten Sie darauf, ob Sie Ihrem Freund unbewußt dabei «helfen», Ihren Arm anzuheben, oder ob der Arm wirklich ganz schlapp und schwer an Ihrem Körper herabhängt. Wenn Sie dieses Experiment anschließend mit anderen Bekannten durchführen, werden Sie feststellen, daß manche Menschen wegen einer ständigen unbewußten, energieverschwendenden Anspannung überhaupt nicht mehr in der Lage sind, ihre Arme zu entspannen, so sehr sie sich auch bemühen.

Wenn Sie dieses «Loslassen» lernen, wird es Ihnen helfen, sich den ganzen Tag locker und entspannt zu fühlen, und wenn Sie sich doch einmal anspannen sollten, werden Sie das eher spüren und können die Spannung dann sofort wieder lösen (nach dem Prinzip «Anspannen, Schütteln, Atmen und Entspannen»; siehe Seite 96).

Ein entspannter Arm sollte wackeln wie Gelee, wenn jemand Ihre Hand in beide Hände nimmt und kräftig schüttelt. Und wenn jemand Ihren Arm hochhebt und wieder losläßt, sollte er sofort an Ihrer Seite herunterfallen. Wenn Sie sehr angespannt sind (das ist zum Beispiel bei vielen älteren Menschen der Fall, bei denen sich über Jahre hinweg Spannungen angestaut haben), bleibt Ihr Arm vieleicht sogar ein Weilchen in der Luft hängen, ehe er wieder herunterfällt.

Die bisherigen Übungen waren dazu gedacht, Ihnen die chronischen Anspannungen in Ihrem Körper zum Bewußtsein zu bringen. Bei der folgenden Übung werden Sie ein tiefes Gefühl der Entspannung erleben, und das wird Ihnen helfen, diese Spannungszustände allmählich zu lösen.

Tiefenentspannung

Legen Sie sich auf einen Teppich oder eine Matratze und lokkern Sie alle engsitzenden Kleidungsstücke. Bitten Sie einen Freund, Ihnen die folgenden Übungsanleitungen vorzulesen, oder nehmen Sie sie auf Band auf, und spielen Sie sie sich vor. Sobald Sie mit den einzelnen Übungsschritten vertraut sind und Ihr Körper sich an diesen Zustand gewöhnt hat, können Sie diesen Prozeß jederzeit ablaufen lassen, selbst wenn Sie nur ein paar Minuten Zeit haben.
Werden Sie sich Ihres Körpergewichts bewußt. Atmen Sie langsam und natürlich, und geben Sie sich ganz der Schwerkraft hin. Spüren Sie, wie der Boden gegen Ihren Körper drückt und wie Ihr Körper gleichermaßen Druck auf den Boden ausübt.
Nun richten Sie Ihre Aufmerksamkeit auf Ihre Füße ... Stellen Sie sich vor, daß Ihre Füße sehr schwer sind. Dann spüren Sie, wie Ihre Haut schwer wird, Ihre Knochen schwer werden ... Ihr ganzer Körper schwer wird ...
Fühlen Sie, wie diese tiefe, totale Schwere langsam in Ihre Unterschenkel und Ihre Knie emporsteigt und alle Muskeln lockert. Spüren Sie, wie Ihre Unterschenkel schwer werden ... die Haut schwer wird, die Knochen schwer werden ... der ganze Körper schwer wird.
Nun fühlen Sie, wie die Schwere langsam in Ihre Oberschenkel und Gesäßbacken aufsteigt. Alle Oberschenkel- und Gesäßmuskeln entspannen sich, Ihre Haut wird schwer, Ihre Knochen werden schwer ... Ihr ganzer Körper wird schwer.
Dann lassen Sie diese angenehme Schwere tief in Ihr Kreuz hineinsinken und all Ihre Muskeln entspannen ... und anschlie-

ßend in den Rücken aufsteigen, rund um Ihre Schulterblätter und daruntergleiten, an Ihrer Wirbelsäule entlang aufsteigen ... lockernd, entspannend ... schwer. Lassen Sie die Muskeln Ihres Rückens und Nackens und Ihrer Schultern in den Zug der Schwerkraft hineinsinken ... Ihre Haut ist schwer, Ihre Knochen sind schwer ... Ihr ganzer Körper ist schwer.
Lockern Sie Ihre Oberarme ... Ihre Ellbogen und Unterarme ... Spüren Sie, wie die Schwere bis in Ihre Fingerspitzen hineinkriecht ... Haut, Knochen ... Ihr ganzer Körper ... schwer.
Spüren Sie, wie all Ihre Hals- und Nackenmuskeln ... vorn, hinten und an der Seite ... sich lockern und auf den Boden sinken ... Haut, Knochen ... der ganze Körper ... schwer.
Nun ist Ihr ganzer Körper unterhalb des Nackens schwer und vollkommen entspannt. Wenn Sie jetzt noch irgendwo eine Spannung spüren, lösen Sie sie, und werden Sie doppelt so schwer.
Jetzt spüren Sie, wie alle Bereiche Ihres Gesichts und Ihrer Kopfhaut, die ich gleich aufzählen werde, genauso schwer werden. Geben Sie der Schwerkraft nach ... Haut, Knochen ... der ganze Körper ... schwer.
Spüren Sie, wie Ihre Kopfhaut sich entspannt ... alle Stirnmuskeln ... und die Muskeln rund um die Augenhöhlen ... lockern Sie Ihre Wangenmuskulatur ... die Muskeln rund um Nase, Mund und Kiefer, alles lockert sich ... auch das Kinn und die Umgebung der Ohren.
Jetzt befindet sich Ihr ganzer Körper in einem Zustand tiefer Entspannung. Die Energien strömen frei und ungehindert durch Ihren Körper, heilen ihn, beleben ihn neu und bringen ihn wieder ins Gleichgewicht.
Achten Sie auf Ihre Atmung. Stellen Sie sich vor, Sie treiben sanft und ruhig auf Ihrem privaten, warmen Ozean dahin. Spüren Sie, wie Sie beim Einatmen langsam nach oben und beim Ausatmen wieder nach unten treiben ... Genießen Sie das angenehme Gefühl totaler Entspannung.

> Stellen Sie sich vor, wie Ihr Blut frei und ungehindert durch Ihren Körper strömt und ihn ernährt. Spüren Sie die Energie Ihres Körpers, die in all Ihren Zellen pulsiert.
> Genießen Sie das sanfte, friedliche Gefühl dieser Entspannung. Achten Sie darauf, wie ruhig Ihr Geist in diesem Augenblick ist und wie offen Ihre Gefühle sind. Wenn Sie sich das nächste Mal über etwas aufregen, dann lassen Sie Ihren Körper in diesen angenehmen entspannten Zustand sinken.
> Stellen Sie sich vor, wie Sie mit dem gleichen lockeren, entspannten Gefühl gehen ... und dabei nur soviel Muskelkraft investieren, wie Sie brauchen, kein bißchen mehr. Spüren Sie die gleiche mühelose Leichtigkeit beim Joggen ... oder treiben Sie Ihren Lieblingssport mit dieser entspannten Anmut ...
> Machen Sie sich bewußt, daß Sie jederzeit wieder in diesen Zustand zurückkehren können. Nun beginnen Sie tiefer zu atmen. Beenden Sie die Übung mit drei herzhaften Atemzügen voller Energie, öffnen Sie die Augen, und setzen Sie sich auf. Räkeln und strecken Sie sich wie eine Katze.

Vollendete Sportler und Künstler aller Disziplinen bewegen sich durch den effizienten Einsatz ihrer Muskeln mit großer Leichtigkeit. Dynamische Entspannung ist die Basis aller physischen Begabung. Das wollen wir nun am Beispiel der Muskelkraft näher untersuchen.

Muskelkraft

Nichts ist so stark wie echte Sanftheit; nichts ist so sanft wie echte Stärke.
Unbekannter Verfasser

Wenn wir kein willkürliches Muskelgewebe besäßen, würden wir nur ein sehr kurzes Dasein als Protoplasma-Pfütze fristen, denn dann wären wir nichts weiter als ein Häufchen aus Haut, Organen

Physische Begabung

und Knochen. Menschen mit Muskelfunktionsstörungen wissen zu schätzen, was für uns eine Selbstverständlichkeit ist: die Fähigkeit, *seine Bewegungen willentlich zu steuern.*

Wenn Sie eine Zeitlang genügend Muskelfasern dazu stimulieren, eine bestimmte Anforderung zu erfüllen, wird Ihr Körper mit der Zeit größere Muskelfasern bilden, um dieser Anforderung zu entsprechen; das kann Ihnen jeder Physiologe bestätigen. Unsere Muskelkraft wächst im Verhältnis zu unserem Training. Das klingt eigentlich ganz einfach. Aber hinter Ihren Muskeln steckt viel mehr, als Sie ahnen.

Jeder weiß, daß Muskelkraft zu den Grundvoraussetzungen der physischen Begabung gehört. Doch viele Menschen haben noch gar nicht darüber nachgedacht, wie man seine Muskelkraft richtig und in ausgewogenem Verhältnis zur Entspannung *einsetzt.* «Kraft» ist nämlich viel mehr als nur die Fähigkeit, Muskelgewebe zusammenzuziehen; Kraft ist die Fähigkeit, *seine Bewegungen zu steuern.*

Einer meiner Mannschaftskameraden an der University of California konnte mühelos aus der Bauchlage einen Handstand machen. (Um das richtig nachvollziehen zu können, legen Sie sich einmal auf den Bauch und stellen sich vor, Sie beugten Ihre Arme wie zu einem Liegestütz, versuchten dabei aber Ihren ganzen Körper zum Handstand hochzudrücken.) Brad besaß eindeutig große Muskelkraft.

Bei dieser Bewegung setzte Brad hauptsächlich seinen Trizeps (Streckmuskel) ein. Bei seinem täglichen Training gelang ihm dieser Handstand viele Male hintereinander. Doch im sportlichen Wettkampf verkrampfte er sich normalerweise, und dann spannte er unbewußt *zu viele* Muskeln an. Statt nur seine Streckmuskeln einzusetzen, spannte er auch seinen Bizeps (Beugemuskel) an. Diese antagonistischen Muskelgruppen «bekämpften» einander, und dann ging gar nichts mehr, außer daß Brad seine Kräfte verschwendete und hinterher ganz erschöpft war. Deshalb schaffte er den Handstand nicht, wenn er nervös war oder sich zu sehr anstrengte. Das war keine Frage der Muskelkraft, denn die besaß er, sondern eine Frage der Körperbeherrschung.

Bis zu einem gewissen Grad geht das uns allen so.

Um seine Körperkraft richtig einsetzen zu können, brauchte Brad nicht noch mehr Kraft auszüben; er mußte lediglich jene

Muskeln, die er für seinen Handstand nicht brauchte, gezielt entspannen. Viele Athleten, die ein intensives Krafttraining betreiben und große Muskelpakete entwickeln, können ihre Kraft trotzdem nicht *effizient* einsetzen, weil sie die komplementäre Anspannung-Entspannung bestimmter Muskelgruppen nicht trainiert haben, sondern *alle* Muskeln anspannen. Deshalb sind sie nicht in der Lage, so fest zuzuschlagen oder zu werfen, so schnell zu laufen, so hoch zu springen oder so schnell zu reagieren, wie sie es sonst vielleicht könnten.

Ökonomischer, effizienter Kräfteeinsatz ist die Fähigkeit, die richtigen Muskelgruppen zu entspannen und andere gleichzeitig bewußt anzuspannen. Daher wird es Sie vielleicht gar nicht überraschen, daß Babys diese Fähigkeit besitzen. Lassen Sie einmal ein Baby Ihren Finger halten, und versuchen Sie dann, ihn wieder wegzuziehen. Diese kleinen Händchen sind erstaunlich entspannt – und erstaunlich kräftig.

Wahre Größe liegt nicht in der Kraft,
sondern im richtigen Einsatz der Kraft.
Unbekannter Verfasser

In einer Studie wurde die Bewegungsfähigkeit sechs Monate alter Babys und diejenige professioneller Fußballspieler miteinander verglichen. Die Sportler mußten versuchen, zehn Minuten lang ununterbrochen alle Bewegungen und Körperhaltungen der Babys nachzuahmen. Das gelang keinem einzigen Athleten, und alle gaben nach ein paar Minuten erschöpft auf.

Wenn man nach dem Gewicht urteilt, das sie heben können, mögen Bodybuilder vielleicht die stärksten Sportler sein, doch Turnerinnen, die viel weniger Muskelgewebe besitzen, sind ein hervorragendes Beispiel für effizienten Kräfteeinsatz. Und schauen Sie sich doch nur einmal die Katzen an! Sicher haben Sie noch nie eine Katze mit Muskelpaketen gesehen; aber welcher Athlet kann es mit der Bewegungsfähigkeit einer Katze aufnehmen? Ich habe schon Katzen gesehen, die aus dem Sitzen drei Meter senkrecht in die

Höhe springen. Eine Katze kann vor sich hin dösen und dann von einer Sekunde auf die andere mit atemberaubender Geschwindigkeit hinter einer Maus herspringen, danach ebenso plötzlich wieder stehenbleiben und sich ganz entspannt die Pfoten lecken. Bei Katzen sind die Muskeln so gut wie gar nicht angespannt. Man kann so tief in ihre Muskeln hineindrücken, bis man den Knochen spürt, und doch zeigen sie keinen Schmerz. Versuchen Sie einmal, *Ihre* Wadenmuskeln bis zum Knochen zu drücken, und spüren Sie die Spannung!

Es gibt verschiedene Übungssysteme, die hauptsächlich auf lockere, entspannte Bewegung abzielen. Bei den vom Arica-Institut gelehrten «Eurythmics» werden verschiedene Körperteile in regelmäßigem Rhythmus allmählich angespannt und wieder entspannt, während der restliche Körper vollkommen entspannt bleibt. Zum Schluß ist man in der Lage, zwölf verschiedene Körperbereiche unabhängig voneinander bewußt anzuspannen. Ein solches Training ist sehr sinnvoll, bevor man mit dem Gewichtheben beginnt!

Genau wie in den anderen Kapiteln dieses Buches gebe ich auch hier nicht viele Übungsanleitungen, denn man kann aus einem Buch zwar vieles *über* Bewegung lernen; aber es ist sehr schwierig und in der Regel auch nicht sinnvoll, aus einem Buch zu lernen, wie man sich bewegt. Jeder Mensch hat seine eigenen, individuellen Bedürfnisse. Deshalb ist es auch am besten, individuelles Feedback von einem Lehrer zu bekommen.

Allerdings gibt es ein paar einfache Übungen, mit denen man sich in einen Zustand entspannter Kraft versetzen kann. Die erste Methode kommt aus dem Aikido. Diese Übung wird mit einem Partner durchgeführt, der zweimal versucht, Ihren Arm ganz langsam zu beugen – beim ersten Mal gegen Ihren Widerstand, beim zweiten Mal ohne Ihren Widerstand.

Unbeugsamer Arm

Test 1 Strecken Sie den rechten Arm nach vorn. Der Arm ist *leicht* gebeugt, Ihre Faust ist geballt, und Ihr Handgelenk ruht auf der Schulter Ihres Übungspartners. Nun legt Ihr Partner eine

eine Hand in Ihre Armbeuge und beginnt Ihren Arm an dieser Stelle langsam herunterzudrücken, um ihn zu beugen (natürlich in die Richtung, in die er normalerweise gebeugt wird). Sie leisten Widerstand, indem Sie Ihren Arm anspannen.
Bevor Sie mit Test 2 beginnen, schütteln Sie Ihren Arm locker aus.

Test 2. Sie stehen gut ausbalanciert da und legen Ihrem Übungspartner Ihr Handgelenk auf die Schulter, genau wie vorher, diesmal aber mit gestreckten und geöffneten Fingern Ihr Partner beginnt wieder, Ihren Arm langsam nach unten zu drücken, als wolle er ihn beugen.
Doch diesmal bleiben Sie frei von jeder Anspannung. Ihr Arm ist vollkommen entspannt und trotzdem stark – also nicht wie eine gekochte Nudel. Diesen Zustand erreichen Sie, indem Sie sich vorstellen, daß ein mächtiger Energiestrom durch Ihren Arm fließt und aus den Spitzen Ihrer gespreizten Finger hinausströmt wie Wasser durch einen Schlauch. Der Energiestrom schießt durch die Wand hindurch und dahinter noch Tausende von Kilometern weiter.
Lassen Sie Ihr Bewußtsein mit dieser Energie «mitströmen» und nicht beim Arm Ihres Übungspartners haltmachen. Sobald Ihr Partner Ihren Arm fester herunterzudrücken beginnt, stellen Sie sich vor, wie auch Ihr Energiestrom kräftiger wird, um den verstärkten Druck auszugleichen.
Wächst in Ihnen bei dieser Übung eine neue Art von Kraft, frei von jeder Anspannung?

Bei Menschen, denen diese Art von Kraft in Fleisch und Blut übergegangen ist, läßt sich der Arm in entspanntem Zustand praktisch gar nicht beugen, doch sobald sie ihn anspannen, wird er viel «schwächer». Dahinter steckt aber kein magischer Energiestrom, sondern es liegt daran, daß Sie bei dieser Technik nur soviel Muskelgewebe einsetzen, wie Sie tatsächlich brauchen. Das führt nicht nur zu ökonomischem Kräfteeinsatz, sondern auch zu einem Gefühl entspannter Leichtigkeit.

Wenn Sie möchten, können Sie auch noch eine weitere einfache Übung machen, die veranschaulicht, welchen Einfluß unsere innere Haltung auf die Effizienz unseres Kräfteeinsatzes haben kann.

> **Kraftpaket und Marionette**
>
> Bei dieser Übung machen Sie zwei Liegestütze mit Anspannung und zwei in vollkommen lockerer, entspannter Haltung.
>
> **1.** Beginnen Sie mit vom Boden abgestütztem Oberkörper, und machen Sie in langsamem bis mittelschnellem Tempo zwei Liegestütze, bei denen *alle* Muskeln in Ihrem Körper *angespannt* sind. So ist es, wenn man sich bemüht. Beißen Sie die Zähne zusammen, spannen Sie Schenkel, Gesäßbacken, Bauch- und Nackenpartie an ... Das ist anstrengend, und es fällt Ihnen schwer, in diesem angespannten Zustand Ihre Liegestütze zu machen, nicht wahr?
>
> So trainieren die meisten Sportler, wenn auch nicht in dieser extremen Anspannung wie gerade beschrieben, denn nur wenige haben gelernt, bei ihren Bewegungen bewußt entspannt zu bleiben.
>
> **2.** Bei den nächsten beiden Liegestützen stellen Sie sich vor, Sie seien eine Marionette, die an den Armen eines Riesen hängt, der direkt über Ihnen steht. Der Riese nimmt Ihnen die ganze Arbeit ab. Beginnen Sie wieder in abgestützter Position, und lassen Sie sich dann einfach mit müheloser Leichtigkeit nach unten sinken. Anschließend stellen Sie sich vor, wie der Riese Sie an den Fäden wieder hochzieht. Lassen Sie den Liegestütz von selbst geschehen.

Wenn man sich vor Augen hält, wie der Energiestrom oder die Bewegung ganz von selber fließt, und sich entsprechend verhält, hat das den psychophysischen Effekt entspannter Kraft, und alle drei Zentren – das physische, das mentale und das emotionale – befinden sich in einer harmonischen, natürlichen Beziehung zueinander.

Kraft kann nicht frei und ungehindert wirken, wenn man sie nicht durch Entspannung ausgleicht. Wie hoch Sie aus dem Stand springen können, hängt davon ab, wie gut Sie sich entspannen und wie kräftig Sie sich anschließend vom Boden abstoßen und springen können. Versuchen Sie es einmal: Stehen Sie in leichter Hocke, spannen Sie Ihre Beinmuskulatur so fest an, wie Sie können ... und dann springen Sie. Sie werden feststellen, daß Sie sich kaum bewegen können.

Dale leitete die Turnmannschaft der Stanford University. Er hatte sich auf Bodenturnen und Saltos spezialisiert und gehörte zu den Sportlern im Team, die am härtesten trainierten. Er begann jeden Tag mit Gymnastikübungen, dann machte er Sprünge aus der Hocke, um seine Beine zu kräftigen; er joggte jeden Tag ungefähr viereinhalb Kilometer und wiederholte seine Saltoserien unerbittlich immer wieder. Seine Beinmuskulatur war kräftig und seine Ernährung vorbildlich. Er war schlank, doch beim Bodenturnen wirkte er, als wiege er 500 Pfund, denn er kam einfach nicht hoch. Selbst ein paar Anfänger, deren Beine dünn wie Zahnstocher waren, konnten höhere Saltos schlagen als er. Das trieb ihn jedesmal fast zum Wahnsinn.

Dale hatte kräftige Muskeln, aber er spannte sie zu sehr an. Muskeln wiegen mehr als Fettgewebe. Es gibt vor allem bei Sportlern, die *ihren Körper leicht und blitzschnell bewegen müssen,* einen Punkt, an dem Entwicklung zur Überentwicklung wird. Um stärker zu werden, hätte Dale den ganzen Sommer über kein Krafttraining zu machen brauchen und statt dessen einfach nur üben sollen, sich zu entspannen. Dann hätte er bei seinen Saltos rasch Fortschritte gemacht.

Nach dem Gesetz der Anpassung entwickeln sich Ihre Muskeln genau den Anforderungen entsprechend, die an sie gestellt werden. Deshalb sollten Sie bei Ihren Trainingseinheiten stets auf ein ausgewogenes Gleichgewicht zwischen reiner Muskelkraft und der Fähigkeit achten, locker und entspannt zu bleiben. Auf diese Weise entwickeln Sie vollen Muskel*einsatz* und nicht nur volle Muskel*kraft.*

Sobald Sie diese Fähigkeit zu *entspannter Kraft* entwickelt haben, werden Ihre Bewegungen eine ganz neue Anmut und Leichtigkeit gewinnen. Dadurch steigern Sie Ihr Tempo und die Geschwindigkeit Ihrer Reflexe und Reaktionen und können Ihre Bewegungen besser koordinieren – in der Turnhalle, auf dem Spielfeld und auch im täglichen Leben.

Beweglichkeit

Die meisten Menschen assoziieren Beweglichkeit mit Dehnübungen. Das ist sicherlich nicht verkehrt. Aber ein Baby braucht keine Dehnübungen zu machen, weil es nicht verspannt ist – und Sie selbst mußten es vor vielen Jahren auch noch nicht tun. Doch als Sie heranwuchsen, begannen Sie Ihre Muskeln als Reaktion auf körperlichen Schmerz, psychische Bedrohung oder emotionale Erregung gewohnheitsmäßig anzuspannen. So haben sich im Lauf der Jahre immer mehr ungelöste emotionale Störungen in Form von Spannung in Ihrem Inneren angestaut (genau wie Ihr Körper Energie, die er nicht braucht, als Fett speichert). Dadurch verlor Ihr Körper einen Teil seiner natürlichen Geschmeidigkeit und Beweglichkeit, und Sie benötigten Heilgymnastik, wie beispielsweise Dehnübungen, um dieses Defizit auszugleichen.

Anspannung, die zu steifen Gelenken, Schmerzen und einer schlechteren Durchblutung führt und außerdem zur Entstehung von Arthritis beiträgt, ist eine unbewußte, falsche Anpassungsstrategie, für die wir alle die Verantwortung übernehmen müssen. Das heißt, wir müssen uns unserer angestauten Spannungen bewußt werden und die richtigen Maßnahmen ergreifen, um sie zu lösen.

In einem natürlich elastischen, beweglichen Körper zeigt sich ein entspannter Geist. Natürlich meine ich damit nicht, daß Sie sich einer Psychoanalyse unterziehen sollten, um sämtliche Traumen der Vergangenheit aufzulösen und zu innerem Frieden und körperlicher Beweglichkeit zurückzufinden. Sie sollen lediglich in Ihrem täglichen Leben auf solche Anspannungen achten, vielleicht in den Schenkeln, im Nacken, im Rücken, im Gesicht oder in der Bauchgegend. Registrieren Sie es sofort, wenn Sie sich anzuspannen beginnen, und werden Sie wieder locker. Praktizieren Sie das immer häufiger. Vieleicht möchten Sie nicht die Zeit und Energie investieren, um allen emotionalen Erschütterungen Ihrer Kindheit nachzuspüren, doch für Ihre Anspannung *in diesem Augenblick* können Sie die Verantwortung übernehmen.

Ja, Dehnübungen *sind* eine Heilmaßnahme – aber eine Heilmaßnahme, die die meisten von uns brauchen. Sobald Ihnen klar wird, daß Ihre Steifheit und Unbeweglichkeit auf die mentale und emotionale Spannung zurückzuführen ist, die Sie Ihrem Körper aufzwingen, werden Sie ganz von selbst die richtige Dehntechnik entwickeln und Ihrem Körper nicht durch falsches Dehnen oder zu heftiges Schieben und Ziehen noch mehr Schmerz und Spannung zufügen, wie viele Menschen es tun.

Dehnübungen sollte man nicht einfach nur mit Enthusiasmus, sondern in entspannter Haltung und mit Verstand ausführen.

Die meisten Sportler schieben und ziehen Ihren Körper entweder zu lässig oder zu aggressiv – mit vor Schmerz zusammengebissenen Zähnen – durch verschiedene Dehnpositionen. Doch danach spannen Sie sich sofort wieder an, so daß Sie den gleichen schmerzhaften Prozeß regelmäßig wiederholen müssen. Vielleicht spüren sie tatsächlich einen gewissen Fortschritt, wenn Ihr Körper sich an die täglichen Dehnübungen gewöhnt, doch das ist so, wie wenn man «zwei Schritte vor und einen zurück» geht. Es tut weh und führt zu unangenehmen psychischen Reaktionen.

Das beste Rezept zur Verbesserung der Beweglichkeit, das ich kenne, lautet: drei Viertel Entspannung, ein Viertel Dehnübung. Wenn Sie entspannt sind, Urlaub haben oder die üblichen Sorgen Sie ausnahmsweise einmal nicht belasten, werden Sie auch ohne Dehnübungen automatisch beweglicher. Andererseits sind viele Athleten in Prüfungszeiten verspannter als sonst, *selbst wenn* sie Dehnübungen machen.

Wenn Sie Ihren Körper darum «bitten», beweglicher zu werden, dann wird er es auch tun – aber Sie sollten ihn *ganz nett und freundlich* bitten. Die folgenden Übungsanleitungen sind solche «freundlichen» Methoden, mit denen Sie Ihren Körper auffordern können, sich zu dehnen. Auf eine liebenswürdige Bitte bekommt man immer eine positive Antwort.

Dehnung des ganzen Körpers

1. Wenn es um Ihren eigenen Körper geht, sind Sie selbst der beste Stretching-Experte: Sie brauchen niemanden um Rat zu fragen. Sie wissen besser, welche Körperbereiche Sie dehnen müssen und wie stark, als jeder Fachmann es Ihnen sagen kann, denn schließlich ist es *Ihr* Körper.
Gleiten Sie einfach ganz locker und entspannt in eine etwas gedehntere Position hinein, wann immer Sie das Gefühl haben, verkrampft zu sein. Das klingt fast ein bißchen zu einfach, aber mehr brauchen Sie nicht zu tun. Sie müssen nichts über Anatomie wissen. Sie brauchen nur zu spüren, an welchen Stellen Sie verspannt sind – vieleicht im Nacken oder im Kreuz oder hinter den Knien. Wenn das so ist, lockern Sie die entsprechenden Muskeln ein wenig, und dehnen Sie sie etwas. *Atmen Sie tief,* und stellen Sie sich dabei vor, wie Ihr Atem in den angespannten Körperbereich hineinströmt und ihn lockert.
Selbst starke athletische Typen sollten mit Ihrem Körper so sanft umgehen, als seien sie 98 Jahre alt.

2. Das Dehnen sollte ein *angenehmes* Gefühl sein, wie wenn eine Katze sich nach ihrem Mittagsschlaf räkelt und streckt. Finden Sie den goldenen Mittelweg zwischen Wohlbehagen und Schmerz.

3. Dehnen Sie sich immer nur ein bißchen, aber tun Sie es mindestens zweimal am Tag. Es ist besser, zweimal pro Tag drei bis vier Minuten lang lockere, entspannte Dehnungen zu machen, als sich einmal am Tag fünfzehn Minuten lang abzuquälen. Tasten Sie sich ganz langsam vor, und denken Sie daran, Ihren Körper ganz lieb und freundlich zu bitten ..., aber oft.

4. Machen Sie die Dehnübungen immer erst dann, wenn Ihr Körper bereits aufgewärmt ist, denn dann sind sie einfacher, angenehmer und auch wirksamer. «Kalte» Dehnübungen schmerzen mehr, und man verkrampft sich dabei auch leichter.

> **5.** Dehnen Sie sich so, wie es für Sie am angenehmsten ist. Ich empfehle meinen Schülern normalerweise nicht, bei ihren Dehnübungen heftig zu federn, doch gegen ein sanft vibrierendes Federn ist nichts einzuwenden, wenn Sie es als angenehm empfinden. Aber wenn Sie sich ganz langsam in die gedehnte Position sinken lassen und dabei ein paarmal ganz tief und wohlig-entspannt Luft holen, profitieren Sie vielleicht noch mehr von Ihren Dehnübungen. *Experimentieren Sie ruhig ein bißchen.*
>
> **6.** Experimentieren ist der Schlüssel zum Erfolg. Finden Sie die sanfteste, angenehmste Art, Ihren Körper zu dehnen, und betrachten Sie es als ein Spiel. Später können Sie schwierigere Stretching-Programme entwickeln.

Ich gebe hier keine Anleitungen für spezielle Dehnübungen, denn es kommt mir hauptsächlich darauf an, daß Sie sich darüber klarwerden, welche Beweglichkeitsfaktoren Sie für Ihre speziellen Bedürfnisse entwickeln müssen. Was für Bewegungen machen Sie bei Ihrem Training und in Ihrem täglichen Leben normalerweise? Fordern Sie Ihren Körper auf, diesen Bewegungsspielraum zu erweitern, und steigern Sie den Schwierigkeitsgrad dabei ganz allmählich.

Bücher, Kurse und gemeinsames Üben mit einem Freund – all das kann Ihnen dabei helfen, und wahrscheinlich werden Sie auch von Hatha-Yoga, T'aichi, Tanz oder Gymnastik und den Büchern *Stretching* von Bob Anderson (in deutscher Übersetzung: «Stretching») und *The Weekend Athlete's Way to a Pain-Free Monday* von H. Jampol profitieren.

Beweglichkeit ist ein Zustand der vollen Ausnutzung des Bewegungsspielraums sämtlicher Gelenke. Dazu gehören auch Handgelenke, Schultern, Hals, die gesamte Wirbelsäule, Becken, Hüften, Oberschenkel, Knie und Knöchel. Das Ziel der Dehnübungen ist es, alle Gelenke zu öffnen und zu befreien, je nachdem, welche Anforderungen bei Ihrem Lieblingssport an Sie gestellt werden. Wenn Sie beweglicher werden, als Sie es für Ihre jeweiligen Bedürfnisse

eigentlich sein müßten, dann werden Sie sich auch mit größerer Leichtigkeit bewegen und Ihren Kräftespielraum erweitern.
Normalerweise sollte Beweglichkeit bei Ihnen Priorität vor Muskelkraft haben, oder Sie sollten sie zumindest vor der Muskelkraft entwickeln, denn je beweglicher Sie sind, um so weniger Energie müssen Sie aufwenden, um Ihren Körper zu bewegen. *Beweglichkeit ist der Inbegriff der Widerstandslosigkeit.*

Endlich frei von Kreuzschmerzen!

Kreuzschmerzen haben Ihren Ursprung häufig in mentalen oder emotionalen Streßfaktoren: zum Beispiel, wenn wir ein neues Unternehmen gründen oder Beziehungsprobleme zu bewältigen haben.

Die vier häufigsten Ursachen für Kreuzschmerzen sind:

1. eine schwache Bauchmuskulatur
2. ein steifes Kreuz
3. eine schwache Muskulatur im Lendenwirbelsäulenbereich
4. angespannte Kniesehnen.

Durch Kräftigung der Bauchmuskulatur, Dehnen und Kräftigen der Rückenmuskulatur und Dehnen der Kniesehnen (an der Hinterseite der Beine) lassen sich die meisten Kreuzschmerzen lindern oder sogar völlig beseitigen. Natürlich tragen auch Massage, Tiefenmassage und Rückenschule zur Linderung von Kreuzschmerzen bei.

Beweglichkeit, Kraft und Entspannung hängen eng miteinander zusammen. Um uns auf natürliche Art und Weise zu bewegen, benötigen wir alle drei Faktoren. Wenn ein Gelenk steif ist, kann keine Kraft der Welt es in Bewegung versetzen. Wenn Sie Ihr Bein hoch in die Luft heben wollen, um eine Gymnastikübung oder einen Tanzschritt zu machen oder einen Fußball übers Feld zu schießen, brauchen Sie sowohl Kraft (um das Bein zu heben) als auch Beweglichkeit (um den ganzen Bewegungsspielraum Ihrer

Muskeln ausnutzen zu können). Effiziente Bewegung erfordert stets eine Integration und ein harmonisches Gleichgewicht von Beweglichkeit und Kraft.

Durch Beweglichkeit – die Sie entwickeln können, indem Sie sich Ihrer Verspannungen bewußt werden, Ihren Körper bewußt entspannen und richtig dehnen – werden sich Ihre sportlichen Leistungen verbessern. Dann werden Sie sich auch seltener Muskelzerrungen, Verstauchungen und ähnliche Verletzungen zuziehen. Die Durchblutung Ihrer Muskeln verbessert sich und damit auch Ihr Reaktionsvermögen. Sie werden sich auch im täglichen Leben wacher und lebendiger und um Jahre jünger fühlen, wenn Ihr Bewegungsspielraum sich erweitert. Sie können genauso elastisch werden wie ein Turner oder Tänzer.

Wenn Sie sich entspannen, werden Sie beweglich. Und je mehr Sie Ihre Beweglichkeit steigern, um so lockerer und entspannter werden Sie ganz automatisch. In diesem entspannten Zustand wird Ihnen bald noch eine ganz andere Veränderung auffallen, und das ist unser nächstes Thema.

Sensibilität

Ein berühmter T'aichi-Meister besaß ein so sensibles Gespür für die Kräfte in seiner Umgebung, daß er sogar unter dem «Gewicht» einer Fliege, die auf seiner Schulter landete, leicht zu schwanken begann; und ein Spatz, der auf seiner Hand saß, konnte nicht davonfliegen, denn sobald er sich mit seinen Füßchen abstoßen wollte, senkte sich die Handfläche des Meisters unter diesem Druck. Wir alle hören gern Geschichten von solchen Menschen, die «übernatürliche» Eigenschaften oder Fähigkeiten zu besitzen scheinen. Doch in Wirklichkeit waren die Fähigkeiten dieses T'aichi-Meisters etwas ganz Natürliches. Er hatte sie lediglich durch Übung auf ein sehr hohes Niveau emporgehoben.

Sensibilität bedeutet nichts anderes als eine Steigerung der Sinneswahrnehmungen; das kann sich auf die Sehkraft, das Gehör, den Geschmackssinn oder auch auf andere Sinne beziehen. Für einen Sportler sind die Rezeptoren und kinästhetischen Sinne, mit deren

Physische Begabung

Hilfe er sich effizient bewegt, am wichtigsten. Zu diesen Sinnen gehören:

- der *Gleichgewichtssinn* oder vertikale Reflexe (das heißt die Fähigkeit, selbst geringe Abweichungen vom Lot zu spüren und zu korrigieren);

- *Koordinationsgabe* (die Fähigkeit, verschiedene Teile seines Körpers unabhängig voneinander mit einem unterschiedlichen Grad an Muskelanspannung zu bewegen oder alle Körperteile um eine zentrale Bewegungsachse zu vereinen);

- *Timing und Rhythmus* (die Gabe, im richtigen Augenblick mit einer bestimmten Bewegung zu beginnen oder aufzuhören);

- und *Reflexgeschwindigkeit* (die Fähigkeit, auf einen Reiz rasch zu reagieren).

Wahrscheinlich gehen Sie davon aus, daß ein Mensch mit hervorragender Koordinationsgabe auch ein gutes Gefühl für Timing und Rhythmus hat – und daß er einen sehr guten Gleichgewichtssinn und rasche Reflexe besitzt. Und Sie haben recht! Gleichgewichtssinn, Koordinationsgabe, Timing, Rhythmus und Reflexgeschwindigkeit hängen tatsächlich eng miteinander zusammen, denn sie sind nur unterschiedliche Manifestationen neuromuskulärer *Sensibilität*. Wenn Sie eine ausgeprägte Sensibilität entwickeln, fördern Sie damit automatisch auch viele andere positive Fähigkeiten.

Wenn Sie sich auf einen bestimmten Aspekt der Sensibilität konzentrieren, beispielsweise auf Ihren Gleichgewichtssinn, werden auch die anderen Aspekte gefördert. Das ist einer der Gründe, warum man sich möglichst vielen verschiedenen Bewegungsaktivitäten widmen sollte. Der fortgeschrittene *Tennis*spieler, der einen Anfängerkurs in Gymnastik oder Tanz oder Hatha-Yoga belegt (allesamt Disziplinen, die ein höheres Maß an Gleichgewicht, Beweglichkeit und Entspannung erfordern), um seine Fähigkeiten beim Tennis zu verbessern, handelt klug.

Um Ihre Sensibilität zu fördern, brauchen Sie nur das zu tun, was ich bereits ausgeführt habe, denn sie wird ganz von selbst kommen, wenn Sie ein Bewußtsein für Ihre Anspannung und Entspannung entwickeln. Sie ist ein natürliches Resultat der sanften Dehnübungen, bei denen Sie Ihren Körper tagtäglich «nett und freundlich» um einen größeren Bewegungsspielraum bitten.

Diese Sensibilität wird Sie auch befähigen, rascher und leichter zu lernen, denn wenn Sie sensibler werden, kann Ihr Körper bestimmte Hinweise aus seiner Umgebung rascher aufnehmen. Sie bemerken Fehler schneller und korrigieren sie konsequenter. Sie können die Spezialisten besser nachahmen, denn der Stromkreis zwischen Ihren Augen und dem Feedback Ihrer Muskeln öffnet sich. Und Sie können alte Fehlkompensationen leichter durchbrechen, weil Sie nicht mehr so sehr in Ihren Spannungsmustern festgefahren sind.

Sie haben gelernt, daß Sie einen Fehler erst erkennen müssen, um ihn korrigieren zu können. Machen Sie einmal folgendes Experiment:

Gewicht spüren

Test 1 Schauen Sie sich in Ihrer Umgebung um, und wählen Sie in Ihrer Nähe zwei Gegenstände mit unterschiedlichem Gewicht aus, zum Beispiel einen Briefbeschwerer und einen Bleistift.
Nun heben Sie den einen Gegenstand hoch und legen ihn wieder hin, und tun Sie anschließend dasselbe mit dem anderen. Spüren Sie den Gewichtsunterschied.

Test 2 Als nächstes heben Sie die beiden Gegenstände nacheinander hoch, aber Ihr Arm bleibt dabei ganz entspannt. Merken Sie, wie leicht es jetzt ist, den Gewichtsunterschied zu spüren?

Daß Sie den Gewichtsunterschied zwischen den beiden Gegenständen leichter wahrnehmen, wenn Sie entspannt sind, hat mehrere Gründe, auf die es hier nicht ankommt. Der Hauptzweck dieser Übung besteht darin, Ihnen zu zeigen, wie Anspannung Ihre Sensibilität einschränken kann. Bei Menschen, deren Gleichgewichtssinn, Timing, Muskelkoordination und Reflexgeschwindigkeit höher entwickelt sind, wirkt sich bereits eine ganz geringe Anspannung negativ aus. Der natürliche Athlet vereint scheinbar unvereinbare Gegensätze in sich: Er kann eine ungeheure Kraft entfalten und ist dabei doch so weich, so sanft und sensibel, daß er auf die feinsten Nuancen reagiert. Sobald Sie in Ihrem natürlichen Training etwas weiter fortgeschritten sind, werden sich selbst die subtilsten Lernblockaden auflösen.

Die wichtigste Botschaft dieses Kapitels lautet, daß es nicht genügt, einfach nur blindlings loszurennen und wild draufloszuspielen, um sich ein natürliches physisches Begabungsfundament zu schaffen. Zunächst einmal muß man ein angemessenes Trainingsprogramm aufstellen, bei dem ein Schritt auf dem anderen aufbaut, und dabei vernünftige Prioritäten setzen. Deshalb betone ich, daß Entspannung wichtiger ist als alles andere. Erst *dann* kann man seine Muskelkraft richtig entwickeln, ohne Energie zu verschwenden. Wenn Sie sich von unnötigen Spannungszuständen befreit haben, können Sie Ihre Beweglichkeit viel besser fördern. All diese Eigenschaften bilden die Grundlage für die Sensibilität. Wenn Sie sich erst einmal ein solches Fundament geschaffen haben, geht alles andere wie von selbst.

Trotzdem muß man regelmäßig üben, um sportliche Fertigkeiten zu erwerben, und zum Üben braucht man Ausdauer. Dieser Ausdauer wollen wir uns nun zuwenden und untersuchen, was für eine Rolle sie für das physische Talent eines Sportlers spielt.

Ausdauer

Die besten Athleten investieren viel Zeit ins Spiel und ins Training. Ohne Zeit- und Energieaufwand ist noch kein Sportler zum Meister geworden. Deshalb ist Ausdauer – die Fähigkeit, sich über einen längeren Zeitraum hinweg intensiv zu betätigen – ein wichtiges Element der physischen Begabung.

In der Ausdauer spiegelt sich das Gesetz der Anpassung wider, denn eine Anforderung, die man eine Zeitlang an seinen Körper stellt, bewirkt eine ganz bestimmte Entwicklung. Man braucht Ausdauer, um irgendeine Tätigkeit längere Zeit durchzuhalten. Ein Buch zu schreiben erfordert eine andere Art von Ausdauer als ein Marathonlauf. Jeder Mensch, der in einem Verkehrsstau steckt oder in einer langen Schlange vor dem Bankschalter wartet, weiß, daß es auch eine mentale und emotionale Art der Ausdauer gibt. Doch da es in diesem Kapitel nur um physische Begabung geht, möchte ich mich auf die physische Ausdauer, das Durchhaltevermögen, konzentrieren.

Wenn Sie an Ihre Lungen und Ihr Herz die Anforderung stellen, daß sie den Sauerstoff rascher in Ihr Gewebe transportieren sollen, so werden sie es tun. Wenn Sie von Ihren Muskeln verlangen, daß sie länger arbeiten, werden sie diese Anforderung erfüllen. Nach diesem Prinzip funktioniert die Entwicklung der aeroben Ausdauer. Unsere aerobe Ausdauer ist ein exaktes Maß für unser sportliches Durchhaltevermögen.

Die Steigerung der Ausdauer ist eine natürliche Folge des Trainings; deshalb muß man sie nicht entwickeln, ehe man mit seinem Training beginnt. Das wäre nicht einmal wünschenswert, denn Ausdauer sollte ganz individuell auf die jeweilige sportliche Aktivität abgestimmt sein. Für einen Tennisspieler ist es besser, viele schnelle Runden Tennis zu spielen, als fünfzehn Kilometer durch den Park joggen zu können.

Auch Ihre Ausdauer hängt von Ihrer Entspanntheit, Ihrer Kraft und Beweglichkeit ab. Natürlichen Athleten, die sich von der Bürde chronischer Spannungszustände befreit haben, kostet es weniger Anstrengung, Ausdauer zu entwickeln, weil sie entspannter sind. Beweglichkeit ermöglicht uns einen größeren Bewegungsspielraum bei gleichzeitig geringerem Energieaufwand, denn wenn ein Athlet beweglich ist, sind seine Gelenke frei vom Widerstand zusammengezogener Bindegewebe. Alle Athleten müssen Ausdauer entwickeln, doch die natürlichen Athleten sind den anderen darin gleich von Anfang an ein Stück voraus.

Man braucht Zeit, um seine Kondition zu verbessern, aber nicht so viel, wie manche Menschen befürchten. Forscher, wie Lawrence Morehouse, University of California in Los Angeles, haben festgestellt, daß wir innerhalb von sechs Wochen der Untätigkeit 80 Prozent unserer Kondition verlieren können, aber nach sechs Wochen

Training mit allmählich ansteigendem Schwierigkeitsgrad haben wir bereits 80 Prozent unserer Spitzenform wiedererlangt. *Man braucht nicht zu leiden, um Ausdauer zu entwickeln.* Der Jogger, der erst seit zwei Wochen trainiert, dabei täglich drei Kilometer auf ebenem Gelände gelaufen ist und dann plötzlich beschließt, sechs Kilometer über hügeliges Gelände zu joggen, vergißt die natürliche Ordnung. Ausdauer muß man *allmählich* entwickeln. Dann werden Sie zwangsläufig das Niveau erreichen, das Sie anstreben. Das hängt nur davon ab, wie lange Sie Ihr progressives Training fortsetzen, und nicht, wie *schnell.* «Seine Kondition zu verbessern» kann eine durchaus belebende, angenehme Beschäftigung sein. Dabei werden schon einige Anpassungen notwendig sein, und Sie werden auch ein paar Unannehmlichkeiten in Kauf nehmen müssen, wenn Ihr Körper sich auf eine erhöhte Anforderung einstellt. Doch wenn dabei heftige Schmerzen oder Beschwerden auftreten, ist das ein Zeichen dafür, daß Sie diesen natürlichen Prozeß zu sehr zu beschleunigen versuchen.

Das beste Ausdauertraining besteht darin, *Ihre spezielle Sportart* zu trainieren. Doch außerhalb der Saison können Sie auch ein allgemeines Ausdauertraining betreiben, zum Beispiel Krafttraining oder aerobes Training. Dann werden Sie hinterher mit Ihrem regulären Training beginnen können, ohne unter den Erschöpfungszuständen, Schmerzen und Verletzungen zu leiden, zu denen es in der ersten Begeisterung so oft kommt.

Wie man Sportverletzungen vermeidet

Alle Sportler ziehen sich häufig Verletzungen zu, und die Schmerzen sind dabei noch das *geringste* Übel. Eine einzige Verletzung – gleichgültig, ob sie sich allmählich entwickelt hat oder ob sie plötzlich aufgetreten ist – kann den ganzen Zeit- und Energieaufwand zunichte machen, den man in sein Training gesteckt hat, und der sportlichen Karriere sogar ein jähes Ende setzen. Verletzungen hinterlassen unweigerlich eine Spur der Anspannung und Angst in unserem Körper. Sie sind ein traumatischer Rückschlag und scheinen uns immer gerade zum ungünstigsten Zeitpunkt zu treffen. Eine

Verletzung ist die Negation des wichtigsten Ziels einer jeden sportlichen Betätigung – Gesundheit und Wohlbefinden.

Meistens ist eine Verletzung das Ergebnis einer grundlegenden Schwäche in irgendeinem mentalen, emotionalen oder physischen Bereich des sportlichen Talents (oft sind auch Schwächen in mehreren Bereichen vorhanden).

«Unfälle» sind in Wirklichkeit gar keine Unfälle. Wenn wir uns verletzen oder wenn uns jemand anders eine Verletzung zufügt, dann hat *irgend jemand* nicht aufgepaßt, oder er befand sich in einem Zustand emotionaler Erregung oder war physisch nicht richtig vorbereitet. Mit diesen drei Faktoren – mangelnder Aufmerksamkeit, emotionaler Erregung und ungenügender Vorbereitung – lassen sich alle «Unfälle» im täglichen Leben erklären, bei denen menschliches Versagen die Ursache ist.

Um «Unfälle» vermeiden zu können, müssen wir also Klarheit im Denken, Aufmerksamkeit und emotionale Stabilität (und dauerhafte Motivation) entwickeln und uns physisch gut vorbereiten. Das sind die drei besten Versicherungspolicen, die es gibt – und sie kosten keinen Pfennig.

Akute Verletzungen, die durch einen Aufprall (einen Sturz, Zusammenstoß oder Schlag) oder irgendeine andere Kraft zustande gekommen sind, die der Körper nicht aushalten konnte (beispielsweise eine Verrenkung oder Verdrehung), sind viel seltener als *chronische* Verletzungen – das heißt, Verletzungen, die man sich im Laufe der Zeit durch falsches Training oder unzureichende Vorbereitung zugezogen hat. Durch natürliches Training kann man beide Arten von Verletzungen ausschalten, indem man ihre Ursachen vermeidet.

Um Ihnen ein paar mentale, emotionale und physische Hauptursachen für Verletzungen zu veranschaulichen, möchte ich an dieser Stelle einen «Sündenbock» namens Jerry erfinden.

Jerry hat sich den Knöchel verstaucht und begreift nicht, wie es zu diesem «Unfall» kommen konnte.

Mentale Faktoren Jerry läßt sich sehr leicht ablenken, von seinen eigenen Gedanken ebenso wie von den Ereignissen in seiner Umgebung. Er hält sich für «tolpatschig», übt gnadenlos Selbstkritik und hat eine latente Neigung, sich selbst zu bestrafen, indem er sich Schmerzen zufügt. Das Element der Rivalität beim sportlichen Wettkampf stürzt ihn jedesmal in tiefe Konflikte, und der Beginn der Saison steht kurz bevor.

Emotionale Faktoren Jerrys Motivation beim Spiel schwankt sehr stark. Manchmal ist er «Feuer und Flamme», an anderen Tagen säße er lieber im Publikum. Er hatte schon immer Angst vor allen riskanten Manövern und vor Sportarten, mit engem Körperkontakt. Deshalb verkrampft er sich immer wieder im falschen Augenblick. Manchmal zögert er, und manchmal wird er wütend und trampelt durch die Turnhalle, ohne darauf zu achten, was um ihn herum geschieht.

Physische Faktoren Jerrys Knöchel sind steif und ziemlich schwach. Aufgrund seiner allgemeinen Anspannung spürt er nicht rechtzeitig, wenn er ermüdet, und deshalb überfordert er sich an manchen Tagen. Außerdem hat er Übergewicht und ist ganz allgemein schlecht in Form.

Eigentlich müßte Jerry froh sein, daß ihm nichts Schlimmeres passiert ist als ein verstauchter Knöchel.

Wenn ich an die wenigen Verletzungen zurückdenke, die ich mir selbst beim Sport zugezogen habe, sind mir die Gründe im nachhinein ganz klar, und deshalb konnte ich seither weitere Verletzungen vermeiden. Wie viele Menschen haben schon wider besseres Wissen gehandelt! Wir wußten, wir hätten nicht so einen schweren Gegenstand heben sollen, aber wir haben es trotzdem getan. Wir wußten, wir hätten nicht spielen sollen, als wir erschöpft und zerstreut waren, aber wir haben nicht auf unsere innere Stimme gehört.

Erfahrene innere Athleten sind sensibel auf die Bedürfnisse ihres Körpers eingestimmt und verletzen sich daher beim Training nur sehr selten. Ihnen ist hundertprozentig klar, daß eine Verletzung der Preis ist, den man für mangelnde Sensibilität und Unaufmerksamkeit bezahlen muß.

Geistiges und physisches Gleichgewicht

*Eine Kette bricht an ihrem schwächsten Glied,
und so geht es auch uns.*
Unbekannter Verfasser

Nun habe ich Ihnen einen kleinen Überblick darüber gegeben, was sportliche Begabung bedeutet und wie man sie in allen drei Zentren – Geist, Emotion und Bewegung – entwickeln kann. Als ich zum ersten Mal auf diese ganzheitliche Methode des sportlichen Trainings stieß, entdeckte ich zu meinem Erstaunen, daß man einen besseren Gleichgewichtssinn oder einen effizienteren Kräfteeinsatz erreichen kann, indem man auf etwas so Elementares wie seine Atmung achtet, denn die Atmung beeinflußt Körper, Geist und Emotionen. Das ist eigentlich ganz einfach, und doch funktioniert es.

Die folgende Übung soll Ihnen zeigen, wie Sie mit Ihrem Denken dazu beitragen können, daß Ihr Körper zentriert und geerdet bleibt.

Die Verbindung zur Erde

Anspannung Stehen Sie steif, mit hochgezogenen Schultern da, und atmen Sie nur im oberen Brustbereich. Spüren Sie, wie angespannt Sie sind. Wenn Sie gerade irgendein Problem haben, denken Sie darüber nach.
Nun fordern Sie einen Übungspartner – nehmen wir einmal an, es ist eine Frau – auf, sich vor sich zu stellen, die Hände in Ihre Achselhöhlen zu schieben und Sie ein paar Zentimeter vom Boden hochzuheben. Dabei halten Sie ihre Arme mit den Händen fest. Bleiben Sie dabei ganz steif und angespannt, und atmen Sie flach.
(Es spielt keine Rolle, ob Ihre Übungspartnerin es schafft, Sie vom Boden hochzuheben, solange Sie beide den Unterschied zwischen dem ersten und dem zweiten Versuch spüren.)

> **Zentriertheit** Als nächstes lockern Sie Ihre Gliedmaßen, und entspannen Sie sich. Entspannen Sie auch Ihren Geist, indem Sie Ihre Atmung angenehm im Unterbauch spüren. Fühlen Sie sich körperlich schwer und kompakt, wie eine träge Katze oder ein schlafendes Baby. Lassen Sie Ihre Schultern locker herabhängen. Stellen Sie sich vor, daß Ihr ganzer Unterkörper hohl ist – und anschließend mit Wasser gefüllt wird.
> Nun legen Sie Ihre Arme auf die Arme Ihrer Übungspartnerin, und fordern Sie sie wieder auf, Sie genauso hochzuheben wie vorher – langsam, ohne jede plötzliche Bewegung. Wenn Sie ganz entspannt und zentriert bleiben, wird es sehr schwierig, vielleicht sogar unmöglich für Ihre Partnerin sein, Sie anzuheben. Sie fühlen sich fest mit dem Boden verwurzelt.

In dieser «Verwurzelung im Boden» brachten es die alten T'aichi-Meister zu wahrer Perfektion, indem sie ihre geistige und physische Begabung vervollkommneten. Niemand konnte Sie umwerfen, und der Legende nach beherrschten sie die natürlichen Kräfte sogar so gut, daß sie ihre Gegner mühelos in die Luft schleudern konnten.

Zum Schluß dieses Kapitels wollen wir uns mit dem Zustand der Einheit beschäftigen.

Satori und der innere Athlet

Satori ist ein Begriff aus der japanischen Zen-Tradition. Er bezeichnet ein «plötzliches Erwachen» oder die Einsicht in unser eigentliches Wesen. Diese Einsicht ist kein Ergebnis abstrakter geistiger Vorstellungen oder Ideen, sondern vielmehr eine momentane Erfahrung der Verschmelzung von Körper, Geist und Emotion. Wir erleben Satori,

- wenn unser *Geist* frei von inneren Ablenkungen und ganz auf den jetzigen Augenblick gerichtet ist;
- wenn unsere *emotionalen Energien* frei, ungehindert und ausdrucksvoll dahinströmen, was sich in Form von Motivation äußert;

- wenn unser *Körper* entspannt, sensibel und voller pulsierender Lebendigkeit und Energie ist. Sportler, Künstler und Musiker erleben diesen Zustand im Augenblick der Wahrheit. Sie selber können ihn gleich jetzt erleben, wenn Sie folgende Übung machen.

Satori direkt

Nehmen Sie Ihren Schlüsselbund, ein Stück Obst oder irgendeinen anderen handlichen Gegenstand, und gehen Sie nach draußen. Werfen Sie den Gegenstand in die Luft. Bleiben Sie entspannt und locker, und fangen Sie ihn wieder auf. Achten Sie darauf, ihn nicht zu verfehlen! Dann gehen Sie wieder hinein, und lesen Sie den Text dieser Übung weiter.
Jetzt rufen Sie sich den Augenblick in Erinnerung, als Ihr Gegenstand in der Luft schwebte. In diesem Moment haben Sie nicht daran gedacht, was Sie heute zu Abend essen werden oder was Sie gestern getan haben. Und Sie dachten auch sonst an nichts anderes. Vielleicht gingen Ihnen irgendwelche Gedanken durch den Kopf, bevor Sie den Gegenstand in die Luft warfen, oder nachdem Sie ihn aufgefangen hatten. Doch während des Wurfs waren Sie nichts als reine Aufmerksamkeit; sie breiteten die Arme aus und warteten darauf, daß der Gegenstand wieder herunterfiel. In diesem Augenblick waren Ihre Emotionen offen, und Ihr Körper war wach und voller Energie – Sie haben Satori erlebt.

Dieser Zustand der Integration von Geist und Körper, von innerer und äußerer Harmonie ist auf jeder Ebene ein angenehmes Gefühl. Das ist der Zustand, den Athleten in den leuchtendsten Bildern beschreiben – der Inbegriff dynamischer Meditation und der «Grund», warum wir Sport instinktiv genießen. Er ist die innere Zielscheibe des Zen-Bogenschützen. Und mit der Zeit entwickelt er sich zum natürlichen Zustand des inneren Athleten.

Satori ist die Quintessenz der Bewegungserfahrung – ein Vorgeschmack von innerem Frieden und innerer Kraft.

Drei

Der innere Athlet in Aktion

> *Große Werke*
> *vollbringt man nicht mit Kraft,*
> *sondern mit Ausdauer.*
> Samuel Johnson

In jeder sinnvollen Trainingsmethode spiegeln sich die Naturgesetze wider. In dem kräftigen, stabilen Unterkörper und dem entspannten, sensiblen Oberkörper des Kampfsportlers oder Ballettänzers zeigt sich die Weisheit der Natur. Nur der Baum, der einen kräftigen Stamm und starke Wurzeln, aber biegsame, nachgiebige Äste hat, kann einen Orkan überstehen.

So wie wir uns durch bewußtes Üben die Naturgesetze aneignen, meistern wir auch die Trainingstechniken, ohne dazu Anleitungen aus Büchern auswendig lernen zu müssen. Zwar haben die meisten Trainer und Lehrer viele spezielle Trainingsprinzipien für ihre jeweilige Sportart parat, doch die wirkungsvollsten Prinzipien gelten für alle Sportarten und Bewegungsformen.

In Kapitel 7 möchte ich Ihnen einige wirksame Lerntechniken vermitteln, die auf Naturgesetzen basieren.

7
Das Training: Werkzeuge der Wandlung

Es kommt nicht darauf an,
wie viele Stunden du investierst,
sondern wieviel du in diese Stunden investierst.
Unbekannter Verfasser

In diesem Kapitel möchte ich Ihnen die wichtigsten Grundsätze für ein besseres und rascheres Lernen vermitteln. Die folgenden Prinzipien, Perspektiven und Praktiken lassen sich auf alles anwenden, was Sie tun.

Aufwärmen und Übergangsphasen

Unser Leben ist voller Zyklen und Übergangsphasen. Unsere Entwicklung vom Babyalter über die Kindheit bis hin zur Pubertät und zum Erwachsenenalter hat viele Umstellungen auf immer fortgeschrittenere Verhaltensweisen, immer höhere Ebenen der Verantwortung und Einsicht von uns gefordert. Geburt und Tod sind die beiden Großen Übergänge. Schulabgang, Eintritt ins Berufsleben, Eheschließung, das Aufziehen von Kindern und der Eintritt in den Ruhestand sind weniger einschneidende, aber dennoch typische Beispiele für Veränderungen in unserem Leben. Im Grunde ist das ganze Leben nichts anderes als eine Reihe von Veränderungen, Minute für Minute, Tag für Tag, Jahr um Jahr. Manche dieser Veränderungen laufen reibungslos und planmäßig ab, andere kommen völlig unerwartet. Der innere Athlet muß in der Lage sein, diese Übergangsphasen in seinem Training und im täglichen Leben zu erkennen.

Vor Jahren arbeitete ich einmal in einem Büro, in dem es sehr hektisch zuging. Jeden Abend, wenn ich nach Hause kam, schnauzte ich meine Frau an, bis mir klar wurde, daß ich nur eine fünfzehnminütige Übergangszeit brauchte, um mich zu entspannen, den Druck von mir abzuschütteln und Abstand zu gewinnen, ehe ich in der Lage war, mir ganz vergnügt ihre Tagesneuigkeiten anzuhören.

Die meisten Übergänge finden plötzlich statt. Die Pubertät ist eine Übergangsphase, die die meisten Menschen völlig unvorbereitet trifft, und deshalb oft zum traumatischen Erlebnis wird. Viele Leute haben auch Schwierigkeiten mit den Übergangsphasen des morgendlichen Aufstehens oder des abendlichen Schlafengehens. Vielleicht sind unser Denken, unsere Emotionen und unsere Körperrhythmen noch auf die Frequenz einer früheren Tätigkeit eingestimmt, während wir schon mit einer neuen Tätigkeit beginnen, die viel langsamere oder schnellere Schwingungen erfordert. Deshalb ist es kein Wunder, daß es uns manchmal so schwerfällt, mit neuen Situationen zurechtzukommen.

Übergänge sind Zwischenstadien. In so einem Zwischenstadium befinden wir uns zum Beispiel, wenn wir von der Arbeit nach Hause fahren. Auch wenn ein Golfer den Ball geschlagen hat und den Fairway hinuntergeht, befindet er sich in einem Zwischenstadium. Wenn wir lernen, diese Übergangsphasen zu genießen und sie uns zunutze zu machen, dann kommt unser Leben ins Gleichgewicht. Solange wir den Wert dieser Zwischenstadien nicht schätzen gelernt haben, besteht unser Leben aus lauter ruckartigen Bewegungen, Höhen und Tiefen, plötzlichen Anfängen und Enden – es ist nichts weiter als eine Serie von Erschütterungen. Beim Übergang von einer Aktion zur nächsten sollten wir darauf achten, ob die Aktion vielleicht einen anderen mentalen, emotionalen oder physischen Zugang erfordert, denn auf diese Weise können wir solche Übergangsphasen bewußt nutzen.

Statt morgens gleich aus dem Bett zu springen, ist es vielleicht sinnvoller, den Wecker eine Viertelstunde früher zu stellen, damit wir uns Zeit lassen können, langsam und gemütlich in die Küche zu gehen, Wasser für eine Tasse Kräutertee aufzusetzen, vielleicht ein paar Minuten zu lesen, aus dem Fenster zu schauen und ein paarmal tief durchzuatmen – das heißt dem neuen Tag erst einmal «hallo» zu sagen. Ich beginne meinen Tag, indem ich mich mit noch geschlossenen Augen aufsetze, ein paar Atemübungen mache, bei denen ich langsam und tief durchatme, und ein Glas Wasser trinke. Erst dann stehe ich auf.

Vielleicht möchten Sie in Ihrer morgendlichen Übergangsphase vom Schlafen zum Wachen ein paar leichte Gymnastikübungen machen oder vor dem Frühstück einmal um den Häuserblock laufen. Das alles sind natürlich nur Vorschläge; die Hauptsache ist, daß Sie sich ein paar Übergangsrituale zurechtlegen, die für Sie sinnvoll sind.

Nirgends ist dieses Übergangsritual so wichtig wie beim Sport. Wir bezeichnen es als Aufwärmphase; es dient als Pufferzone zwischen den Ereignissen des Tages und dem Augenblick der Wahrheit auf dem Spielfeld. Eine richtige Aufwärmphase bereitet uns auf die einmaligen Anforderungen unseres Sports vor und hilft uns, jene Tage, an denen gar nichts zu gehen scheint, zu vermeiden.

Den meisten Menschen ist die physische Aufwärmphase vertraut, bei der man seine Muskeln aufwärmt und dehnt und sich auf die intensive Anstrengung des Trainings vorbereitet. Doch nur relativ wenige Athleten wissen, wie wichtig es ist, sich gleichzeitig auch in mentaler und emotionaler Hinsicht «aufzuwärmen».

Die *mentale Aufwärmphase* besteht darin, daß man sich einen eindeutigen Tagesplan zurechtlegt. Man muß sich realistische Ziele setzen, und zwar unter Berücksichtigung der Umstände und der Energie, über die man an diesem Tag verfügt. Zu dieser geistigen Aufwärmphase gehört auch, daß man seine Aufmerksamkeit ganz auf den Ort richtet, an dem man trainiert, und alle Sorgen und Probleme des Tages hinter sich läßt. Und schließlich und endlich muß man auch die richtige Einstellung des Respekts und der Dankbarkeit entwickeln, die richtige geistige Verfassung für seine sportliche Aktivität. Deshalb ist es in Japan Sitte, sich beim Betreten und Verlassen der Übungshalle zu verneigen.

So wie ein Zehnkämpfer eine Übergangsphase zwischen dem Stabhochsprung und dem Speerwerfen braucht, muß der Turner eine mentale Übergangsphase zwischen seinen Turnübungen an zwei verschiedenen Geräten einlegen, da jedes Gerät andere Eigenschaften hat. Selbst der Tänzer auf dem Parkett muß sich von einem Walzer auf einen Disco-Tanz umstellen. Läufer und Schwimmer gehen Kurzstrecken ganz anders an als lange Strecken, und ein Golfspieler braucht für den Drive eine andere mentale Aufwärmphase als fürs Putten. Diese mentale Aufwärmphase liefert uns für jede Aktivität genau die Konzentration und Energie, die wir brauchen.

Die emotionale Aufwärmphase könnte beispielsweise mit ein paar tiefen, beruhigenden Atemzügen beginnen. Als nächstes kann man sich seine anfängliche Begeisterung für seinen Sport ins Gedächtnis zurückrufen und ein paar Bilder an seinem geistigen Auge vorüberziehen lassen (mentale Aufwärmphase), die die emotionale Energie steigern. Dann setzen Sie sich Ihr emotionales Ziel – konzentrieren Sie sich auf irgend etwas, was Ihnen für Ihr Training Auftrieb gibt. Sie könnten sich zum Beispiel vorstellen, wie Sie all Ihre Ziele erreichen, oder sich ausmalen, daß Sie siegen werden, weil Sie heute einen guten Trainingstag hatten. Spüren Sie, wie sehr es Ihnen hilft, wenn Sie Ihre Energie in die richtigen Bahnen lenken.

Dieses mentale und emotionale Aufwärmen kommt Ihnen vielleicht langwierig und umständlich vor; doch in Wirklichkeit können beide Phasen blitzschnell und nahezu gleichzeitig ablaufen. Der ganze Prozeß des Übergangs braucht nicht länger zu dauern als fünf langsame, tiefe Atemzüge oder einen Augenblick ruhiger Kontemplation. Viele Athleten praktizieren dieses mentale und emotionale Aufwärmen ganz unbewußt. Der innere Athlet hingegen tut es bewußt und systematisch, um seine Zielorientierung und Energie für den bevorstehenden Tag unter Kontrolle zu bringen und zu steigern.

Die *physische Aufwärmphase* sollte ein genau festgelegter Zeitabschnitt sein, den man extra für diesen Zweck einplant. Auch dieses Aufwärmen braucht kein langer, komplizierter Prozeß zu sein, und wahrscheinlich sollte es das auch gar nicht. Aber es ist eine Phase, in der man seinen Körper wirklich aufwärmt, mit Sauerstoff versorgt, ganz hellwach wird und alle Trägheit von sich abschüttelt – man ist entspannt und doch voller Energie. Überstürzen Sie bei der Aufwärmphase nichts, denn schließlich ist sie nicht das wichtigste an Ihrem Training. Unser Körper ist wie ein Auto. Man braust ja auch nicht gleich, nachdem man den Motor angelassen hat, mit Höchstgeschwindigkeit los. Das Öl (oder in unserem Fall das Blut) ist in dieser Phase noch nicht warm genug und fließt noch nicht richtig.

An manchen Tagen fühlen Sie sich vielleicht blockiert oder träge und lustlos. Lassen Sie sich dadurch nicht entmutigen. Einige meiner besten Trainingsstunden haben so begonnen und sind trotzdem zu einem guten Ende gekommen. Der Körper brauchte an solchen Tagen einfach ein bißchen länger, um warm zu werden.

Nach einer Trainingssitzung ist es unter Umständen sinnvoll, als *Abkühlphase* ein paar Dehn- und Atemübungen zu machen.

Das Lernen lernen

Als Kind haben Sie vielleicht einmal auf einem unbebauten Grundstück gespielt, nachdem frischer Schnee gefallen war. Die Erde lag unter einer glatten Schneedecke. Vielleicht waren Sie in jenem Winter das erste Kind aus Ihrem Viertel, das sich einen schnurgeraden Weg durch diese knirschende, knietiefe Schneedecke bahnte.

Die neuronalen Verbindungen, die Sie schaffen, wenn Sie ein neues Bewegungsmuster erlernen, lassen sich mit solchen Wegen durch ein schneebedecktes Feld vergleichen. Der weiße Schneeteppich ist Ihr Nervensystem; der Weg ist eine neuronale Verbindung und steht für ein spezielles Bewegungsmuster oder eine ganz bestimmte Fertigkeit.

Sobald Sie alle Vorbereitungen getroffen haben, sind Sie bereit, die neue Fertigkeit zu erlernen – das heißt die richtige neuronale Verbindung zu schaffen. Wenn Sie diese Verbindung häufiger benutzen, fördern Sie damit die erlernte Fertigkeit. Das gilt für alle Bewegungsmuster, einfache ebenso wie komplizierte, ob Sie nun joggen, springen, einen Schläger schwingen, einen Ball werfen oder einen dreifachen Salto schlagen.

Ich habe das Bild des schneebedeckten Grundstücks (siehe nächste Seite) gewählt, weil es eine gute graphische Darstellung der Vorgänge bietet, die in Ihrem neuromuskulären System ablaufen, wenn Sie etwas Neues lernen. Die kräftige, gerade Linie, die von Punkt

A zu Punkt B führt, zeigt die perfekte Ausübung einer Fertigkeit. Wenn Ihnen das bereits beim ersten Versuch gelungen ist, dann waren Sie hunderprozentig vorbereitet – geistig, emotional und physisch –, und deshalb haben Sie gleich beim allerersten Mal alles richtig gemacht.

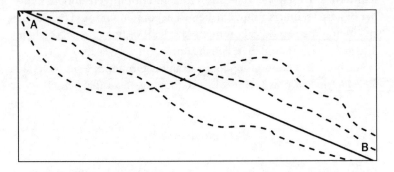

Doch die meisten Menschen sind nicht perfekt vorbereitet. Deshalb sehen unsere ersten Versuche in der Regel so aus wie die gestrichelten, krummen Linien. Dann nähern wir uns allmählich der geraden Linie von A nach B an. Dieser Annäherungsprozeß kann unterschiedlich lange dauern, je nachdem, nach welcher Methode wir lernen.

Ihr erster Versuch, eine neue Fertigkeit zu erlernen, ist der wichtigste, denn in diesem Stadium haben Sie sich noch keinen Weg gebahnt. Beim nächsten und beim übernächsten Mal werden Sie sich wahrscheinlich wieder an den allerersten Weg halten, den Sie sich geschaffen hatten. Jedesmal, wenn Sie dieselbe neuronale Verbindung benutzen, stabilisieren und verstärken Sie die entsprechende Bewegungsreakion, *ob sie nun richtig ist oder nicht.*

Und jedesmal, wenn Sie eine Bewegung falsch üben, verstärken Sie damit Ihre Fähigkeit, diese Bewegung falsch auszuführen. Daraus folgt, daß Sie die richtigen Bewegungsmuster so oft wie möglich wiederholen und die Wiederholung eines falschen Musters um jeden Preis vermeiden müssen. Eine wichtige Lernregel lautet deshalb: *Mache nie denselben Fehler zweimal!*

Wir alle wissen, daß Fehler zum Lernprozeß gehören. Sie werden unweigerlich Fehler machen. Doch damit sich diese Fehler nicht einschleifen, müssen Sie bewußt jedesmal *etwas anderes* falsch machen, um sich allmählich dem richtigen Bewegungsmuster anzunähern. Denn wenn Sie verschiedene Fehler machen, gewöhnen Sie sich nicht an ein einziges falsches Bewegungsmuster. Das ist sehr wichtig, denn eine der Hauptursachen langsamen Lernens sind die Wiederholung und das Einschleifen einer falschen motorischen Reaktion. Sie gewöhnen sich daran, Ihren Golfschwung zu tief anzusetzen oder beim Handstand ein Hohlkreuz zu machen; und Sie empfinden es bald als bequem, Ihr Gewicht beim Golfschwung auf den falschen Fuß zu verlagern.

Doch wenn Sie bewußt bei jedem neuen Versuch *anders* vorgehen, erkunden Sie alle Fehlermöglichkeiten und nähern sich dabei allmählich der geraden Linie, dem richtigen Weg, an, ohne sich etwas Falsches anzugewöhnen.

Bewußtes Üben

Wenn Sie beim Golftraining jeden Tag tausend Bälle schlagen, aber nur bei zweihundert Schwüngen *wirklich konzentriert* sind, dann vergeuden Sie achthundert Schwünge pro Tag. Diese achthundert halbbewußten Schwünge können Ihnen unter Umständen sogar mehr schaden als nützen, denn, wie ich gerade erklärt habe, kann es leicht passieren, daß Sie sich dabei Fehler angewöhnen, ohne es zu merken – das ist so, wie wenn Sie im Schlaf über das schneebedeckte Grundstück wandern würden.

Übung allein macht noch keinen Meister; nur perfekte Übung macht den Meister. Bei der richtigen Lerntechnik geht es nicht nur darum, sich um das richtige Bewegungsmuster zu bemühen, sondern auch darum, das falsche zu vermeiden. Deshalb müssen Sie beim Üben *jeden* Versuch mit hundertprozentiger geistiger und körperlicher Bewußtheit ausführen. Wenn Sie einen Fehler begehen, dann darf er Ihnen auf keinen Fall zum zweiten Mal «passieren». Nehmen Sie sich einen Augenblick Zeit, und machen Sie sich bewußt, *was daran falsch war,* denn wenn Ihnen das nicht klar ist, werden Sie den Fehler todsicher wiederholen. Anschließend bemühen Sie sich ganz bewußt, anders vorzugehen als beim letzten Mal.

Die einzelnen Trainingsstadien

Die meisten Menschen glauben, daß man eine bestimmte Fähigkeit immer wieder über muß, um darin gut zu werden. Aber das stimmt nicht unbedingt. Die meisten Anfänger neigen dazu, am Anfang *zuviel* zu üben. Als Anfänger auf einem Gebiet ist Ihr «Gefühlsbewußtsein» wahrscheinlich noch nicht sehr ausgeprägt. Das heißt, Sie wissen noch nicht genau, was für ein Gefühl es ist, wenn Sie Ihr Programm richtig ausführen. Deshalb sollten Sie es in diesem Stadium lieber nicht zu oft wiederholen, sonst gewöhnen Sie sich nur falsche Bewegungsmuster an. Wiederholen Sie es statt dessen lieber nur *ein paarmal,* aber dafür mit *intensiver Konzentration* und *echtem Interesse.* Solange Ihre Konzentration und Ihr Interesse stark sind, können Sie ruhig weitermachen. Doch sobald Sie einem bestimmten Fehler zu wiederholen beginnen oder Ihr Interesse und Ihre Aufmerksamkeit allmählich erlahmen und wenn Sie anfangen, die Sache auf die leichte Schulter zu nehmen, dann sollten Sie aufhören und Ihr Training lieber ein anderes Mal fortsetzen. Mit dem Training ist es wie mit dem Glücksspiel: Man muß wissen, wann man aufhören soll. Erst wenn Sie merken, daß Sie das richtige Bewegungsmuster beliebig oft ablaufen lassen können, ohne Fehler zu machen, sollten Sie es häufig wiederholen, damit es sich einschleift und Sie Ihre Ausdauer trainieren.

Nach diesem Prinzip brachte ich mir innerhalb sehr kurzer Zeit bei, mit drei Bällen zu jonglieren. Anfangs probierte ich jede Übungssequenz – zuerst mit einem Ball, dann mit zweien und schließlich mit dreien – nur vier- oder fünfmal am Tag aus. Mit fünf Minuten Training pro Tag hatte ich nach fünf Tagen gelernt, mit drei Bällen zu jonglieren. Natürlich gibt es auch Leute, die nach ein bis zwei Stunden Übung an einem einzigen Tag lernen können, mit drei Bällen zu jonglieren. Doch wenn Sie so üben, wie ich es vorschlage, im Einklang mit der *natürlichen Ordnung* der Dinge und einer realistischen Psychodynamik, dann werden Sie *richtig* lernen. Viele «rasche Lerner» gewöhnen sich beim Lernen kleine, kaum merkliche Kompensationen und andere Fehler an. Vielleicht erlernen sie eine Fertigkeit sehr schnell, aber sie erlernen sie nicht unbedingt *richtig.* Nehmen Sie sich die Zeit, richtig zu lernen; damit werden

Sie letzten Endes Zeit sparen. Zwischen Lernen und richtigem Lernen besteht ein himmelweiter Unterschied.

Halten Sie beim Training zwischen zwei Versuchen stets einen Augenblick inne. Atmen Sie tief durch, schütteln Sie Ihre Gliedmaßen aus, und entspannen Sie sich. Fühlen Sie das prickelnde Pulsieren der Bewußtheit in Ihrem ganzen Körper, bis in die Fingerspitzen und Zehen hinein. Spüren Sie Ihre Verbindung mit der Erde. Erst dann fahren Sie mit Ihrem Training fort.

Beim Lernen wird ein Bewegungsablauf also nicht einfach nur immer wieder beiläufig (oder auch stur und verbissen) ausgeführt. Denn dabei baut man vielleicht Muskelkraft und Ausdauer auf, aber es ist nicht unbedingt der geradeste Weg zur Entwicklung einer natürlichen Fähigkeit. Sie brauchen eine *Trainingsstrategie,* die nicht auf mechanischer Wiederholung, sondern auf Einsicht und Konzentration basiert. Diese Lernstrategie besteht aus den folgenden Techniken und Prinzipien.

Überkompensation

Überkompensation ist die wertvollste Hilfe für rasches Lernen, die Ihnen je begegnen wird. Denn wenn Sie ein falsches Bewegungsmuster eine Zeitlang praktizieren, geht es Ihnen in Fleisch und Blut über. Alle Veränderungen, selbst zum richtigen Bewegungsmuster hin, werden Ihnen dann «komisch» vorkommen, weil sie ungewohnt sind. *Wenn man unrecht hat,* kommt einem das *Richtige falsch* vor. Deshalb *sind Korrekturversuche in der Regel unzureichend.* All Ihre Versuche, es anders zu machen, werden sich automatisch eng an Ihr altes, gewohntes Bewegungsmuster anlehnen.

Wenn Sie zum Beispiel lernen, einen Ball ins Feld zu schlagen, und sich angewöhnt haben, die Schlagkeule zu hoch zu schwingen, werden Sie das wahrscheinlich auch weiterhin tun. Selbst wenn Ihnen jemand sagt, Sie sollten sie niedriger schwingen, werden Sie Ihren Fehler nur ein ganz klein wenig korrigieren, weil Ihre Bewegung Ihnen sonst «ganz falsch» vorkommt. Vielleicht schwingen Sie die Keule ein bißchen niedriger als vorher, aber immer noch zu hoch.

Daher müssen Sie sich das Gesetz des Gleichgewichts ins Gedächtnis zurückrufen und das Prinzip der Überkompensation anwenden: Das heißt, Sie müssen Ihre Bewegung *zum anderen Extrem hin* übertreiben und sich ganz bewußt bemühen, die Keule «viel zu niedrig» zu schwingen. Am besten, Sie schlagen den Ball von unten. Erst nachdem Sie beide Extreme – zu hoch und zu niedrig – ausprobiert haben, werden Sie den goldenen Mittelweg finden. Aber höchstwahrscheinlich werden Sie den Ball treffen, wenn Sie versuchen, die Keule «zu niedrig» zu schwingen.

Das Prinzip der Überkompensation oder des Ausprobierens beider Extreme läßt sich auf viele Elemente des Sports anwenden: auf das Timing, das Gleichgewicht, die Präzision und den Kraftaufwand, und zwar bei jeder Sportart und Bewegungskunst. Es funktioniert nach dem gleichen gyroskopischen Prinzip, nach dem ein Lenkflugkörper schnell ins Ziel trifft, indem er sich seitlich hin und her bewegt, bis er die Mitte findet. «Die Mitte zu finden» – darauf kommt es beim effizienten Lernen an.

Rascheres Lernen durch Überkompensation

Nehmen wir einmal an, daß Sie die Fertigkeit, einen Gegenstand, den Sie hinter Ihrem Rücken in die Luft geworfen haben, vor sich aufzufangen, bisher noch nicht beherrschen. Nehmen Sie eine Zitrone oder eine andere Frucht, die nicht aufplatzt, wenn sie auf den Boden fällt. Werfen Sie sie von hinten über Ihre Schultern, und fangen Sie sie mit der gleichen Hand vorne wieder auf. Dabei können Sie die Frucht auf der Seite über die Schulter der Hand werfen, auf der Sie sie halten, oder über die entgegengesetzte Schulter. Es kommt bei dieser Übung hauptsächlich darauf an, das Prinzip der *Überkompensation* bewußt einzusetzen. Arbeiten Sie dabei jedesmal an einer anderen Variablen. Wenn Sie die Frucht zu weit nach links geworfen haben, dann werfen Sie sie beim nächsten Versuch zu weit nach rechts. Und wenn Sie sie zu weit nach hinten geworfen haben, achten Sie darauf, sie beim nächsten Versuch zu weit nach vorn zu werfen. Dann werden Sie den goldenen Mittelweg finden.

Mit Hilfe des Prinzips der Überkompensation dürften Sie dieses knifflige Geschicklichkeitsspiel innerhalb von ein paar Minuten gelernt haben. Dann können Sie diese Technik auf jedes beliebige Gebiet anwenden. Doch wie vielen Athleten wird es Ihnen vermutlich widerstreben, beide Extreme auszuprobieren. Vielleicht empfinden Sie es als «Zeitverschwendung», etwas absichtlich falsch zu machen. Vielleicht verlieren Sie auch die Geduld und können es gar nicht mehr erwarten, Ihre Sache gleich beim nächsten Mal richtig zu machen, statt erst noch einen falschen Versuch «in die andere Richtung» zu unternehmen. Wenn Sie mit solchen inneren Widerständen zu kämpfen haben, hoffe ich, daß ich Ihnen die Hintergründe dieser Strategie der Überkompensation inzwischen klargemacht habe, und daß Sie begreifen, wie nützlich und zeitsparend dieses Verfahren ist.

Wenn Sie nicht in der Lage sind, beide Extreme auszuprobieren, weil Sie nicht kräftig oder beweglich genug sind oder weil Ihnen andere Fähigkeiten fehlen, die Sie für diese Überkompensation brauchen, dann müssen Sie noch einmal ganz von vorn bei den Grundlagen anfangen. Sie benötigen mehr Vorbereitung, sonst wird Ihr Fehler Ihnen noch mehr in Fleisch und Blut übergehen.

Wenn Sie es als sehr unangenehm oder gar beängstigend empfinden, beide Extreme auszutesten, weil es «so ein komisches Gefühl ist» (vor allem bei risikoreichen Sportarten), so ist das völlig normal. Ein Turmspringer, der bei seinem Sprung bisher immer zuwenig Schwung genommen hat, wird wahrscheinlich ein wenig Herzklopfen bei dem Gedanken haben, beim nächsten Mal zuviel Schwung zu nehmen. Dennoch gilt auch hier dasselbe Prinzip, ob Sie es nun anwenden oder nicht. Wenn Sie rasch und erfolgreich lernen wollen, *müssen Sie bereit sein, beide Extreme auszuprobieren.*

Mentaltraining und ideomotorische Aktion

Mit Hilfe Ihrer Vorstellungskraft können Sie alte Fertigkeiten verbessern und neue dazulernen. Dabei spielt die Wechselwirkung zwischen unserem Denken und unseren Muskeln eine entscheidende Rolle. Wie Sie bereits gesehen haben, kann diese Wechselwirkung negative Auswirkungen haben: Wenn in Ihrem Denken Aufruhr herrscht, kann es leicht passieren, daß Ihre Muskeln sich anspannen. Aber die Sache hat auch etwas Positives: Durch klare mentale Bilder können Sie die richtigen Muskelreaktionen entwickeln, selbst wenn Sie sich gar nicht bewegen. Dieses Prinzip läßt sich durch ein einfaches Experiment veranschaulichen:

Der Geist bewegt den Körper

Binden Sie einen kleinen Gegenstand, der ein gewisses Gewicht haben sollte (beispielsweise einen Ring), an einen etwa fünfzehn Zentimeter langen Faden. Halten Sie den Faden zwischen Daumen und Zeigefinger fest, und lassen Sie den Gegenstand daran herabhängen. Zuerst halten Sie den Faden ganz ruhig; dann stellen Sie sich vor, wie der Ring daran vor- und zurückschwingt. Halten Sie dieses Bild vor Ihrem geistigen Auge fest, und beobachten Sie, was passiert,
Sobald der Ring tatsächlich vor- und zurückzuschwingen beginnt, stellen Sie sich vor, daß er sich nun statt dessen im Kreis bewegt. Was geschieht jetzt?
Dieser Test veranschaulicht das Phänomen der *ideomotorischen Aktion* – jenes Prinzip, nach dem jedem mentalen Bewegungsbild ein subtiler, kaum merklicher Muskelimpuls entspricht. Wenn Sie Ihren Körper entspannen und sich vorstellen, wie Sie eine Bewegung korrekt ausführen, dann werden Ihre Muskeln auf dieses Vorstellungsbild reagieren. Die ideomotorische Aktion ist das Schlüsselprinzip des Mentaltrainings.

Der Wert des Mentaltrainings wurde inzwischen durch zahlreiche Forschungsarbeiten nachgewiesen. Bei einer solchen Studie wurden sechzig Basketball-Anfänger in drei Gruppen zu je zwanzig Leuten eingeteilt. Die erste Gruppe übte zwei Wochen lang, den Ball von der Freiwurflinie aus in den Korb zu werfen. Dabei hatten die Spieler innerhalb eines genau festgelegten Zeitraums eine bestimmte Anzahl von Würfen frei. Die zweite Gruppe mußte diese Würfe mental üben, das heißt, die Spieler mußten sich vorstellen, wie sie den Ball in den Korb warfen. Die dritte Testgruppe beschäftigte sich während dieser Zeit mit anderen Dingen, die nichts damit zu tun hatten.

Zu Beginn der Studie und nach zwei Wochen mußten die Spieler aller drei Gruppen sich einem Test unterziehen. Wie zu erwarten war, hatte die dritte Gruppe sich überhaupt nicht verbessert. Aber die Spieler der *Mental*trainingsgruppe hatten fast so große Fortschritte gemacht wie jene Gruppe, die physisch trainiert hatte.

Das heißt natürlich nicht, daß wir unser Training auch auf der Wohnzimmercouch absolvieren können, aber die Studie zeigt doch, daß Mentaltraining eine sehr sinnvolle Ergänzung zum physischen Training sein kann. Als ich noch zur Turnmannschaft der University of California gehörte, erwarb ich mir bald den Ruhm, ein «Naturtalent» zu sein, weil ich schwierige Bewegungen anscheinend gleich beim ersten Versuch «völlig mühelos» erlernen konnte. Doch meine Mannschaftskameraden wußten nicht, daß ich in der Nacht zuvor von diesen Bewegungen geträumt hatte und sie den ganzen Tag ständig vor meinem geistigen Auge ablaufen ließ, ehe ich sie tatsächlich ausprobierte. Wenn ich die Bewegungen dann schließlich physisch ausführte, war es, als hätte ich sie schon oft geübt. Diese Zuversicht half mir auch, meine Angst zu überwinden.

Vor allem in bestimmten Situationen hat Mentaltraining eindeutige Vorteile:

- Es ist absolut *ungefährlich* – es sei denn, Sie üben auf der Autobahn in Gedanken Ihren Golfschwung.

- Sie können es *überall* praktizieren. Allerdings ist dabei auch etwas Vorsicht geboten: Ich machte in Gedanken einmal meine Trampolinübungen, während ich in einer langweiligen politikwissenschaftlichen Vorlesung saß. Während ich im Geist Drehungen machte und Saltos schlug, fuchtelte ich mit den Armen in der Luft herum. Da unterbrach der Professor seine Vorlesung, und alle achthundert Studenten im Hörsaal reckten die Hälse nach «dem jungen Mann in der ersten Reihe, der einen epileptischen Anfall hat».

- Beim Mentaltraining gibt es keine Versagensängste, denn man braucht dabei keine Fehler zu machen und kann eine perfekte Leistung erbringen.

Natürlich gibt es auch Ausnahmen. Eine Turnerin, die ich an der University of California trainierte, fiel immer vom Schwebebalken. So sicher wie morgens die Sonne aufging und auf jeden Sonntag immer wieder ein Montag folgte, stürzte sie jedesmal ab, wochentags ebenso wie am Wochenende, bei Regen ebenso wie bei Sonnenschein, im Training genau wie im Wettkampf.

Eines Tages schlug ich ihr, um ihrer Sicherheit und meines Seelenfriedens willen, aus purer Verzweiflung vor, es doch erst einmal eine Zeitlang mit Mentaltraining zu versuchen. «Mach die Übung fünf- oder zehnmal im Kopf, und zwar perfekt», riet ich ihr und hoffte, daß sie es auf diese Weise vielleicht lernen würde.

Dann beschäftigte ich mich mit den anderen Turnern. Als ich nach einer Weile wieder einen Blick zu ihr hinüberwarf, sah ich sie mit konzentriertem Stirnrunzeln und fest geschlossenen Augen dasitzen und hörte, wie sie leise vor sich hinflüsterte: «Hoppla ... Oh, verdammt – schon wieder!»

Verblüfft fragte ich sie, was denn los sei. «Ach, nichts», antwortete sie. «Ich falle halt nur immer wieder runter.»

- Ein weiterer Vorteil des Mentaltrainings besteht darin, daß es nichts kostet. Wenn Sie nur zwei Privatstunden pro Woche bei Ihrem Trainer nehmen statt drei, oder wenn Sie jeden Tag nur eine statt zwei Stunden mit ihm trainieren, können Sie die restliche Zeit nutzen, indem Sie in Gedanken weiterüben. Auch dieses Training ist auf jeden Fall sein Geld wert!

- Beim Mentaltraining konzentriert man sich ganz automatisch, denn ohne Konzentration geht es nicht. Beim physischen Training können Sie mit Ihren Gedanken woanders sein und die Bewegungen einfach nur mechanisch ausführen, ohne sich wirklich darauf zu konzentrieren. Beim Mentaltraining funktioniert das nicht. Deshalb ist diese Art des Trainings auch nicht so einfach wie es sich vielleicht anhört. Sie müssen dazu erst einmal Ihre Fähigkeit entwickeln, zu visualisieren, Bilder vor Ihrem geistigen Auge zu sehen und sich zu konzentrieren. Doch sobald Sie das geschafft haben, werden Ihre Bemühungen reichlich Früchte tragen.

Mentaltraining können Sie auch praktizieren, wenn Sie krank oder verletzt sind oder zwischendurch gerade einmal einen Augenblick

Zeit haben. Es ist auf jeden Fall besser, als über Ihre Probleme nachzudenken, und außerdem können Sie dabei mit spielerischer Leichtigkeit Ihre Lieblingsgegner schlagen.

Wenn Sie sich ausmalen, wie Sie bei einem sportlichen Wettkampf oder beim Training gut abschneiden, hilft Ihnen das auch, alle einschränkenden Selbsteinschätzungen von sich abzuschütteln, denn Ihr Unterbewußtsein macht keinen großen Unterschied zwischen dem, was Sie sehen oder tun, und dem, was Sie sich lebhaft vorstellen.

Athleten, die schneller Fortschritte machen als ihre Konkurrenten, obwohl sie nicht besser vorbereitet sind, haben einfach mehr Zeit ins Mentaltraining investiert. Wenn man mich fragt, wie ich einen bestimmten gymnastischen Bewegungsablauf erlerne, antworte ich immer scherzhaft: «Ach, weißt du, ich denke einfach viel darüber nach.» Doch dieses Nachdenken über die Bewegung war tatsächlich ein wichtiger Teil meines Trainings.

Mit dem Mentaltraining ist auch das bekannte Phänomen zu erklären, daß Sportler nach einer kurzen Trainingspause häufig feststellen, daß Ihre Technik viel besser geworden ist. Aus dem gleichen Grund spürt ein Sportler manchmal am Montag eine deutliche Verbesserung einer bestimmten Fertigkeit, obwohl er am Freitag noch Schwierigkeiten damit hatte und am Wochenende überhaupt nicht trainiert hat. Man kann Fortschritte machen, indem man einfach nur über seine Bewegungen nachdenkt, denn dabei übt man keine Fehler ein. Insofern ist das Mentaltraining effizienter als das physische Training.

Beim Mentaltraining kommt es vor allem darauf an, vollkommen entspannt zu bleiben, damit die angestrebte Reaktion nicht durch andere Muskelanspannungen beeinträchtigt wird. Sie können sich dabei hinlegen oder ganz ruhig dasitzen. Natürlich brauchen Sie schon ein gewisses «Gespür» für einen Bewegungsablauf, ehe Sie ihn in Ihrer Vorstellung ausführen können. Doch sobald Sie wissen, wie er sich anfühlt, können Sie ihn in Gedanken immer wieder durchspielen.

Zeitlupentraining

Die höchste Stufe der Meisterschaft erreicht man, wenn man im Zeitlupentempo trainiert, denn dann hat man genügend Zeit, um sich *jedes Element*s einer Bewegung bewußt zu werden und nimmt auch so subtile Dinge wahr wie eine Gewichtsverlagerung oder die Koordination verschiedener Körperteile. Da einem die meisten unbewußten Fehler im mittleren Teil einer Bewegungsabfolge unterlaufen, kann die Verlangsamung der Bewegung erstaunlich viel zum leichteren und rascheren Lernen beitragen, denn jetzt kommen Fehler ans Tageslicht, die man vorher gar nicht bemerkt hatte.

Die Zeitlupen-Erfahrung

Test 1 Halten Sie die rechte Hand so vor Ihr Gesicht, daß Sie direkt auf Ihre Handfläche schauen. Dann machen Sie mit dem rechten Arm eine rasche Seitwärtsbewegung, drehen Sie die Handfläche nach außen, und halten Sie in Ihrer Bewegung inne. Fällt Ihnen auf, daß Sie nur den Anfang und das Ende dieser Bewegung bewußt ausgeführt haben?

Test 2 Nun wiederholen Sie die gleiche Bewegungsabfolge, aber diesmal bewegen Sie Ihren Arm und Ihre Hand im Zeitlupentempo, so langsam Sie können. Die Bewegung darf ruhig eine ganze Minute dauern. Seien Sie sich dabei der Entspanntheit Ihrer Arm- und Handmuskeln bewußt. Achten Sie darauf, wie sich jeder einzelne Finger nach außen bewegt, und sehen Sie die verschiedenen Winkel, die Ihre Hand einnimmt, ganz deutlich, als nähmen Sie das alles zum ersten Mal wahr.

Bei diesem zweiten Test sind Ihnen die Bewegungen Ihres Armes und Ihrer Hand in ihrer Gesamtheit – vom Anfang bis zum Ende – deutlich bewußt geworden. Nachdem ich eine Zeitlang im Zeitlupentempo trainiert hatte, stellte ich fest, daß ich mich schneller bewegen konnte als je zuvor, denn bei diesen extrem langsamen Bewegungen kamen mir all meine Spannungen zum Bewußtsein, so daß ich sie auflösen konnte. Und wenn man nicht angespannt ist, kann man sich blitzschnell bewegen.

Im Zeitlupentempo zu trainieren, ist so, wie wenn man sich Zeitlupenfilme von seinem eigenen Training anschaut, nur mit einem Unterschied: Wenn man selber trainiert, sieht man seine Bewegungen nicht nur, sondern man *spürt* sie auch. Diese Technik läßt sich praktisch auf alle Sport- und Bewegungsarten anwenden. Besonders gut eignet sie sich für Sportarten wie Golf, Baseball, Tennis und Handball. Ich trage die Turner, die ich trainiere, häufig ganz langsam durch eine Saltobewegung, damit ihnen auch wirklich jeder Bruchteil Ihrer Umdrehung zum Bewußtsein kommt. Durch die Verlangsamung des Trainingstempos erweitert sich das Bewußtsein, und jene «blinden Flecken», die sich bei schnellen Bewegungen unweigerlich einschleichen, werden ausgeschaltet. Bei der Anwendung des Zeitlupenprinzips auf die verschiedensten Tätigkeiten sind Ihrer Kreativität kaum Grenzen gesetzt. Wenn Sie allerdings eine Methode finden sollten, dieses Prinzip aufs Fallschirmspringen anzuwenden, schreiben Sie mir, denn das würde mich natürlich interessieren!

Das Trainieren im Zeitlupentempo *funktioniert* tatsächlich, und es macht sogar Spaß. Vielleicht werden Sie genau wie jene Menschen, die T'aichi praktizieren, feststellen, daß Sport im Zeitlupentempo eine Art Bewegungsmeditation ist.

Die Anfang-und-Ende-Methode

Der Anfang und das Ende bilden die Schlüssel zum perfekten Erlernen eines Bewegungsablaufs. Manchmal ist es unpraktisch, im Zeitlupentempo zu arbeiten, zum Beispiel, wenn man lernt, ein Rad oder einen Salto zu schlagen. In solchen Fällen sollte man lieber genau auf die richtige Ausgangs- und Endposition achten. Vielleicht haben Sie mitten im Bewegungsablauf keine Ahnung, in welcher Position Sie sich gerade befinden, doch wenn Ihre Anfangs- und Endposition genau richtig sind, *wird der Mittelteil Ihrer Übung wie von selbst ablaufen.* Deshalb legen viele Trainer instinktiv so großes Gewicht auf das richtige Durchschwingen eines Schlags.

Vor allem das Golfspiel verbessert sich, wenn man bewußt durchschwingt. Es genügt nicht, den Golfschläger einfach nur zu schwingen, den Ball zu treffen und weiterzugehen. Statt dessen sollten Sie die Endstellung ein paar Sekunden lang halten und Ihre Position, Ihr Gleichgewicht und die Stellung Ihrer Arme, Ihres Kopfes und Ihres Körpers überprüfen. Wenn ich Golfunterricht gebe, achte ich zunächst einmal darauf, daß der ganze Körper meines Schülers zentriert ist und sich im Gleichgewicht befindet, und dann zeige ich ihm die besten Ausgangs- und Endpositionen. Das ist die Grundlage eines beständigen Golfschwungs.

Wenn Sie eine Bewegung ausgeführt haben und feststellen, daß Sie sich nicht in der richtigen Endposition befinden (zum Beispiel, wenn Sie bei dem Versuch, einen Salto zu schlagen, auf die Nase statt auf den Füßen gelandet sind), sollten Sie so schnell wie möglich die richtige Endposition einnehmen. Beim nächsten Mal werden Sie feststellen, daß Ihre Endposition nicht mehr ganz so weit von der richtigen Stellung abweicht (vielleicht landen Sie diesmal auf dem Ohr) und wieder sollten Sie Ihren Körper sofort in die richtige Endstellung bringen. Bald werden Sie in der richtigen Position enden, und dann wird auch der Mittelteil Ihrer Übung glatt und reibungslos ablaufen.

Analytisches Training

Jede Fertigkeit setzt sich aus bestimmten Einzelteilen zusammen, genau wie der Vergaser Ihres Autos. Wenn Sie einen Vergaser reinigen und feststellen wollen, warum er nicht richtig funktioniert, nehmen Sie ihn auseinander und sehen nach, was nicht in Ordnung ist. Nach dem gleichen Prinzip verfährt man auch bei jeder Bewegungsfolge. Im Grunde ist der Vergaser – oder Ihre Bewegung – vielleicht völlig in Ordnung ..., abgesehen von einem ganz kleinen Teil, der das Ganze aus dem Gleichgewicht bringen kann, aber Sie wissen nicht, was für ein Teil das ist. In solchen Fällen kann eine Analyse weiterhelfen.

Ein guter Lehrer oder auch ein einsichtiger Schüler kann bis zur Wurzel des Problems vordringen, ohne sich von den Symptomen ablenken zu lassen. Und wenn man das Problem erst einmal erkannt hat, ist es praktisch schon gelöst.

Ich habe festgestellt, daß es sehr sinnvoll ist, einen Bewegungsablauf, den man jemandem beibringen möchte, zunächst einmal in seine Bestandteile zu zerlegen – zuerst kommt der Anfang, dann der Mittelteil, dann das Ende. Danach ist es nicht mehr schwer, diese Teile zu einem Ganzen zusammenzusetzen.

Das Prinzip der Analyse läßt sich auch auf bestimme Drills anwenden, die einem Zeit sparen und das Erlernen eines Bewegungsmusters sehr erleichtern können. Statt sich bei seinem Training auf eine einzige Sportart zu beschränken, ist es sinnvoll, auch verwandte Fertigkeiten anderer Sportarten zu trainiern. Kunstspringer zum Beispiel üben häufig auf dem Trampolin, um Saltos und Umdrehungen zu erlernen, ohne naß zu werden. Auch Skiakrobaten tun das, denn auf diese Weise können sie ihre Bewegungen häufiger wiederholen, ohne viel Energie aufwenden zu müssen. Stabhochspringer können mit Hilfe bestimmter Gymnastik-Drills effizientere Sprungtechniken erlernen. Mit solchen Basis-Drills, die sich für jede sportliche Aktivität entwickeln lassen, spart man viel Zeit.

Programmiertes Lernen

Heutzutage kommen immer mehr *Lernprogramme* auf den Markt. Man kann sich inzwischen schon komplizierte Sachgebiete, wie zum Beispiel Jura-Grundkenntnisse, medizinische Terminologie, englische Grammatik und Fremdsprachen, mit Hilfe solcher Lernprogramme aneignen. Bald wird es auch jede Menge Videokurse für das Erlernen bestimmter Bewegungsformen geben. Der programmierte Unterrricht basiert auf den Prinzipien, daß:

- wir in *kleinen Schritten* lernen – wir fangen mit einfachen Dingen an und steigern den Schwierigkeitsgrad dann ganz allmählich;
- wir *aktiv* am Lernprozeß teilhaben – wir reagieren auf bestimmte Lernanleitungen;
- wir sofort ein Feedback und eine Bestätigung erhalten – die richtige Antwort oder Lösung wird uns gezeigt, sobald wir reagieren;
- wir aufgrund der langsamen Steigerung des Schwierigkeitsgrades ständig Erfolgserlebnisse haben.

Gute Lernsprogramme basieren auf vernünftigen Prinzipien. Sie erleichtern einem das Lernen, so daß es Spaß macht. Auch ich habe schon nach diesen Prinzipien gelernt – und unterrichtet – und dabei festgestellt, daß sie mir und meinen Schülern sehr weiterhalfen. Jede Bewegung läßt sich erlernen, indem man sie zunächst einmal in ihre Bestandteile zerlegt (Analyse) und dann in ganz einfachen Lernschritten mit langsam ansteigendem Schwierigkeitsgrad übt. Lernprogramme ermöglichen dem Schüler *ständige Erfolgserlebnisse,* bei denen nicht das Endresultat, sondern der *Lernprozeß* zum Ziel wird.

Nachahmung

Kinder sind Meister der Imitation, der natürlichsten und wirkungsvollsten Lernmethode, die es gibt. Als Kinder beherrschen wir die Kunst der Nachahmung meisterhaft. Auf diese Weise lernten wir gehen, sprechen und viele andere praktische Dinge, die man fürs Leben braucht. Doch dann brachte man uns bei, daß man den anderen «nicht immer alles nachmachen», sondern «eine *eigene* Leistung» erbringen soll. Zum Glück haben meine Eltern nie versucht, mich von diesem kindlichen Nachahmungsdrang abzubringen. Sie erklärten mir, es sei nichts dagegen einzuwenden, andere Menschen nachzuahmen, solange man sicher ist, daß ihre Eigenschaften auch wirklich nachahmenswert sind. Diesen Rat möchte ich an Sie weitergeben.

Durch Nachahmung können wir viel mehr lernen als bloße sportliche Fähigkeiten. Als junger Mann entwickelte ich verschiedene Persönlichkeits-«Stile», indem ich die Eigenschaften nachahmte, die ich an anderen Menschen bewunderte. Auf diese Weise konnte ich verschiedene Persönlichkeiten «anprobieren». Mir ist noch nie ein Mensch begegnet, der nicht mindestens eine Eigenschaft hatte, die ich bewunderte.

Alle Menschen und alle Dinge haben ihre positiven und ihre problematischen Seiten. Wenn Sie in jedem Menschen, den Sie kennenlernen, das Gute suchen, kann er Ihr Lehrer werden.

Wir haben keine Freunde, wir haben keine Feinde: wir haben nur Lehrer.
Unbekannter Verfasser

Um eine bestimmte Fertigkeit erlernen zu können, müssen wir jemanden finden, der sie beherrscht, und diesen Menschen dann ganz genau beobachten. Achten Sie auf seine Muskulatur und seine Bewegungen, sein Mienenspiel, seine Arme und Beine. Während wir solche Menschen bei ihren sportlichen Leistungen beobachten, müssen wir dabei das Gefühl haben, als bewegten wir uns selbst auf die gleiche Art und Weise.

Je länger wir üben, um so mehr werden sich unsere Fähigkeiten verbessern. Selbst die kreativsten Maler kopierten zuerst einmal die Bilder anderer Künstler. Wenn Sie die Zeichnung eines begabten Künstlers zu kopieren versuchen, werden Sie sie anfangs vielleicht noch nicht genau wiedergeben können; doch je mehr Sie üben, um so besser wird Ihnen das Kopieren gelingen. Wir können die Kunst der Imitation überall und jederzeit üben.

Um etwas gut kopieren zu können, müssen wir natürlich zunächst einmal *vorbereitet* sein; wir können keinen Gewichtheber imitieren, ohne vorher ein gewisses Maß an Muskelkraft entwickelt zu haben, und wir können auch keinen Ballettänzer nachahmen, ohne die nötige Beweglichkeit und Kontrolle über unsere Muskeln zu besitzen.

Ich bin überzeugt davon, daß Imitation die wichtigste Lerntechnik ist, die es gibt, denn dabei läuft der Lernprozeß auf einer unterbewußten Ebene ab, als ob ein Körper ohne Einschaltung des Intellekts direkt vom anderen lernen würde.

Wenn Sie Ihre angeborene Imitationsfähigkeit bisher noch nicht voll ausgenutzt haben, liegt das wahrscheinlich an einem der folgenden Gründe:

- Vielleicht *fehlt Ihnen noch die nötige Vorbereitung,* um eine Sache gut *nachahmen zu können.* Wenn das der Fall ist, müssen Sie ganz von vorn anfangen und erst einmal Ihr Talent entwickeln.

- Vielleicht *widerstrebt es Ihnen unbewußt,* jemand anderen nachzuahmen, weil Sie glauben, Sie müßten «Ihr eigenes Leben leben» oder weil Sie das Gefühl haben, Sie könnten sowieso niemals jemanden imitieren, der ein Experte auf seinem Gebiet ist (geringe Selbsteinschätzung), oder weil Sie nicht bereit sind, sich einzugestehen, daß jemand anders eine Fähigkeit besitzt, die Ihnen momentan noch fehlt. Wenn das so ist, sollten Sie Ihren Stolz überwinden.

- Vielleicht ahmen Sie aber auch die falschen Menschen oder die falschen Eigenschaften nach. Eltern befürchten ständig, daß ihre Kinder sich «etwas Falsches angewöhnen» könnten, wenn sie nicht die richtigen Spielkameraden haben. Unser Umgang hat tatsächlich einen großen Einfluß auf unsere Entwicklung als Kinder und auch als Erwachsene, denn schließlich können wir nichts nachahmen, was wir noch nie gesehen haben.

> ### Eine Nachahmungsübung
>
> Bitten Sie einen Freund (nehmen wir einmal an, es ist ein Mann), sich ihnen gegenüberzustellen. Bringen Sie seinen Arm in eine ungewöhnliche Position, und ahmen Sie diese Armposition nach, als schauten Sie in einen Spiegel. Dann fordern Sie ihn auf, eine andere Position einzunehmen, diesmal vielleicht mit angewinkelten Armen. Ahmen Sie auch diese Stellung nach. Machen Sie immer genau das gleiche wie er, und bitten Sie ihn, seine Bewegungen ganz langsam auszuführen. Sie werden feststellen, daß Sie die Bewegungen Ihres Freundes sehr genau nachahmen können, sobald Sie ein bißchen Übung darin haben. Diese Gabe der Imitation können Sie dann auf Ihre sportlichen Aktivitäten und in Ihrem täglichen Leben anwenden.

Ich habe Ihnen in diesem Kapitel ein paar praktische Methoden vorgestellt, mit denen man «das Lernen lernen kann». Doch nur Sie können diese Worte und Ideen mit Leben erfüllen. Beginnen Sie mit jenen Prinzipien, die Ihnen am plausibelsten erscheinen oder die Ihnen am meisten Spaß machen. Wenn Sie nur eine einzige dieser Techniken hundertprozentig nutzen, wird sie Ihr Spiel verbessern und Ihr Leben bereichern.

Geben Sie einfach Ihr Bestes; mehr können Sie nicht tun.
Fragen Sie nicht, wie; fangen Sie einfach an, und tun Sie es jetzt gleich.
Die Welt wartet auf Sie.
Harold Whaley

8
Der sportliche Wettkampf: der Augenblick der Wahrheit

*Natürlich siegen nicht immer die schnellsten Pferde
und auch nicht immer die stärksten Sportler;
aber wir sollten beim Wetten trotzdem auf sie setzen.*
Damon Runyan

Wenn im Wohnzimmer, im Restaurant oder im Umkleideraum das Gespräch auf das Thema «Wettkampf» kommt, scheint es drei vorherrschende Ansichten zu geben: Manche Menschen bewundern das Ethos des sportlichen Wettkampfs als große amerikanische Tradition, ähnlich dem Kapitalismus und dem Credo des Individualismus – «das hat dieses Land stark gemacht». Eine andere Gruppe, die in ihren Anschauungen zu «friedlicher Koexistenz, Harmonie und Kooperation» tendiert, verurteilt den Wettkampf als etwas Entmenschlichendes. Diese Menschen akzeptieren nur kooperative Beschäftigungen und neigen daher mehr den «Neuen Spielen» zu. Sie lassen sich von den östlichen Philosophien und Kulturen inspirieren. Und der dritten Gruppe ist das alles eigentlich ziemlich gleichgültig.

Der sportliche Wettkampf kann das Beste, aber auch das Schlimmste in uns zutage fördern, denn er trägt zur Entwicklung unserer Stärken bei, enthüllt aber auch unsere Schwächen. Der Wettkampf bietet eine Chance, einen echten Augenblick der Wahrheit, des Abenteuers und des Wagnisses zu erleben. Er holt das Beste aus uns heraus und kann daher ein Vorbild für alle positiven, realistischen Bemühungen im täglichen Leben sein. Sportler sind meistens erfolgreich, weil sie wissen, daß man im Leben nicht alles bekommt, und schon gar nicht, ohne sich anzustrengen. Daher können junge Menschen aus dem Sport wichtige Dinge fürs Leben lernen.

Im besten Fall kann das Wettkampferlebnis zu einer Art Bewegungsmeditation werden, bei der wir unsere ganze Aufmerksamkeit, frei von allen Tagträumereien, auf den jetzigen Augenblick konzentrieren. Gleichzeitig sind sportliche Wettkämpfe ein angenehmer Zeitvertreib für Millionen von Menschen und ein Ansporn für viele Kinder.

Die meisten Athleten schätzen den Wettkampf, gehen aber so völlig darin auf, daß sie seine Schattenseiten gar nicht mehr sehen. Um dieses einseitige Bild ein wenig auszugleichen, möchte ich nun ausführlich auf die Probleme des Wettbewerbsdenkens eingehen.

Beim Wettkampf werden Individuen in bestimmten Disziplinen miteinander verglichen. Dabei werden all ihre Bemühungen in Punkten, Zeiten und Maßen definiert. Der Wettkampf fördert die Polarisierung, die Einteilung der Menschen in «Gewinner» und «Verlierer», als zerfiele die Welt je nach sportlicher Leistung in zwei gegnerische Lager. Kinder, die an Spielen teilnehmen, bei denen es ums Gewinnen geht, stehen am Ende häufig als Verlierer da, trotz all unserer wohlmeinenden Sprüche wie: «Es kommt gar nicht darauf an, ob du gewinnst oder verlierst ...»

Der Wettkampf schweißt die Mitglieder eines Teams in enger Kameradschaft zusammen, schafft aber dafür Feindschaft zwischen den gegnerischen Mannschaften. Vor College-Football-Spielen wurden an Türen der Trainingshallen immer Fotos des gegnerischen Teams angeschlagen, auf denen «Der Feind» stand. Daß solche Praktiken unseren feindseligen Umgang miteinander im täglichen Leben fördern, beweist schon die Art, wie Autofahrer und auch Fußgänger sich gegenseitig behandeln. Bei manchen Wettkämpfen habe ich sogar schon gesehen, daß Sportler lachten und Beifall spendeten, wenn ein Mitglied des gegnerischen Teams stürzte.

Als ich Profi-Footballspieler war,
verletzte ich niemals jemanden absichtlich –
außer wenn es ein wichtiges Spiel war,
ein Punktespiel in der Liga oder so etwas.
Dick Butkus

Der sportliche Wettbewerb kann also ein simplifizierendes Schwarz-Weiß-Denken fördern – eine Lebensauffassung, bei der es nur auf den Sieg ankommt und wir uns mit anderen Menschen vergleichen, um festzustellen, wieviel wir wert sind. Dabei sind unsere täglichen kleinen Verbesserungen wahrscheinlich ein viel sinnvollerer Maßstab für unsere Leistungen als die Frage, wer wen besiegt, aber die fortgeschrittensten Spieler ernten dafür leider nur selten Anerkennung oder Ruhm.

Das Tao des Weisen ist: tun, ohne zu streiten.
Lao Tse

Ein gutes Beispiel für diesen Wettbewerbsgeist, der in unserer Kultur schon den Kindern eingeimpft wird, ist das Spiel «Reise nach Jerusalem». In seinem Buch *No Contest: The Case Against Competition* weist der Psychologe Alfie Kohn darauf hin, daß bei diesem Spiel in jeder Runde ein Kind ausscheidet, bis am Ende «nur noch ein einziges Kind triumphierend dasitzt, während alle anderen am Rand stehen und aus dem Spiel ausgeschlossen sind. So lernen Kinder in Amerika, wie man sich amüsiert.»

Die meisten von uns haben dieses Spiel schon einmal gespielt, und sicherlich war es für die meisten kein traumatisches Erlebnis, wenn sie keinen Stuhl mehr fanden. Aber wir alle erinnern uns noch an das flaue Gefühl im Magen, das uns beschlich, wenn wir ausscheiden mußten. Sicher, das Leben ist hart, und wir müssen lernen, mit Enttäuschungen fertigzuwerden und auch einmal den kürzeren zu ziehen. Aber was ist die Botschaft dieses unschuldigen Kinderspiels? «Es ist nicht genug für alle da, also müssen wir uns raufen, ja unter Umständen sogar jemand anderen beiseite drängen, denn es gibt nur zwei Möglichkeiten: Entweder man bleibt im Spiel, oder man scheidet aus.» Spiele entstehen innerhalb einer ganz bestimmten Gesellschaft und spiegeln die Bedürfnisse und die Lektionen dieser Gesellschaft wider.

Kohn meint, daß wir für die Bedürfnisse künftiger Generationen vielleicht ganz andere Spiele erfinden müssen. Das Spiel *No Contest* beruht auf den Erkenntnissen von mehreren hundert Studien, die gezeigt haben, wie das Wettbewerbsdenken unser Selbstwertgefühl untergräbt, Beziehungen vergiftet und uns daran hindert, unser Bestes zu leisten – sehr beunruhigende Forschungsergebnisse für Sportler und Eltern. Denn schließlich gehen die meisten Menschen davon aus, daß man aus dem sportlichen Wettbewerb viele wichtige Dinge lernen kann und daß es bei einem Spiel grundsätzlich einen Gewinner und einen Verlierer geben muß. Aber ich bin inzwischen genau wie Alfie Kohn zu der Ansicht gekommen, daß man bei einer Freizeitbeschäftigung nicht unbedingt versuchen muß, andere zu besiegen – ganz im Gegenteil.

Terry Orlick, ein Sportpsychologe an der University of Ottawa, hat das Spiel «Reise nach Jerusalem» einmal genau untersucht und vorgeschlagen, die Grundstruktur des Spiels, das allmähliche Wegnehmen der Stühle, beizubehalten, aber das Ziel zu ändern: Die Kinder sollen statt dessen versuchen, auf einer immer geringer werdenden Anzahl von Stühlen immer noch alle Spielteilnehmer unterzubringen. Am Ende des Spiels versucht eine Gruppe kichernder Kinder sich gemeinsam auf einen einzigen Stuhl zu quetschen. Alle dürfen bis zum Schluß mitmachen, *alle* haben Spaß an dem Spiel.

Gemeinsam mit seinen Kollegen hat Orlick noch Hunderte von solchen Spielen für Kinder und Erwachsene erfunden oder gesammelt. Dahinter steht eine ganz einfache Theorie: Bei allen Spielen geht es darum, trotz eines Hindernisses ein Ziel zu erreichen, *aber es steht nirgends geschrieben, daß dieses Hindernis unbedingt ein anderer Mensch sein muß*. Der Zweck eines Spiels kann auch darin liegen, daß alle Spieler einen bestimmten Beitrag zu dem Ziel leisten oder gemeinsam eine bestimmte Punktzahl erreichen oder gegen ein Zeitlimit ankämpfen müssen.

In solchen Spielen kann der Gegner zum Partner werden. *Bei solchen Aktivitäten verändert sich die ganze Dynamik des Spiels und auch unsere Einstellung zu den anderen Spielern.*

Wahrscheinlich wäre Alfi Kohn begeistert von dem Spiel «Tennis ohne Mühe». Es wurde von Brent Zeller, einem begabten Trainer, erfunden und ist ein natürlich fließendes, streßfreies und kooperatives Spiel, bei dem es darauf ankommt, den Ball so lange wie möglich im Spiel zu halten, indem man ihn dem Partner so zuspielt, daß er ihn wieder zurückschlagen kann.

Kohn ist der Meinung, daß «keiner der Vorteile, die man dem Sport zuschreibt, eine Wettkampfsituation erfordert». Joggen, Klettern, Radfahren, Schwimmen, Aerobic – all das ist ein hervorragendes Training für unseren Körper, ohne daß man dabei unbedingt versuchen muß, jemand anderen zu übertreffen. Manche Befürworter des sportlichen Wettkampfs, so schreibt Kohn, weisen auf die Kameradschaft hin, die aus dem Teamgeist erwächst, aber das ist ja gerade der Nutzen kooperativer Beschäftigungen, und dieses Zusammenwirken erreicht man am besten, wenn *alle Spieler* auf dem Feld ein gemeinsames Ziel zu erreichen versuchen. Bei einem Wettkampf zwischen zwei Teams hingegen arbeitet ein Spieler nur mit der Hälfte der anwesenden Sportler zusammen und empfindet nur für diese Menschen ein Gefühl der Zuneigung.

Kohn bezweifelt auch, daß wir unbedingt des Sports bedürfen, um unsere geistigen Fähigkeiten auf die Probe zu stellen oder das Gefühl zu entwickeln, etwas geleistet zu haben. «Statt dessen», schreibt er, «kann man seine Fähigkeiten auch an einem objektiven Maßstab messen (Wie weit habe ich den Ball geworfen? Wie viele Kilometer habe ich zurückgelegt?) oder einfach versuchen, etwas besser abzuschneiden als letzte Woche. Ein solches Streben nach Leistung – individuell oder in der Gruppe (wie beispielsweise bei den kooperativen Spielen) – ist auch ohne Wettbewerb eine Aufgabe für uns und schenkt uns ein Gefühl der Befriedigung.»

«Untersuchungen haben gezeigt, daß Wettkämpfe unser Selbstwertgefühl von äußeren Beurteilungsmaßstäben abhängig machen; unser Wert definiert sich danach, was wir geschafft und wen wir besiegt haben.»

Der Wettbewerb beeinträchtigt nach Kohns Ansicht auch unsere Beziehungen zu anderen Menschen, denn «jedes Kind beginnt die anderen Kinder dabei unweigerlich als Hindernisse, die seinem Erfolg im Weg stehen, zu betrachten. Das Wettbewerbsdenken bringt die Kinder dazu, die Sieger zu beneiden und die Verlierer zu verachten ... und praktisch jedem Menschen zu mißtrauen.»

Kohns Ideen stimmen nachdenklich; sie zeigen uns neuartige, fortschrittliche Alternativen zu der Art und Weise auf, wie wir als

Individuen, als Gruppen und als Nationen unsere Beziehungen gestalten.

Manche sportlichen Aktivitäten, wie zum Beispiel Boxen und andere Kampfkünste, aber auch kämpferische Wettspiele wie Fußball oder Eishockey, wecken aggressive Gefühle in uns. Bei anderen Sportarten wie Schwimmen, Leichtathletik und Turnen hingegen betrachten die Sportler einander häufig gar nicht als Gegner oder Rivalen; statt dessen konzentrieren sie sich vielleicht darauf, wie schnell sie waren. Und die besten Sportler haben keine Freude an einem Sieg, den sie errungen haben, weil ihr Gegner sich an diesem Tag nicht wohl gefühlt hat oder nicht gut in Form war – vor allem, wenn sie selber, obwohl sie als Sieger aus dem Wettkampf hervorgingen, keine Glanzleistung erbracht haben.

Im Tierreich gilt immer noch das Darwinsche Gesetz vom Überleben des Stärkeren, vom erbitterten Konkurrenzkampf um Beute und Nahrung. Man könnte also vielleicht sagen, daß Rivalität für uns etwas ganz «Natürliches» ist und daß alle Argumente dagegen unrealistisch, idealistisch oder unpraktisch sind. Doch wenn wir uns nur als eine Art Tier betrachten, das sich in keiner Hinsicht von anderen Raubtieren unterscheidet, dann können wir niemals über das Niveau der Tiere hinauswachsen. Menschen sind aber durchaus in der Lage, sich als Individuen und auch als Spezies über ihre rein biologischen Neigungen zu erheben.

Es stimmt nicht, daß nette Menschen immer die letzten sind; nette Menschen haben bereits gesiegt, bevor das Spiel beginnt.
Addison Walker

Jedenfalls kommt dieses Konkurrenzdenken nicht nur bei Sportlern vor. Im Grunde entspringt Wettbewerb stets daraus, daß wir unsere eigene Leistung mit der eines anderen Menschen vergleichen. Und dieses Phänomen findet man in allen Lebensbereichen, zwischen Geschwistern, Partnern, Männern und Frauen. Auch bei Aktivitäten wie Tanz, Ballett oder Malerei gibt es Menschen mit stark ausgeprägtem Neid und Konkurrenzgeist. Andererseits habe ich auch

Der sportliche Wettkampf: der Augenblick der Wahrheit 173

schon Profisportler kennengelernt, die das Spiel als eine Art «kooperativen Unterricht» betrachteten, bei dem beide Mannschaften etwas voneinander lernten. Steve Hug, einer der besten Turner der Vereinigten Staaten, ist nie wirklich *gegen* jemand anderen angetreten, weil das nicht seiner Mentalität entsprach. Er hat einfach immer nur sein Bestes gegeben und hielt sich dabei eher an seine eigenen Beurteilungsmaßstäbe als an die Kriterien anderer Leute. Diese Einstellung machte ihn zu einem der konzentriertesten Sportler und einem der erfolgreichsten Wettkämpfer, die ich je kennengelernt habe.

Selbst bei kampfbetonten Sportarten wie Basketball oder Fußball ist es durchaus möglich und oft auch zu unserem Vorteil, unsere Gegner als Lehrer zu betrachten, die uns am meisten dienen können, indem sie ihr Bestes geben. Und auch Sie können am meisten für Ihre Sportkameraden tun, indem Sie sie übertreffen. Wenn wir den Wettkampf in diesem Licht betrachten, dann tun wir, was wir können, aber vielleicht ohne jenen negativen Unterton der Feindseligkeit, von dem das Konkurrenzdenken so häufig geprägt ist.

Ob wir gewinnen oder verlieren hängt oft von Umständen ab, die wenig mit unseren Fähigkeiten zu tun haben. Ich siegte einmal bei einer Trampolinweltmeisterschaft, weil ich an diesem Tag zufällig gut in Form war, aber an einem anderen Tag hätte vielleicht ein anderer Sportler gewonnen. Es hat wenig Sinn, deshalb nun zu sagen, ich sei ein Spitzen-Trampolinturner – ich «gewann» lediglich diesen einen Wettkampf. Unsere Leistung an einem bestimmten Tag hängt von unserem Glück, vom Schicksal und von tausend anderen Faktoren ab. Deshalb ist es besser, den Wettkampf nicht zu ernst zu nehmen.

Wenn wir frei von jedem Konkurrenzdenken sind, gibt es keine Gegner für uns, nur Menschen wie wir selbst, Brüder und Schwestern, die alle trainieren und sich um Spitzenleistungen bemühen. Aber leider scheint der Wettkampf für manche besonders «erfolgreiche» Trainer eine Art Heiliger Krieg zu sein. Sicherlich motiviert ein so intensives Konkurrenzdenken manche Spieler und Mannschaften, aber was für einen Schaden an unserem Denken und unseren Emotionen nehmen wir dafür in Kauf?

Der Augenblick der Wahrheit, ob wir ihn nun bei einer sportlichen Darbietung oder beim Wettkampf erleben, kann ein wunderbarer Ansporn für uns sein, unser Bestes zu geben. Doch er hat seinen

Zweck erfüllt, sobald der Wettkampf vorüber ist. Wenn wir den Fisch gefangen haben, brauchen wir das Netz nicht mehr; nach dem Wettkampf hat es keinen Sinn mehr, über Punkte, Zahlen oder Statistiken zu brüten. Doch am College und in den Profiteams werden die Ergbnisse vergangener Spiele konserviert wie preisgekrönte Schmetterlinge in einer Sammlung. Viele Menschen können an gar nichts anderes mehr denken als an Ziffern, Tabellen, Titel und Siege.

Innere Athleten vergessen das Ergebnis eines Spiels in dem Augenblick, in dem es zu Ende ist, aber die Lektionen, die man daraus lernen kann, behalten sie im Gedächtnis. Äußere Athleten lernen auf die Dauer sehr wenig, weil sie sich zu sehr an äußeren Ergebnissen festbeißen.

Ein innerer Athlet kann es sich nicht leisten, in der Vergangenheit zu schwelgen oder über sie zu verzweifeln. Der Ruhm ist vergänglich, und der Lorbeer welkt. Der einzig bleibende Wert der Wettbewerbserfahrung liegt in den Dingen, die wir daraus lernen und im Gedächtnis behalten.

Letzten Endes spielt es keine Rolle, ob wir für oder gegen den sportlichen Wettkampf sind. Er existiert und hat viele begeisterte Anhänger. Wenn wir an einem Wettkampf teilnehmen, dann sollten wir auch unser Bestes geben, genau wie wir es in jedem anderen Lebensbereich täten. Doch der innere Athlet hat dabei selbst im Eifer des Gefechts immer noch eine kooperative, positive Einstellung gegenüber allen anderen Spielern.

Beim sportlichen Wettkampf scheinen Theorien, wie man das Lernen erlernt, und die Naturgesetze kaum eine Rolle zu spielen, und viele Menschen denken vielleicht, daß die Turnhalle ein Ort der Aktion und der Philosophie ist. Doch die Athleten der Zukunft werden von einer umfassenderen Lebensanschauung inspiriert werden.

Irgendwann sind die Grenzen dessen erreicht, was man mit hartem Training, guter Ernährung und dem Studium biomechanischer Techniken erreichen kann. Letzten Endes sind es die subtileren Elemente der sportlichen Begabung – jene unsichtbaren Qualitäten des Geistes und der Motivation –, die den Meisterathleten ausmachen. Das Training wird immer ein Schlüsselelement sein, und zwar ein psychophysisches Training, getragen von den Eigenschaften des inneren Athleten. Und wenn man Weltmeister werden kann, indem man die Lektionen der Natur versteht und begreift, worin Talent besteht, dann kann eine solche Erkenntnis auch Ihnen bei der Verbesserung Ihrer Spielweise helfen, gleichgültig, wie gut Sie momentan sind oder wieviel Erfahrung Sie haben.

Wenn wir nicht viel Energie investieren,
schmerzt eine Niederlage uns nicht so sehr;
ein Sieg ist dann aber auch nicht besonders aufregend.
Dick Vermeil

Beim Sport wird es immer Menschen geben, die besser und die schlechter sind als wir. Wir sollten uns, wenn wir beim Training Fortschritte machen, nicht zu sehr auf ferne Ziele konzentrieren, sonst entgeht uns vielleicht das Vergnügen, das in der Besteigung des Berges liegt. Ob wir nun einen steinigen oder einen bequemen Weg vor uns haben, der einzig wahre Maßstab für unsere Leistungen liegt in der Anwort auf die eine Frage: *«Habe ich heute mein Bestes getan?»* Angesichts dieser Frage sind alle Siege, Niederlagen und Titel und jeder Ruhm bedeutungslos.

Überlastung und Entlastung: wie man sich auf den sportlichen Wettkampf vorbereitet

Im Augenblick der Wahrheit konzentrieren unser Denken, unsere Emotionen und unser Körper sich ganz auf das Spiel. Ein innerer Athlet kann spielen, als hänge sein Leben davon ab, wie sehr er sich anstrengt, und trotzdem hinterher über das Spielergebnis lachen. Er ist ernsthaft und humorvoll zugleich und nutzt seine ganze Energie und all seine Möglichkeiten voll aus.

Im Eifer des sportlichen Wettkampfs wachsen wir häufig über unsere normalen Grenzen hinaus. Auf diesen Adrenalinstoß müssen wir vorbereitet sein.

Die wichtigste Trainingsmethode, die viele Sportler und Trainer vor einem Wettkampf einsetzen, lautet *Überlastung* und *Entlastung*. Wie der Name schon sagt, besteht diese Methode darin, sich vor dem

Wettkampf zu überfordern und diese hohen Anforderungen dann unmittelbar vor dem Wettkampftag wieder zurückzuschrauben.

Diese Methode hat nicht nur physische, sondern auch psychische Auswirkungen. Sie gibt uns ein Gefühl der Zuversicht, Leichtigkeit und Sicherheit. Wenn Sie an einem Fünf-Meilen-Rennen teilnehmen wollen und in der letzten Woche acht Meilen durch hügeliges Gelände gelaufen sind, dann sind Sie nicht nur in physischer Hinsicht gut auf den Wettkampf vorbereitet, sondern Sie werden sich auch sehr ruhig, entspannt und sicher fühlen.

Zwar hat keiner der Trainer, die ich kenne, einen Namen für diese Methode, aber sie wird fast überall angewendet. Ein Turner zum Beispiel wiederholt seine Übungsabfolge vor dem Wettkampf häufiger als sonst – bis zu achtzehnmal pro Trainingsstunde. Danach werden ihm die wenigen Übungen, die er beim Wettkampf vorführen muß, leichtfallen, selbst wenn er an diesem Tag nicht in Höchstform ist.

Wenn die Saison sich ihrem Höhepunkt nähert, sollten Sie das Schwergewicht Ihres Trainings auf die Quantität legen und hinterher auf die Qualität. Der genaue Zeitpunkt für diese Verlagerung des Trainingsschwerpunkts ist von Sportart zu Sportart verschieden. Wichtig ist nur, daß Sie mehr an sportlicher Leistungsfähigkeit aufbauen, als im Wettkampf vor Ihnen verlangt wird.

Folgende Techniken der Überforderung können Ihnen bei der Vorbereitung auf den Wettkampf helfen:

- Trainieren Sie mit einem zusätzlichen Gewicht.

- Legen Sie größere Entfernungen zurück, laufen Sie schneller als nötig oder bergauf.

- Schalten Sie beim Trainieren eines Ihrer Sinnesorgane aus – trainieren Sie zum Beispiel mit geschlossenen Augen –, um Ihre anderen Sinne zu schärfen.

- Trainieren Sie bewußt unter *ungünstigen Bedingungen*. Ein Jongleur kann zum Beispiel bei schlechtem Licht oder bei Wind üben; ein Eisläufer kann eine Zeitlang auf einer schlechten Eisdecke trainieren für den Fall, daß er auch beim Wettkampf mit solchen Bedingungen konfrontiert wird; und ein Kampfsportler kann seine Bewegungen in der Meeresbrandung oder unter Wasser trainieren.

- Gehen Sie bewußt über die Anforderungen hinaus, die normalerweise an Sie gestellt werden. Beim Baseballtraining kann der Schläger den Werfer zum Beispiel auffordern, ihm aus drei Viertel der normalen Entferung rasche Bälle zuzuwerfen. Wenn er es schafft, diese Bälle zu treffen, wird er hinterher mit Bällen, die aus der vollen Distanz geworfen werden, kaum mehr Schwierigkeiten haben.

Wie sehr Sie sich bei Ihrem Training überfordern, hängt ganz von Ihrem Temperament, Ihren Fähigkeiten und Ihrer Sportart ab. Wichtig ist nur, *daß* Sie sich in irgendeiner Weise überfordern und die Anforderungen dann kurz vor dem Wettkampf reduzieren.

Die emotionale Vorbereitung

Es ist ganz normal, ja sogar wünschenswert, daß ein Sportler vor dem Wettkampf nervös, unruhig oder ängstlich ist. Ob sich das Lampenfieber bei Ihnen nun in Form von zitterigen Knien, Übelkeit, zwanghaftem Gähnen oder anderen Nervositätssymptomen zeigt, Sie müssen wissen, wie man damit umgeht.

Wenn Sie begreifen, was vor einem Wettkampf in Ihrem Körper abläuft, werden Sie diese Symptome leichter überwinden und sich sogar zunutze machen können. Denken Sie daran, daß der Wettkampf eine Zeremonie, ein besonderer Anlaß ist, bei dem Ihre Fähigkeiten auf die Probe gestellt werden. Da *sollten* Sie schon ein bißchen nervös sein! Ihr Körper bereitet sich auf eine einmalige Anforderung vor: Ihre Nebennieren schütten Adrenalin aus; dadurch werden einfacher Zucker ins Muskelgewebe abgegeben, um den Körper auf eine außergewöhnliche intensive Aktivität vorzubereiten; Ihr Herz beginnt schneller zu schlagen; und Ihre Atemmechanismen werden angeregt (daher das Gähnen). Ihre Muskeln zittern vor Energie und Aktionsbereitschaft.

Kämpfen Sie nicht dagegen an! Wenn Sie einfach nur dasitzen und darauf warten, daß der Wettkampf endlich anfängt, werden Ihre Knie zittern, und in Ihrem Bauch werden Schmetterlinge flattern, denn Ihr Körper ist bereit zu laufen, zu kämpfen, zu springen, endlich loszulegen ..., und zwar jetzt! Wenn Sie diese Symptome bereits verspüren, ehe sie tatsächlich notwendig sind, können Sie den Adrenalinstrom unter Kontrolle bringen und nutzen, indem Sie sich bewegen. Machen Sie ein paar «Hampelmänner» oder Liegestütze, oder joggen Sie auf der Stelle. Alle Reaktionen Ihres Körpers zielen nur darauf ab, daß Sie sich schneller, kräftiger und besser bewegen können – also bewegen Sie sich.

Wenn in Ihrem Kopf nur negative Bilder oder Ideen kreisen («Wenn ich nicht gut abschneide, wird das peinlich für mich sein; ich kann meine Eltern [Freunde, Mannschaftskameraden] nicht enttäuschen; es darf nichts schiefgehen; hoffentlich breche ich mir nicht das Genick»), dann wird sich das Lampenfieber bei Ihnen in Form von Angst oder Schwäche äußern, oder vielleicht fühlen Sie sich sogar wie gelähmt.

Wenn Sie dagegen positive mentale Bilder entwickeln – «Jetzt habe ich endlich eine Chance, den anderen zu zeigen, was in mir steckt; meine Eltern (Freunde, Mannschaftskameraden) werden stolz auf mich sein; das Publikum wird total begeistert sein» –, dann erleben Sie Ihre Nervosität als erregende Vorfreude.

Wenn Sie von Natur aus dazu neigen, Ihre Muskeln anzuspannen, kann es sein, daß Ihr Körper mit extrem starken Verspannungen auf die innere Erregung reagiert. Doch wenn Sie gelernt haben, sich zu entspannen, können Sie diese zusätzliche Energie in die richtigen Bahnen lenken.

Die meisten Sportler schneiden beim Wettkampf genauso gut oder schlecht ab wie beim Training. Vielleicht sind sie ein bißchen zitterig, aber normalerweise machen sie ihre Sache dafür auch ein klein wenig besser als sonst. Wenn wir uns das vor Augen halten, können wir uns von unrealistischen Ängsten und Erwartungen befreien. Das Wettkampfergebnis wird genau unserer Vorbereitung entsprechen.

Das mentale Spiel

Beim Wettkampf werden all unsere Fähigkeiten auf die Probe gestellt; unser physisches Können bildet nur einen Teil davon. Es kommt häufig vor, daß die Athleten mit der besten Kondition nur den zweiten oder dritten Platz erreichen, weil sie die mentalen Spielregeln nicht beherrschen. Ein Sportler, der in physischer Hinsicht perfekte Voraussetzungen mitbringt, läßt sich im Wettkampf leicht schwächen oder ablenken, wenn er in seinen Emotionen zu unbeständig und in seinem Denken nicht klar genug ist. Die alten Samurai-Krieger wußten, daß sie vor dem Training ihrer physischen Fertigkeiten erst einmal einen rasiermesserscharfen Geist und emotionale Ruhe entwickeln mußten, wenn sie alt werden wollten.

Erfahrene Athleten schneiden in Wettkämpfen, bei denen sie unter hohem Leistungsdruck stehen, in der Regel gut ab. Sie können ihre nervöse Energie unter Kontrolle bringen und sind total zentriert; sie laufen nicht herum und starren die anderen Sportler dumm an, sondern konzentrieren sich auf ihre eigenen Bemühungen; sie haben einen Rhythmus für ihre Aufwärmphase und ihren Energieaufwand entwickelt.

Erfahrung erwächst daraus, daß man die Lektionen seines Trainings gelernt hat. Manche Sportler eignen sich in relativ kurzer Zeit sehr viel Erfahrung an. Andere nehmen vielleicht jahrelang an Wettkämpfen teil und werden doch niemals erfahrene Sportler, weil sie nicht das Richtige daraus gelernt haben.

Der innere Athlet *widmet sich dem Training mit dem gleichen Respekt und der gleichen Ernsthaftigkeit wie dem sportlichen Wettkampf.* Wenn er trainiert, tut er es mit der gleichen Konzentration und Zielstrebigkeit, wie wenn er an einem Wettkampf teilnimmt, und im Wettkampf ist er genauso locker und entspannt wie im Training.

Beim Wettkampf werden unsere Gelassenheit und unsere zielgerichtete Konzentration auf die Probe gestellt; er bietet uns die Chance, in einer Zerreißprobe Haltung zu zeigen.

Wie wir spielen, verrät einiges über unseren Charakter;
wie wir verlieren, verrät alles.
Unbekannter Verfasser

Unsere Einstellung beim Wettkampf beeinflußt auch die innere Haltung der anderen Sportler. Eine psychologische Strategie kann dem sportlichen Wettkampf eine ganz neue Dimension verleihen und aus einem Kampf, bei dem es normalerweise nur um primitive Kraft und Geschwindigkeit geht, eine Schachpartie machen. Das erfordert mentale Aktivität, ein hochentwickeltes Urteilsvermögen und die gute alte Intuition.

Der einzig sichere Weg, deine Feinde zu vernichten, besteht darin, sie dir zu Freunden zu machen.
Unbekannter Verfasser

Sie sollten sich nie so sehr auf Ihre psychologische Strategie konzentrieren, daß Sie darüber Ihr eigenes Zentrum verlieren und Ihr wichtigstes Ziel vergessen: nämlich Ihr Bestes zu geben, statt die Leistungen der anderen Spieler zu sabotieren. Es nützt nichts, einen Gegner mental aus dem Gleichgewicht zu bringen, wenn Sie dabei selber das Gleichgewicht verlieren. Ihre wichtigste Strategie beim sportlichen Wettkampf besteht darin, ruhig und in Ihrem eigenen unerschütterlichen Selbstvertrauen zentriert zu bleiben, frei von den Einflüssen anderer. Schon allein dadurch, daß Sie mit Ihrer Kraft und Zuversicht wie ein Fels in der Brandung wirken, können Sie Ihre Gegner unglaublich irritieren.

Doch obwohl Sie Ihre ganze Kraft und Zielstrebigkeit in Ihr Spiel hineinlegen, sollten Sie dabei nie vergessen, daß es nur ein Spiel ist. Es kommt einzig und allein darauf an, was Sie daraus lernen können. Bei jedem Spiel ist am Ende *irgend jemand* glücklich.

Für den inneren Athleten ist jeder Tag eine neue Lernerfahrung; letzten Endes *können Sie gar nicht verlieren.*

Zwar haben wir alle es schon einmal gehört oder gesehen, aber gäbe es einen besseren Abschluß für dieses Kapitel als das Olympische Versprechen:

Im Namen aller Wettkämpfer gelobe ich, daß wir an diesen Olympischen Spielen teilnehmen, indem wir die für sie geltenden Regeln respektieren und einhalten, in einem echten Sportsgeist, zum Ruhme des Sportes und zu Ehren unserer Mannschaften.

9
Neue Wege:
die künftige Entwicklung des Sports

Wir können uns nur weiterentwickeln,
wenn wir versuchen, über das,
was wir bereits können, hinauszuwachsen.
Ronald Osborn

Seit der Antike, als es noch in Mode war, über Stiere zu springen, mit Löwen zu kämpfen oder mit einem Stock nach Steinen zu schlagen, hat der Sport eine lange Entwicklung durchgemacht. Er verändert sich ständig weiter, und in seinen Regeln und Strukturen, seiner Kreativität und seiner Gewalttoleranz spiegeln sich die herrschenden Wertvorstellungen der jeweiligen Kultur wider.

Manche Sportarten, wie beispielsweise Eishockey, kommen der Tradition der Gladiatoren nahe, die zur Belustigung der dichtgedrängten Menschenmassen in den römischen Amphitheatern oft auf Leben und Tod miteinander kämpften. Andere Bewegungsformen wie Gymnastik, Sportakrobatik, Kunstspringen und Eislauf entwickeln sich mittlerweile zu darstellenden Künsten, welche die Eleganz und Ästhetik des Balletts besitzen.

Es ist wunderbar, daß es eine solche Vielfalt sportlicher Disziplinen gibt, um die Interessen und Bedürfnisse verschiedener Menschen zu erfüllen.

Man sollte die Sportarten, die wir als Individuen und als Nation favorisieren, hin und wieder genau unter die Lupe nehmen, denn in ihnen spiegeln sich unsere Wertvorstellungen wider. Außerdem prägen und fördern sie bestimmte Verhaltens- und Seinsweisen, die sich positiv oder negativ auf unser tägliches Leben auswirken können.

Sport und Spiel machen Spaß. Sie sind ausgelassen und beleben uns, außerdem fördern sie Teamgeist, Timing, Kooperation und

Organisationsgabe. Sportler sind in vielerlei Hinsicht kräftiger und gesünder als Nichtsportler. Jeder Mensch weiß, daß es gut für uns ist, zu joggen, zu springen, den Schläger zu schwingen, zu schwimmen, zu werfen, zu fangen, zu balancieren oder Saltos zu schlagen. Gleichzeitig sind die Teilnehmer sportlicher Wettkämpfe wegen des wachsenden Konkurrenzdrucks aber auch anfällig für chronische Schmerzen und Verletzungen; das heißt, der sportliche Wettbewerb macht uns nicht unbedingt immer stark, sondern setzt uns auch oft genug außer Gefecht.

Ein Phänomen, das unser Leben in physischer ebenso wie in psychologischer Hinsicht so entscheidend beeinflußt wie der Sport, darf man nicht auf die leichte Schulter nehmen. Die Vorteile des sportlichen Trainings können die Nachteile bei weitem überwiegen. Doch statt uns einfach auf diese Behauptung zu verlassen, wollen wir nun einmal untersuchen, ob es nicht noch Möglichkeiten gibt, die Vorteile des Sports zu steigern und die Nachteile zu verringern.

Man kann sich im Hinblick auf jede Sportart zwei wichtige Fragen stellen:

1. Trägt dieser Sport zum physischen und psychischen Wohlbefinden desjenigen bei, der ihn ausübt?

2. Verbessert dieser Sport unsere Fähigkeiten, das tägliche Leben erfolgreich zu meistern?

Im Licht dieser beiden Fragen können wir den sozialen Wert einer Sportart beurteilen (der über den reinen Unterhaltungswert hinausgeht) und feststellen, ob man sie vielleicht ein wenig verändern sollte.

In den neuen Rekorden, die wir alle vier Jahre bei den Olympischen Spielen bejubeln, spiegelt sich ein immer höheres Leistungsniveau wider. Doch aus psychophysischer Sicht steht unser Training noch auf einem ziemlich primitiven Niveau. Wenn wir uns die Realität des heutigen Wettkampfsports mit seinem hohen Leistungsdruck anschauen, sehen wir, daß die natürlichen Gesetze des Gleichgewichts dabei häufig übertreten werden.

Viele beliebte Freizeitbeschäftigungen des heutigen Menschen, zu denen Spiele wie Tennis, Bowling, Golf und Baseball gehören, führen zu einem Ungleichgewicht in der natürlichen Körpersymmetrie. Das bedeutet natürlich nicht, daß wir diese Tätigkeiten aufgeben sollten, aber mit einem vernünftigen Training könnten wir diese Nachteile ausgleichen.

Trotz aller neuen wissenschaftlichen Meßtechniken und systematischen Methoden der körperlichen Ertüchtigung befinden sich unsere Trainingsverfahren beim Sport noch im Entwicklungsstadium. Wir haben gerade erst begonnen, die potentiellen Vorteile des Sports richtig zu würdigen und zu nutzen.

Aber wir erleben nun die Geburt einer neuen Tradition, bei der der Sport bewußt auf das allgemeine Wohlbefinden des Menschen abgestimmt wird, und ich glaube, irgendwann werden wir die abgedroschenen und veralteten Spiele der Vergangenheit durch einen neugestalteten Sport ersetzen, der den Bedürfnissen der Zukunft eher entspricht.

Natürlich läßt sich der Sport am ehesten dadurch verändern, daß man seine Regeln modifiziert.

Veränderung der Regeln

Unsere heutigen sportlichen Regeln haben sich über einen langen Zeitraum hinweg entwickelt. Sie sind ein Spiegel dessen, was wir für fair und gerecht und richtig halten, und außerdem läßt sich daran unser Streben nach Schönheit und Begeisterung und der derzeitige Stand unserer Gewalttoleranz ablesen, die starken Schwankungen unterworfen ist. Deshalb muß man bei einer Veränderung dieser Regeln sehr behutsam vorgehen.

Ich möchte hier eine Grundregel empfehlen, durch die einige unserer beliebtesten Spiele interessanter, anspruchsvoller und gleichzeitig viel gesünder werden könnten.

Symmetrisches Training

Golf, Tennis, Bowling, Baseball und viele andere Sportarten, bei denen hauptsächlich eine Körperseite eingesetzt wird, sind wunderschöne Spiele, aber sie schwächen unsere Körpersymmetrie, und

Symmetrie ist sehr wichtig für unsere natürliche Orientierung an der Schwerkraft. Durch eine ganz einfache Regeländerung könnten wir mehr Nutzen aus diesen Spielen ziehen und gleichzeitig ihren größten Nachteil beseitigen: nämlich durch die Bestimmung, daß man bei diesen Sportarten beide Arme gleichermaßen einsetzen muß.

Es gibt mehrere Argumente, die gegen eine solche Regeländerung sprechen: Erstens müßte dann an den Geräten und Ausrüstungsgegenständen für diese Spiele vieles verändert werden. Zweitens müßten sich natürlich auch die Spitzensportler von heute rasch umstellen, um Spitzensportler zu bleiben. Und drittens kämen diejenigen, die erst seit kurzem das Gefühl haben, ihre Sportart einigermaßen zu beherrschen, sich eine Zeitlang wieder tolpatschig vor.

Aber nun wollen wir einmal die Vorteile eines solchen *symmetrischen Trainings* betrachten:

- Chronische Schmerzen im Rücken, in der Schulter oder im Ellenbogen ließen sich lindern oder sogar völlig beseitigen, wenn wir beim Sport beide Körperseiten gleichmäßig einsetzen würden, denn dann könnte zwischendurch jede Seite einmal ausruhen.
- Wir könnten länger üben, ohne zu ermüden.
- Wir wären in vielen Situationen beweglicher. Das würde das Spiel spannender und interessanter machen.
- Wir könnten dadurch die unausgewogene Körperhaltung ausgleichen, die wir bei diesen Sportarten bisher eingenommen haben. Das würde uns von einseitigen Verspannungen in Armen und Schultern und entlang der Wirbelsäule befreien, und wir könnten unseren Körper dann auch besser nach der Schwerkraft ausrichten.
- Wenn Sie bereits in Gefahr waren, ein wenig zu sehr in Routine zu verfallen, würde diese neue Aufgabe garantiert wieder Ihre Lebensgeister wecken.
- Ihre sportlichen Leistungen könnten sich dadurch verbessern, denn wissenschaftliche Untersuchungen haben gezeigt, daß es die Lern-

fähigkeit auf der anderen Seite stärkt, wenn man eine bestimmte Fertigkeit auf einer Seite übt. Das könnte sogar dazu beitragen, schlechte Angewohnheiten auszumerzen.

Wenn wir die Symmetrieregel auf all unsere einseitigen Sportarten und Spiele anwenden würden, könnte das unseren Gesundheitszustand und unser Wohlbefinden verbessern. Diese neue Regel stünde völlig im Einklang mit den Naturgesetzen. Obwohl eine solche Änderung eindeutig von Vorteil wäre, ist sie bisher nicht eingeführt worden, weil die Sportler sich dagegen wehren und lieber so weitermachen wollen wie bisher. Die zweite und wichtigere Möglichkeit, die Enrwicklung des Sports zu beeinflussen, besteht darin, unsere persönliche Einstellung zu verändern.

Eine Re-Vision des Sports

Casey Cook, ein Kunstspringer und begabter Athlet, den ich am Oberlin College betreute, erklärte mir, für ihn habe das Kunstspringen eine neue Entwicklung genommen, als er begann, seine Bewegungen vom Energiebewußtsein her zu betrachten. Er hatte das Gefühl, die Energie zu «formen» wie eine Skulptur, wenn er einen Salto schlug, und dabei Energielinien zu bilden, die er beinahe sehen konnte. Als er dann lernte, die Richtung dieses Energiestroms zu steuern, war das für ihn wie ein ganz neues Spiel – ein Spiel im «Team der Natur», bei dem Sprungbrett, Luft und Wasser zu seinen Mannschaftskameraden wurden. Er war kein einsamer Körper mehr, der auf einem Sprungbrett auf und ab federte, sich mechanisch um seine eigene Achse drehte und spritzerlos ins Wasser einzutauchen versuchte, um die Jury zu beeindrucken. Selbst wenn er in seiner Freizeit Baseball oder Frisbee spielte, genoß er immer noch dieses Gefühl des Energiestroms und der anmutigen Harmonie mit den Kräften der Natur. Casey hatte zumindest für sich selbst die Sportart des Wasserspringens «verwandelt», ohne auch nur eine einzige Regel daran zu verändern.

Der Profi-Footballspieler Chip Oliver hörte auf dem Höhepunkt seiner Karriere mit dem Football auf, weil ihm klar wurde, daß dieser

Sport, *so wie er ihn betrieben hatte,* nicht gut für seinen Körper und seinen Geist war. Nachdem er sich mit Yoga und anderen ganzheitlichen Disziplinen befaßt hatte, kam Chip zu der Erkenntnis, daß Football für ihn einfach «zu schmerzhaft war». Später fühlte Chip sich wieder zu seinem Lieblingssport hingezogen, aber jetzt ging er mit einer ganz anderen Einstellung an dieses Spiel heran – Football war für ihn jetzt ein Weg, mit den anderen Spieler eins zu werden, symmetrischen Körpereinsatz zu trainieren und die Kunst der entspannten Bewegung zu meistern. Außerdem lernte er aus seinem Sport etwas über das Leben.

Es gibt keine Sportart, die alle Menschen anspricht. Gleichgültig, welche Form des sportlichen Ausdrucks man wählt, für den inneren Athleten stecken hinter seiner Sportart allgemeine Qualitäten, mit deren Hilfe jeder Sportler seine Spielweise verbessern und mehr von seinem Spiel profitieren kann.

Mentale Qualitäten

- Der Sport fördert die Haltung des Einswerdens und der Harmonie mit der Umgebung anstelle der Kollision; er geht davon aus, daß es keine «Gegner» oder «Feinde», sondern nur Lehrer gibt.
- Er steigert unsere Fähigkeit, den Energiestrom zu «sehen».
- Er verlangt und entwickelt zielgerichtete Konzentration.

Emotionale Qualitäten

- Sport fördert die freundschaftliche, kooperative Interaktion zwischen den Menschen.
- Er übt genügend Druck aus oder birgt genügend Risiken, um den Beteiligten ein höheres Maß an Mut, Stabilität und «Anmut unter Druck» abzuverlangen, und sie zu befähigen, auch in einer Zerreißprobe Ruhe und Anmut zu bewahren.
- Er bietet uns eine Art Versuchslabor, mit dessen Hilfe wir uns selbst und andere Menschen besser verstehen lernen.

- Durch Teamwork schafft er eine Atmosphäre der gegenseitigen Hilfsbereitschaft und Unterstützung

Physische Qualitäten

- Sport sorgt für eine ausgewogene Entwicklung unseres Körpers.
- Er sensibilisiert uns für die Bedürfnisse unseres Körpers, statt uns unempfindlich für Schmerzsignale zu machen.
- Er erfordert und fördert die Beweglichkeit sämtlicher Gelenke.
- Er stärkt unsere Herzgefäße und macht uns ganz allgemein ausdauernder und widerstandsfähiger.
- Er unterstützt eine symmetrische Muskelentwicklung und die Ausrichtung unserer Körperhaltung an der Schwerkraft, indem beide Körperseiten gleichmäßig belastet werden.
- Durch entspannte Bewegung und einen Zustand dynamischer Ruhe stärkt er die Verbindung unseres Körpers mit der Erde.

Sicherlich besitzen die meisten Sportarten nicht alle obengenannten Qualitäten, doch wenn ein innerer Athlet spürt, daß bei seinem Sport ein wichtiger Aspekt fehlt – und jede Sportart hat ihre Schwachstellen –, dann findet er Disziplin, die er als Ausgleich betreiben kann, um diesen Mangel zu kompensieren. So könnte ein Fußballspieler zum Beispiel T'aichi erlernen, ein Eishockeystar Hatha-Yoga praktizieren, ein Baseballspieler sich mit Ballettanz beschäftigen und ein Yogi mit Karate anfangen.

Die meisten Menschen beschäftigen sich mit einer bestimmten Sportart, einer Bewegungsaktivität oder einem Spiel, weil sie durch die verschiedensten Einflüsse dazu gebracht wurden: zum Beispiel, weil ihre Eltern sie darin unterstützten, weil sie schon von Kindheit an damit in Berührung kamen oder weil irgendeine Fernsehsendung sie beeindruckt hatte. Doch ich halte es für wichtig, daß ein junger Mensch mit guter Koordinationsgabe möglichst viele Sportarten und Bewegungsformen ausprobiert und nicht nur diejenigen, die seine Eltern zufällig gutheißen. Ich habe schon erlebt, wie junge Menschen, die das Zeug dazu hatten, Meisterschwimmer zu werden, von ihren Eltern zum Fußball oder zu irgendeinem anderen Sport gedrängt wurden. Wenn man schon von klein auf viele verschiedene Sportarten und Spiele kennenlernt, darunter auch Tanz, Kampfsport und andere Aktivitäten, wird man sich irgendwann ganz automatisch zu der Sportart hingezogen fühlen, für die man sich am besten eignet.

Doch denjenigen, die sich fragen, welches wohl das *ideale* Spiel für sie ist, muß ich sagen, daß es so etwas sicherlich nicht gibt. Genau wie jeder Mensch hat auch jedes Spiel seine Stärken und Schwächen, seine Vor- und Nachteile. Kunstturner können zum Beispiel eine beeindruckende Vielfalt physischer Fähigkeiten entwickeln; aber dafür fehlt dem Turnen die lockere, gesellige Team-Interaktion des Baseballs – der wiederum nicht so mannigfaltige physische Qualitäten fördert. Und so ist es mit jeder Sportart.

Für den inneren Athleten kommt es vor allem darauf an, das Spiel zu wählen, das seinen individuellen physischen und psychischen Bedürfnissen entspricht. Als ich das Trampolinturnen und die anderen Kunstturndisziplinen entdeckte, wußte ich, daß das die richtige Sportart für mich war. Da gab es gar nichts zu analysieren, ich spürte es einfach. Die Befriedigung und Herausforderung, die eine sportliche Aktivität uns bietet, oder ganz einfach der Spaß, den wir dabei haben, sind gute Maßstäbe dafür, ob wir das Richtige gefunden haben.

Die Spiele der Meister

Wenn man den Höhepunkt seiner Leistungsfähigkeit
nicht erreichen kann,
ohne den Kontakt zu seinem Körper zu verlieren,
oder wenn man ihn
nur durch Entfremdung von seinem Körper erreicht,
dann ist es an der Zeit, neue Spiele zu erfinden.
Dr. Michael Conant

Inneren Athleten geht es nicht um den Sieg um jeden Preis. Sie haben begriffen, daß der eigentliche Sieg in ihrer Persönlichkeitsentwicklung und in langfristigen Vorteilen liegt, von denen man ein Leben lang profitiert. Deshalb fühlen sie sich naturgemäß zu neuen, experimentellen Freizeitbeschäftigungen hingezogen. Ich möchte dieses Kapitel mit einer Vorschau auf mögliche Sportarten der Zukunft beenden, einer Vision des Sports von morgen. Mit dieser kleinen Auswahl «neuer» Sportarten sind die künftigen Möglichkeiten des Sports natürlich noch keineswegs erschöpft.

Zeitlupen-Wettlauf

Eine neue Variante eines uralten Wettbewerbs

Ziel: *Letzter* im Rennen zu werden.

Spielregeln:

1. Die Teilnehmer stellen sich an der Startlinie auf, und zwar mit dem Gesicht zum 9 Meter entfernten Ziel (einer Mauer).

2. Auf das Zeichen «Los!» müssen sich alle Teilnehmer in gerader Linie in Richtung Ziel in Bewegung setzen und sich dabei ständig vorwärtsbewegen, ohne innezuhalten.

3. Jeder Schritt muß mindestens 30 Zentimeter lang sein. (Zur Kontrolle ziehen Sie zwischen Startlinie und Ziel neun parallele Linien.)

Kommentar: Ein Wettlauf im Zeitlupentempo stellt viel größere Anforderungen an die Sportler, als man auf den ersten Blick vielleicht annimmt. Wer der Beste sein und die Mauer als letzter erreichen will, muß sich schon mit bewundernswerter Langsamkeit bewegen. Das erfordert einen hervorragenden Gleichgewichtssinn, große Sensibilität, die Fähigkeit, sich zu entspannen, und eine Art dynamischer Geduld. In dieser Fähigkeit zeigt sich eine ganz neue psychophysische Ausdauer, ein körperliches und geistiges Gleichgewicht, das man bei den üblichen Sportarten selten findet. Der Zeitlupen-Wettlauf ist eine Art Bewegungsmeditation, ähnlich wie beim Zen. Versuchen Sie es einmal, und Sie werden merken, wie schwierig es ist und welche meditative Ruhe uns dabei erfüllt. Ein solcher Wettlauf im Zeitlupentempo ist der ideale Ausgleich zum hektischen Tempo der meisten heutigen Sportarten.

Das neue Kunstturnen

Spaß und Leistungsfähigkeit

Ziel: Wie bei jedem anderen Kunstturnwettkampf, möglichst bei jeder Disziplin durch Ausdauer und Geschicklichkeit, fehlerlose Technik und Ästhetik der Darbietung, 10 Punkte zu erzielen.

Regeln

1. An diesem Wettkampf nehmen sowohl Männer als auch Frauen teil und können als gleichberechtigte Partner miteinander in Wettstreit treten. Das ist hier deshalb möglich, weil die Athleten beim Turnen nur ihr eigenes Körpergewicht zu tragen haben.

2. Es gibt vier verschiedene Disziplinen:

    Boden-Schwebebalken: Eine Kombination aus Bodenturnen und Schwebebalken. Am inneren Rand der Bodenmatte, die mit dicken, federnden Gymnastikmatten gepolstert ist, wird ein ebenfalls gepolsterter Schwebebalken aufgestellt. Er ist 12,5 cm breit und auf eine Höhe zwischen 0,75 m und 1,05 m verstellbar.
    Jeder Sportler absolviert zu musikalischer Begleitung ein zweiminütiges Programm. Zusätzlich zu den üblichen Saltos, Tanz- und Bodengymnastikfiguren muß der Turner dreimal über den ganzen Schwebebalken gehen und dabei Drehungen, Balanceübungen und Sprünge ausführen. Für jeden Aufgang und Abgang vom Schwebebalken sind fließende Bewegungen vorgeschrieben.
    Trampolin: Dank einer netzartigen Sprungfläche kann jeder Sportler eine ausreichende Höhe erreichen. Das Trampolin ist rundum von einem 1,8o Meter breiten und 20 Zentimeter dicken Polster umgeben, und die Zugfedern sind abgedeckt.

Jeder Sportler absolviert insgesamt 15 Sprünge, die nach Schwierigkeitsgrad, Höhe, Form und Körperkontrolle bewertet werden.
Doppelreck: Jeder Turner führt auch ein Programm am Doppelreck aus, bei der er mindestens dreimal von einer Reckstange zur anderen springen muß. Unter dem Doppelreck liegt eine Sicherheitsmatte.
Sportakrobatik: Jedes Team führt sechs ästhetische Paarübungen vor. Bei drei dieser Übungen gehören die Paare dem gleichen Geschlecht an (also zwei Männer oder zwei Frauen miteinander), bei den anderen drei Übungen sind es gemischte Paare. Jedes Programm wird zu einer passenden Musikbegleitung ausgeführt und muß Balanceakte, Saltos, tänzerische Elemente und Kraftübungen umfassen, wobei die Bewegungen und der Rhythmus der beiden Partner harmonisch aufeinander abgestimmt sind.

Kommentar: Beim neuen Kunstturnen werden mentale und physische Anforderungen miteinander kombiniert, die man nur bei wenigen anderen Sportarten findet – eine optimale Übungskombination für eine ausgewogene Entwicklung des Körpers. Alle vier Wettkämpfe gehören zu den Lieblingsdisziplinen der Zuschauer. Diese vier Disziplinen festigen alle wichtigen Fähigkeiten, die durch Turnen gefördert werden.(Kraft, Beweglichkeit, Ausdauer und Sensibilität, vor allem aber eine verfeinerte Bewegungsempfindung). Männer und Frauen haben Gelegenheit, als ebenbürtige Sportler gemeinsam zu trainieren, was sonst nicht üblich ist. Außerdem könnten auf diese Weise mit weniger Turngeräten mehr Sportprogramme eingerichtet werden.

T'aichi-Do

Die Kraft der Synthese

Ziel: seine Bewegungsabläufe in beliebigen Disziplinen – in diesem Fall Aikido – durch Bewegungen in Zeitlupentempo zu verbessern.

Regeln: keine (kein Wettkampf)
Beim T'aichi-Do wird das langsame, raffinierte Bewegungsstraining des T'aichi mit den fließenden Bewegungen des Aikido kombiniert, bei denen man mit der Energie des Partners eins wird.

Das in China entstandene T'aichi arbeitet im Anfangsstadium mit langsamen, weichen Bewegungen und fördert die Sensibilität für den eigenen Körper.

Aikido ist in seiner Intention ein vollkommen gewaltloser Sport, der nicht darauf abzielt, einen anderen Menschen absichtlich zu verletzen. Durch einen positiven Energiestrom und lockere, entspannte Bewegungen soll die Energie des Angreifers abgelenkt, in eine andere Richtung gesteuert und unter Kontrolle gebracht werden. Dabei arbeitet man mit bestimmten Griffen am Handgelenk oder wirft den Gegner mit eleganten Bewegungen zu Boden. Charakteristisch für Aikido ist die schwerelose Verschmelzung von Bewegung und Energie. Es umfaßt auch Übungen im Fallen und im geschmeidigen Rollen (was beim T'aichi nicht vorkommt). Unter Selbstverteidigung stellen wir uns normalerweise die Abwehr eines menschlichen Angreifers vor. Aber das ist eine sehr begrenzte Vorstellung, denn durch T'aichi oder Aikido lernt man, wie man mit alltäglichen Problemen und Belastungen, die aus innerer Anspannung, Erschöpfung und geschwächter Widerstandskraft erwachsen, harmonisch verschmelzen kann (und solche Probleme belasten uns viel mehr als menschliche Gegner). Die Wurf- und Rollbewegungen beim Aikido sind eine besonders gute Hilfe für Menschen, die einer Aktivität nachgehen, bei der man stürzen kann, und das auf eine möglichst sanfte und kreative Weise tun wollen.

So wie die langsamen Bewegungselemente des T'aichi sich mit einer anderen Kampfkunst kombinieren lassen, können wir auch die positiven Eigenschaften anderer Disziplinen miteinander verbinden.

Tennis ohne Mühe

Vom Wettkampf zur Kooperation

Ziel: den Ball möglichst lange im Spiel zu halten und für den/die Spieler auf der anderen Seite des Netzes kein Gegner, sondern eher ein Lehrer zu sein.

Spielregeln: kann als Einzel oder als Doppel gespielt werden; dabei wird der Ball so geschlagen, daß die anderen Spieler ihn treffen können, während sich ihr Können verbessert.

Kommentar: Dieses von dem kalifornischen Tenniscoach Brent Zeller erfundene neue Tennisspiel ist vom Geist der gegenseitigen Unterstützung getragen, statt daß zwei «Scheingegner» einander dazu bringen wollen, Fehler zu machen. Es hat unter anderem folgende Vorteile:

- Ein besseres, anhaltenderes aerobes Training, da die Ballwechsel in der Regel viel länger dauern.

- Raschere Verbesserung des Tennisspiels, da man wegen der längeren Ballwechsel mehr Gelegenheit hat, Bälle zu schlagen und zu treffen.

- Weniger Streß; die Spieler bleiben viel entspannter.

- Mehr Spaß am Spiel.

- Spieler auf unterschiedlichen Stufen des Könnens und unterschiedlichem Erfahrungsgrad können miteinander spielen, weil diese Art von Tennis gleiche Anforderungen an Anfänger und Fortgeschrittene stellt.

Epilog:
Die Meisterung der Bewegungserfahrung

Wenn man zuversichtlich
auf die Erreichung seiner Träume zusteuert
und sich bemüht, so zu leben, wie man es sich vorgestellt hat,
wird man einen Erfolg haben,
den man sich in alltäglichen Stunden nicht hätte träumen lassen.
Henry David Thoreau

Los Angeles, 1952. In der Redcliff Street wurde ein neues Haus gebaut. Oben auf den Dachsparren, sechs Meter über der Straße, balancierte ein kleiner Junge, den Blick starr auf einen Sandhaufen unter sich gerichtet, und war im Begriff, hinunterzuspringen. Ich erinnere mich noch genau daran, denn dieser sechsjährige Junge war ich.

Unten stand Steve Yusa, ein Freund und Mentor meiner Kindheit – älter, klüger und (so schien es mir) viel tapferer als ich –, und schaute zu mir herauf. In meinen Augen war Steve der perfekte Krieger, er hatte vor nichts Angst und stellte sich jeder Herausforderung. Steve pflegte von solchen Dächern mit einem lauten Schrei hinunterzuspringen, so wie die Wikinger in den Filmen, die ich gesehen hatte, sich mit dem Schwert in der Hand in die Wolfsgrube stürzten.

Jetzt war ich an der Reihe zu springen, und meine Knie zitterten wie Pudding.

«Na komm schon, Danny, du schaffst es.»

«Ich weiß nicht...» Obwohl ich springen wollte, stand ich, wie mir schien, fast eine Stunde lang zitternd da oben.

«Na komm schon!» wiederholte Steve. Aber ich konnte mich einfach nicht von der Stelle rühren. Bis Steve einen Satz sagte, der mein Leben veränderte: «Danny, *hör auf zu denken und spring einfach!*» In der nächsten Sekunde spürte ich, wie ich durch die Luft schwebte.

Epilog

Zwölf Jahre später, bei den Trampolin-Weltmeisterschaften in London im Jahr 1964, rieb ich mir zwei Stunden Schlaf und den Jet-lag aus meinen achtzehnjährigen Augen und öffnete die Tür zur Halle. Ich ließ meinen Blick über die bunte Szene schweifen und sah fast dreißig Trampolinmeister aus aller Herren Länder ihre Aufwärmübungen machen: verschwommene blaue, gelbe, rote, grüne und goldene Flecken, die durch die Luft federten, in die Höhe schossen, in Richtung Himmel schwebten, Saltos schlugen und sich um ihre eigene Achse drehten. In etwa vier Stunden würde einer von uns Weltmeister sein.

Zum Schluß war es ein Kopf-an-Kopf-Rennen zwischen Gary Erwin, dem damaligen amerikanischen Hochschulmeister, und mir. Ich sah mir Garys letzte scheinbar fehlerlose Bewegungsfolge an. Ich würde mich schon sehr anstrengen müssen, um damit konkurrieren zu können.

Meine Beine zitterten und fühlten sich ein wenig taub an, als ich auf dem Trampolin zu springen begann, höher, immer höher, um schließlich einen doppelten Salto zu schlagen und mit meiner letzten Übung zu beginnen. Selbstzweifel durchzuckten mich, doch dann stand ich wieder auf einem fast vergessenen Dach und hörte das Echo einer Stimme aus der Vergangenheit: Hör auf zu denken und spring einfach! Ich hörte auf zu denken und schwebte durch die Luft, geradewegs auf die Weltmeisterschaft zu.

April 1968. Meine Mannschaft wollte unbedingt zum ersten Mal die amerikanische Hochschulmeisterschaft im Kunstturnen gewinnen. Es war einer der härtesten Wettkämpfe in der Geschichte dieser Meisterschaften. Am Schluß hing alles von mir, dem letzten Turner, ab. Mein Trainer und meine Mannschaftskameraden saßen mit angehaltenem Atem da und bissen sich auf die Lippen, während ich mir die Hände mit Kreide einrieb und mich ans Reck schwang.

Die Zuschauer waren so mucksmäuschenstill, daß in der Halle nur das Geräuch meiner, um die Reckstange gleitenden Hände zu hören war. Ich wußte, daß meine Mannschaftskameraden in ihren Herzen und ihren Gedanken mit mir an dem Reck turnten.

«Na komm schon, Dan, du schaffst es ... Hör auf zu denken, hör auf zu denken ...»

Da durchströmte mich eine Kraft, die über jede rein physische Stärke hinausging. Ich überwand all meine Ängste und Zweifel, kreiste mit hundertprozentiger Konzentration und Entschlossenheit ums Reck und verblüffte mich selbst mit einer Bewegungsfolge, die ich bisher noch nie in einem Wettkampf vorgeführt hatte. Dann stand die Zeit still, und ich ließ die Reckstange los und schwebte nach oben, in «die Zone» hinein, schlug einen Salto nach dem anderen und sah abwechselnd die Decke, den Boden, die Decke...

Da alles von meinem Abgang abhing, mußte der perfekt sein. Mein Körper streckte sich aus und fiel auf die Matte zu. Im nächsten Augenblick, noch ehe ich den tosenden Beifall der Zuschauer hörte, noch ehe mir der Trainer die Hand schüttelte, wußte ich: Ich hatte es geschafft. Und doch hatte «ich» eigentlich gar nichts getan. Mir war, als sei alles wie von selbst geschehen – ein Augenblick, der größer war als ich selbst und bedeutender als das Leben.

Von diesem Augenblick an war ich ein anderer Mensch. Ich hatte eine Ganzheit erlebt, die größer war als die Summe Ihrer Teile. Von nun an würde mein Leben einfacher und gleichzeitig interessanter sein.

Mir wurde klar, daß die Probleme, die mir im Sport oder im täglichen Leben begegneten, nicht so sehr aus den äußeren Umständen erwuchsen, sondern eher aus einem Zustand der Disharmonie zwischen meinem Körper, meinem Denken und meinen Emotionen. Ich wußte, daß das Leben mich stets mit neuen Anforderungen konfrontieren würde, doch nun, da ich eine tiefere Ebene der inneren Integration und des inneren Gleichgewichts erreicht hatte, veränderte sich meine Wahrnehmungsweise, und ich begann konstruktiver auf diese Anforderungen zu reagieren. Wo ich vorher nur Stolpersteine gesehen hatte, entdeckte ich nun Sprungbretter; meine Probleme verwandelten sich in Chancen; und jede Schwierigkeit, die mir begegnete, wurde zu einer Art «spirituellem Gewichtheben» – einer Möglichkeit, meinen Mut und meine innere Motivation zu stärken.

Jene mystischen Augenblicke, in denen wir die Energielinien «sehen», schon im voraus wissen, was die anderen Spieler gleich tun werden, oder ein Gefühl der Einheit mit unseren Mannschaftskameraden erleben, erinnern uns daran, daß das Leben und wir selbst eine größere Bedeutung haben, als wir uns früher vielleicht träumen ließen.

Es spielt keine Rolle, wie wir diese besonderen Augenblicke nennen – *Satori,* «die Zone» oder «eine Gipfelerfahrung» –, jedenfalls geben sie uns einen Vorgeschmack der höchsten Möglichkeiten, die in uns liegen. Unser Trainingsgebiet erschließt sich uns, offenbart seine Geheimnisse, sein verborgenes Potential, und wird zu einem Medium, mit dessen Hilfe wir persönliche Meisterschaft erlangen können.

Heute kommt es häufiger vor denn je, daß Sportler über außergewöhnliche Erfahrungen berichten, die von übersinnlichen Fähigkeiten und Wahrnehmungen bis hin zu Momenten eines grundlosen Glücksgefühls reichen, unabhängig davon, ob sie nun gerade gewinnen oder verlieren. Dann vergeht die Zeit langsamer oder steht sogar völlig still, und doch können Stunden in Minutenschnelle an ihnen vorüberrasen. In solchen besonderen Augenblicken sind ihre Sinneswahrnehmungen von blendender Klarheit, oder sie fühlen sich total lebendig. Solche Gipfelerlebnisse spornen uns an und weisen auf die höchste Wahrheit der sportlichen Erfahrung hin: daß die unterschiedlichen Formen des Bewegungstrainings, wie Bruce Lee es einmal formuliert hat, «verschiedene Finger sind, die alle auf den Mond zeigen. Wenn wir uns auf den Finger konzentrieren, versäumen wir den Glanz des Mondes.» Wir trainieren zwar auf verschiedenen Wegen, aber wir besteigen alle denselben Berg der Meisterschaft über uns selbst.

Der Weg des inneren Athleten ist ein Heldenepos, in dem Siege nicht an Zeiten oder Punktzahlen gemessen werden, sondern an den Fortschritten, die wir auf jener bedeutenderen Suche machen. Das Training ist eine geheime Schule, die uns in Mysterien einweiht. Es ist der Weg des inneren Athleten. Das Publikum kann zuschauen und applaudieren; Philosophen können über die Wettkämpfe und die glanzvollen Augenblicke des Ruhms sinnieren; doch nur diejenigen, die das alles wirklich erlebt haben, die getanzt und gesprungen sind, sich angestrengt und geschwitzt haben, kennen die Süße und das Versprechen, das in dieser Erfahrung liegt. Theodore Roosevelt hat das Ideal des Athleten vielleicht am besten formuliert:

Die Kritiker zählen nicht.
Auf die Menschen, die mit dem Finger zeigen,
wenn ein Starker gestrauchelt ist
oder wenn jemand, der Großes vollbracht hat,
es noch besser hätte machen können,
kommt es nicht an.
Die Anerkennung gebührt denen in der Arena,
die tapfer kämpfen;
die immer wieder versagen
und ihr Ziel verfehlen;
die wissen, was große Begeisterung
und große Hingabe sind;
die im glücklichsten Fall,
am Ende den Triumph einer großen Leistung erleben
und im schlimmsten Fall,
wenn sie es nicht schaffen,
zumindest bei einem großen Wagnis versagt haben
und nie zu jenen ängstlichen Seelen gehören werden,
die weder Sieg noch Niederlage kennen.

Die Universität ist die Domäne des Intellekts, der Tempel ist die Domäne des Herzens, und die Turnhalle ist die Arena der Vitalität. Wir alle tragen eine Universität, einen Tempel und eine Turnhalle in uns. Wir Menschen stehen jetzt vor dem Neuland, das es noch zu erkunden gibt: der Reise nach innen. Nun entdecken wir die Gesetze des Universums in unserem eigenen Körper, wir begeben uns auf die Reise des inneren Athleten und verwirklichen alle Möglichkeiten, die in uns stecken. Welchen Lohn wir dabei ernten werden, hängt davon ab, wie sehr wir uns einsetzen.

Es bewegt sich
in einer Vielfalt verschiedener Kräfte und Empfindungen,
mühelos, fließend,
ohne die geringste Spur einer
unangemessenen Anstrengung oder Anspannung.
Gott läßt es in jedem Augenblick tanzen;

es dreht Pirouetten, macht Luftsprünge
und weicht allen Kräften aus,
die versuchen, den Tänzer zu Fall zu bringen.

Robin Carlsen

Die Reise des inneren Athleten ist die Reise der Menschheit, und sie spiegelt sich in vielfältiger Weise wider – ein Rätsel, das bisher nur wenige Menschen gelöst oder auch nur wahrgenommen haben.

Das Training ist der Weg und der Prozeß, die Methode und das Ziel, eine Brücke zu unserer persönlichen Entfaltung.

Als Weltkultur durchlaufen wir zur Zeit die bittersüßen Lektionen von materiellem Reichtum und elender Armut, Überfluß und Hunger und einem technischen Wissen, das noch nicht durch Weisheit geläutert worden ist. Symbolische Lösungen befriedigen uns nicht mehr; wir streben nach Weltfrieden und innerem Frieden, einem Ziel, das wir bislang noch nicht erreicht haben, weil es jenseits des Verstands liegt und man es nur finden kann, wenn das Herz offen ist und Körper und Geist sich im Gleichgewicht befinden. In jenem Gleichgewicht liegt die geheime Lehre dieser Welt.

Wir haben eine vollständige Landkarte vor uns. Wir sehen, daß die Gesetze der Natur, die Gesetze des Sports und die Gesetze des Lebens miteinander identisch sind. Diesen Gesetzen kann man nicht entrinnen, denn sie binden uns, aber gleichzeitig befreien sie uns auch. Der Weg des inneren Athleten ist ein Weg des Gleichgewichts: diszipliniert ohne Extreme, liebevoll im Prinzip und auch im Handeln, selbst dann, wenn wir lieber vor der Liebe zurückweichen würden; und glücklich, unabhängig davon, ob wir einen Grund zum Glücklichsein haben oder nicht.

Die Wiedergeburt des Meisterathleten

Viele Sportler, die wir im Fernsehen bewundern, haben einen hohen Grad an körperlicher Fitneß erreicht, doch ihr Potential als innere Athleten haben sie noch nicht verwirklicht. Bei den Olympischen Spielen, in Wimbledon und in Pebble Beach sehen wir viele

Könner, aber nur ziemlich wenige Meister. Die folgende Geschichte veranschaulicht den Unterschied zwischen Könner und Meister:

Im Japan der Feudalzeit hatte ein Meister der Teezeremonie einmal auf dem Marktplatz etwas zu erledigen und stieß dabei mit einem schlechtgelaunten Samurai zusammen. Der Krieger verlangte sofort eine Entschuldigung für diese «Beleidigung» in Form eines Zweikampfes auf Leben und Tod.

Der Teemeister konnte dieses Ansinnen nicht ablehnen, obwohl er keine Erfahrung im Schwertkampf hatte. Also bat er den Krieger um Erlaubnis, vor dem Duell noch seine Verpflichtungen für diesen Tag zu erledigen. Die beiden einigten sich darauf, sich am Nachmittag in einem nahegelegenen Obstgarten zu treffen.

Da der Teemeister früher mit seinen Erledigungen fertig geworden war, als er erwartet hatte, schaute er noch bei dem berühmten Schwertkämpfer und Maler Miyamoto Musashi vorbei. Der Teemeister schilderte Musashi seine Situation und bat ihn, ihm zu zeigen, wie er sich beim Schwertkampf verhalten müsse, um ehrenvoll zu sterben.

«Das ist eine recht ungewöhnliche Bitte», antwortete Musashi, «aber ich will dir helfen, wenn ich kann.» Da ihm die ruhige Gelassenheit des Mannes auffiel, fragte er ihn, was für eine Kunst er denn ausübe.

«Ich serviere Tee», entgegnete der Mann.

«Wunderbar! Dann serviere mir Tee», forderte Musashi ihn auf.

Ohne zu zögern holte der Teemeister sein Gerät aus der Tasche und begann sich mit äußerster Ruhe und Konzentration der anmutigen, meditativen Zeremonie des Zubereitens, Servierens und Würdigens von grünem Tee zu widmen.

Es beeindruckte Musashi, wie gefaßt dieser Mann am Nachmittag seines Todes ganz offensichtlich war. Der Teemeister dachte anscheinend gar nicht an sein Schicksal, das ihn in ein paar Stunden erwartete. Er ignorierte alle ängstlichen Gedanken und konzentrierte sich ganz auf die Schönheit des gegenwärtigen Augenblicks.

«Wie man richtig stirbt, weißt du bereits», sagte Musashi, «aber du kannst folgendes tun ...» Und dann zeigte er dem Teemeister, wie man ehrenvoll stirbt, und schloß mit den Worten: «Vielleicht bringt ihr euch gegenseitig um.»

Der Teemeister verneigte sich und dankte dem Schwertmeister. Sorgfältig packte er sein Teegerät ein und machte sich auf den Weg zum Ort des Zweikampfs.

Der Samurai wartete schon ungeduldig auf ihn. Er konnte es gar nicht erwarten, seinen kleinlichen Racheakt endlich hinter sich zu bringen. Der Teemeister trat auf den Schwertkämpfer zu, legte sein Teegerät so behutsam nieder wie ein kleines Kind, als habe er vor, es in ein paar Minuten wieder aufzuheben. Dann verneigte er sich anmutig vor dem Samurai, wie Musashi es ihm empfohlen hatte, so ruhig, als wolle er ihm eine Tasse Tee servieren. Als nächstes hob er das Schwert und hatte dabei nur einen einzigen Gedanken – den Samurai damit zu treffen, koste es, was es wolle.

Als er so vollkommen konzentriert mit erhobenem Schwert dastand, sah er, wie die Augen des Schwertkämpfers sich weiteten, erst vor Erstaunen, dann vor Bestürzung, dann vor Respekt und zum Schluß vor Angst. Der Schwertkämpfer sah mit einem Mal keinen demütigen kleinen Mann mehr vor sich, sondern einen furchtlosen Krieger, einen unbesiegbaren Gegner, der die Angst vor dem Tod überwunden hatte. Über dem Kopf des Teemeisters, in den letzten Sonnenstrahlen blutrot glänzend, sah der Samurai seinen eigenen Tod schweben.

Der Schwertkämpfer zögerte einen Augenblick. Dann senkte er das Schwert – und den Kopf. Er entschuldigte sich bei dem kleinen Teemeister, der später sein Lehrer wurde und ihm die Kunst beibrachte, ohne Angst zu leben. Da kam Musashi aus dem Gebüsch hervor, in dem er sich versteckt hatte, streckte sich vergnügt und gähnte wie eine Katze. Grinsend kratzte er sich im Nacken, wandte sich um und ging nach Hause, wo ein heißes Bad, eine Schale Reis und ein traumloser Schlaf auf ihn warteten.

Wer eine ganz bestimmte Kunst gut beherrscht, der hat die inneren Prinzipien *aller* Künste gemeistert, denn er hat die Herrschaft über sich selbst errungen. Wer sowohl seinen Geist als auch seine Muskeln beherrscht, der beweist Kraft, Gelassenheit und Mut. Er besitzt nicht nur sportliche Begabung, sondern ein viel bedeutenderes Talent, das Talent fürs Leben. Der Könner tut sich im Wettbewerb hervor, der Meister tut sich auf allen Gebieten hervor.

Epilog

Für den inneren Athleten sind physische Fähigkeiten nur ein Nebenprodukt seiner inneren Entwicklung. Meisterathleten fallen den Leuten in ihrer Umgebung oft gar nicht auf, denn ihre inneren Fähigkeiten sind nur für jene Menschen erkennbar, die begriffen haben, worauf es ankommt. Solche Meister fallen überhaupt nicht auf, weil sie alles auf natürliche Art und Weise tun. Nur wenn wir sie genau beobachten, nehmen wir eine gewisse Entspanntheit und Mühelosigkeit und einen ruhigen, friedfertigen Humor an ihnen wahr. Sie brauchen nicht den Star zu spielen, da sie erlebt haben, wie in ihrem Leben das Unterste zuoberst und das Innerste nach außen gekehrt wurden, gibt es nichts mehr, was sie verteidigen oder beweisen müßten.

Für solche Menschen ist alles, was sie tun, ein Training, und sie widmen sich all ihren Tätigkeiten mit ungeteilter Aufmerksamkeit. Sie strahlen Sicherheit aus, und die anderen Menschen folgen ihnen, obwohl diese Meister eigentlich gar kein besonderes Bedürfnis danach haben, andere zu führen. Wenn sie Geschirr spülen, dann tun sie nichts anderes als Geschirr spülen; ihr Geist wird zum Spüllappen. Wenn sie gehen, dann geht ihr Geist mit ihnen. Wenn sie kochen, ist ihr Denken ein Stück Fleisch auf dem Grill und wenn sie den Hof fegen, reinigt ihr Geist die Welt.

Der Körper bewegt sich natürlich, automatisch, ohne persönliches Eingreifen oder Bewußtsein. Wenn wir zuviel nachdenken, handeln wir langsam und zögernd. Wenn Fragen in uns aufsteigen, ermüdet unser Geist, und unser Bewußtsein fängt an zu flackern wie eine Kerze im Wind.
Taisen Deshimaru

Der Meisterathlet betrachtet das Leben als Training und macht aus jedem Augenblick eine Zeremonie. Ob er nun Kleider zusammenlegt, ißt, sein Gesicht wäscht, aufsteht oder sich hinsetzt, er tut das mit der gleichen Aufmerksamkeit die wir einem Spiel widmen würden, bei dem es um die Meisterschaft geht. Die Entscheidungen solcher Menschen haben etwas Dreidimensionales, denn sie beruhen auf einem Gleichgewicht zwischen Vernunft, Intuition und jenem Instinkt, der «aus dem Bauch heraus» kommt. Deshalb sind ihre Entscheidungen letzten Endes immer «richtig», natürlich und angemessen. In ihnen zeigt sich die Haltung des friedvollen Kriegers; sie sind Leute wie du und ich und doch voller Kraft und Energie, eben Menschen mit einem besonderen Format.

Solche Meister erinnern uns daran, daß ein spezifisches Training nicht so wichtig ist wie das Training des Lebens. Man muß den Sport mit Hilfe der Lebensgesetze meistern.

Stellen Sie sich vor, Sie nähern sich dem Gipfel eines Berges und spüren, wie Sie sich innerlich immer mehr an den Rhythmen der Natur orientieren. Im Fluß, in der Zone, im Zustand von Satori biegen Sie um die letzte Kurve Ihres Weges und haben den Gipfel vor sich. Da sehen Sie, daß dort schon jemand steht und Sie mit leuchtenden, klaren Augen anlächelt – ein Meister des täglichen Lebens. Als Sie, von Dankbarkeit erfüllt, auf den Meister zugehen und sein Gesicht deutlich erkennen, sehen Sie, daß Sie selbst dieser Meister sind.

Anhang:
Olympiasieger verraten ihre Erfolgsgeheimnisse

Jeder hat ein Talent;
doch selten den Mut,
seinem Talent dorthin zu folgen,
wo es ihn hinführt.
Erica Jong

Die wenigen Menschen, bei denen Bemühung, Schicksal und Gelegenheit zusammentreffen, erreichen auf ihrem Gebiet die Spitze. Das zeigt sich nirgends deutlicher als bei den Olympischen Spielen, jenem Gipfelpunkt aller menschlichen Leistungen, an dem sich Begabung, Schweiß und magische Kräfte vereinen.

Für die Zuschauer ist es ein Ansporn und für die Sportler ein erhebendes Gefühl, wenn sie über ihre bisherigen Leistungen hinauswachsen und jene mystische Zone zwischen dem Erstaunlichen und dem Unmöglichen erreichen.

Alle vier Jahre bewundern wir bei den Olympischen Spielen nicht nur das Können der Athleten, sondern entdecken dabei auch unsere eigenen Möglichkeiten als menschliche Wesen immer wieder neu. Die Olympischen Spiele erinnern uns daran, daß *Grenzen* etwas Relatives sind. Wenn Olympiateilnehmer zu so großartigen Leistungen fähig sind, dann steckt vielleicht auch in uns mehr, als wir für möglich gehalten hätten!

Die Olympischen Spiele sind ein Symbol für das Streben der Menschheit nach Höchstleitungen, nach heroischen Augenblicken, nach Aufopferung, Mut, Zielstrebigkeit und Entschlossenheit im täglichen Leben. Die großen Erfolge der Athleten haben sich unserem Gedächtnis unauslöschlich eingeprägt, denn diese einmaligen Menschen erheben unsere Herzen und erweitern unseren geistigen

Horizont, denn sie vermitteln uns eine Ahnung von unseren Möglichkeiten und der Zukunft der Menschheit.

Die folgenden Biographien hervorragender Olympiateilnehmer, die nach wie vor ihren Beitrag für eine bessere Welt leisten, sind jede für sich einzigartig, und doch kreisen sie immer wieder um Inspiration, Ausdauer und Engagement, zur Ermahnung für uns alle.

Es ist mir ein Vergnügen und eine Ehre, die persönlichen Erkenntnisse dieser Spitzensportler hier abdrucken zu dürfen.

Marilyn King

Marilyn King nahm bei den Olympischen Spielen zweimal am Fünfkampf teil und ist eine international anerkannte Beraterin und Ausbilderin. Seit 1981 lehrt sie «olympisches Denken». In ihrer 20jährigen sportlichen Karriere hat Marilyn fünf amerikanische Meisterschaften errungen und einen Weltrekord aufgestellt. Die Techniken, mit denen sie ihre Spitzenleistungen erreichte, wurde inzwischen von Unternehmen übernommen, denen es darum geht ihren Angestellten mehr Befugnisse zu geben, offen für Veränderungen zu sein und die Führungsqualitäten in den Chefetagen zu verbessern. Marilyn King war prominente Sprecherin bei über 200 nationalen und internationalen Konferenzen zum Thema Erziehung und hat bei den Vereinten Nationen schon drei Vorträge über ihre weltweite Friedensinitiative gehalten.

«Eben bist du noch eine Versagerin, und im nächsten Augenblick hältst du dich für olympiareif!»

Ich habe alles, was ich über den Erfolg weiß, von meiner Großmutter gelernt. Sie war ein unglaublich starkes Vorbild für mich. Ich hörte Ihr immer wieder zu, beobachtete sie und sah, wie sie alles durchführte, was sie sich vorgenommen hatte, selbst wenn die anderen ihr einredeten, sie werde es niemals schaffen. Sie tat es einfach.

In dieser bewundernswerten Frau sah ich das, was ich heute selbst lehre: Ich nenne es «Passion, Vision und Aktion». Die Passion (Leidenschaft) ist die innere Einstellung, die Vision ist das Denken, und die Aktion ist der Körper. Wenn diese drei Elemente zusammenwirken, kann man die erstaunlichsten Resultate erzielen.

Ursprünglich hatte ich begonnen, Sport zu treiben, weil ich schüchtern war und merkte, daß man beim Sport viele Leute kennenlernt. Ich wußte, daß es Sportlerinnen gab, die stärker oder auch schneller waren als ich. Ich hielt mich nicht einmal für eine besonders begabte Athletin. Aber ich lief leidenschaftlich gern.

Als ich nach New York fuhr, um mir die Mehrkampf-Meisterschaften der Oststaaten anzuschauen, und sah, daß zu dem Wettkampf nur zwei Sportlerinnen angetreten waren, konnte ich es kaum glauben. Da die Meisterschaft nur mit drei Sportlerinnen abgehalten werden konnte, meldete ich mich und wurde Drittbeste der ganzen Ostküste!

Da sah ich meinen nächsten Schritt ganz klar vor mir – ich mußte anfangen, auf die Meisterschaft im nächsten Jahr zu trainieren. Meine

Mühe lohnte sich, denn im nächsten Jahr wurde ich Meisterin der Oststaaten. Meine kleine Heimatstadt in Staten Island war stolz, einen Champion finanziell unterstützen zu dürfen, und brachte tatsächlich das Geld für meine Reise nach Kalifornien auf, wo ich die Oststaaten bei den amerikanischen Meisterschaften vertrat.

Dieser Wettkampf brachte den Wendepunkt in meinem Leben. Die meisten Trainer stammten aus Kalifornien, und niemand kannte mich und meinen Trainer. Ich kam mir vor wie eine arme Verwandte. Dann kamen Vertreter des Olympischen Komitees, um nach neuen Talenten zu suchen. Diese Männer waren für alle Anwesenden so etwas wie «Götter». Zu meinem Erstaunen wählte das Komitee ein Mädchen aus, das ich schon einmal bei einem Lauf besiegt hatte. Das enttäuschte mich, aber gleichzeitig war es auch ein Ansporn für mich. Ich wußte, daß ich die bessere Sportlerin war, und plötzlich wurde mir klar: «Wenn sie an den Olympischen Spielen teilnehmen darf, dann schaffe *ich* es auch.»

Das war der Beginn meiner «Vision». Von da an konnte ich jeden Tag beim Laufen an nichts anderes mehr denken als: «Ich kann mich für die Olympischen Spiele qualifizieren!» Jeden Morgen nach dem Aufstehen lief ich, und ich nahm sämtliche Hürden. Nun hatte ich wieder ein Ziel vor Augen und meine Passion hatte eine ganz neue Form angenommen, denn jetzt konzentrierte sich alles in mir auf den Plan, an den Olympischen Spielen teilzunehmen.

Dann kam der dritte Schritt, die «Aktion». Ich nahm an den Olympischen Spielen im Jahr 1972 und 1976 teil. Anschließend unterbrach ich meine Tätigkeit als Leichtathletik-Trainerin für Frauen in Berkeley ein Jahr lang, um mich ganz auf mein Training für die Olympischen Spiele im Jahre 1980 konzentrieren zu können. Alles lief gut, bis zu meinem Unfall im November 1979. Da fuhr mir nachts von hinten ein Lastwagen ins Auto hinein, und ich war für vier Monate ans Bett gefesselt.

Durch diesen Rückschlag ließ ich mich aber nicht entmutigen. Jetzt übernahm meine Passion die Führung, und gemeinsam mit meiner Vision setzte sie einen erstaunlichen Heilungsprozeß in Gang. Zuerst brachte ich meine Gedanken wieder unter Kontrolle und sagte mir: «Es geht mir von Tag zu Tag besser, und ich werde mich für die Olympischen Spiele qualifizieren!»

Dann besorgte ich mir Filme von Sportlern, die Weltrekorde aufgestellt hatten, und sah sie mir stundenlang an, obwohl ich mich weder im Bett aufsetzen noch von einer Seite auf die andere drehen konnte. Und als ich schließlich wieder auf den Beinen war, begann ich behutsam wieder mit meinem Training. Wie durch ein Wunder wurde ich bei der Olympia-Qualifikation im Jahr 1980 Zweite, obwohl ich monatelang nicht hatte trainieren können.

Als mein Name ausgerufen und bekanntgegeben wurde, daß ich den zweiten Platz belegt hatte, war ich ganz sprachlos. Das war für mich der Beweis, daß meine Methode – Passion, Vision und Aktion – tatsächlich Wunder wirken konnte.

- Ich war leidenschaftlich entschlossen gewesen, Olympiateilnehmerin zu werden.
- Ich hatte eine kristallklare Vision davon gehabt, wie ich an der Qualifikation teilnahm.
- Während ich ans Bett gefesselt war, hatte ich in Gedanken vier Monate lang für die Qualifikation trainiert und sie in jeder Hinsicht, außer in physischer, miterlebt.

Dieser erstaunliche Entwicklungsprozeß, der mich bei der Olympiaqualifikation im Jahr 1980 Zweite werden ließ, diente mir von nun an als Vorbild für mein ganzes Leben und ist heute ein wichtiger Teil eines Ausbildungsprogramms, das ich unter dem Motte «Setze deiner Vorstellungskraft keine Grenzen», anbiete. Wenn man sich die Ziele, die man erreichen möchte, lebhaft ausmalt, erschafft man geistige Bilder, die diese Ziele realer werden lassen. Dann kann man die erforderlichen Aktionen zur Erreichung seiner Ziele einleiten – gleichgültig, worin sie bestehen.

Dick Fosbury

Dick Fosbury, der Erfinder der Sprungtechnik «Fosbury Flop», war einer der besten Hochspringer aller Zeiten. Er war mehrfacher US-Meister und -Rekordhalter, Olympiasieger in Mexico City und

Empfänger des Heyward-Preises für hervorragende athletische Leistungen im Staat Oregon.

Dick Fosbury engagiert sich seit 20 Jahren für die «Paralympics», (Olympiade für Behinderte) und reist um die ganze Welt, um die nächste Athletengeneration im Hochsprung zu unterrichten.

«Zu wissen, daß es etwas gibt, was noch nicht erreicht wurde, ist meine größte Motivation!»

Ich glaube, der Unterschied zwischen einem Durchschnittsathleten und einem Olympiateilnehmer besteht in der Art, wie beim Olypioniken Körper, Herz und Geist zusammenwirken, um zum Erfolg zu führen. Ich brauchte lange, bis ich begriff, was für eine wichtige Rolle meine innere Einstellung und meine Überzeugung dabei spielten, als es für mich darum ging, an die Spitze zu kommen und zum Sieger zu werden. Ich habe mich nie für einen «geborenen Athleten» gehalten und hatte früher nicht einmal den Ehrgeiz, zum olympischen Hochsprungteam zu gehören. Die Olympischen Spiele schienen mir ein allzu fernes Ziel zu sein.

Es dauerte Jahre, bis ich schließlich der beste Hochspringer der Welt wurde, vielleicht weil meine innere Einstellung nicht stark genug war, um mich rascher an dieses Ziel zu bringen.

Als ich merkte, wie ich allmählich immer besser wurde, war die Vorstellung, in die Olympiamannschaft zu kommen, für mich nicht mehr ganz so abwegig. Ich begann an mich zu glauben und vertraute darauf, daß mein Denken und mein Körper stark genug waren, das zu erreichen, was ich anstrebte.

Im Jahr 1968 nahm ich bereits an der Olympiaqualifikation teil. Zu meiner großen Begeisterung gelang es mir tatsächlich, mich für die Olympischen Spiele zu qualifizieren, und ich war dann glücklicherweise auch noch in Höchstform und siegte.

Ich erinnere mich heute noch daran, was für ein Gefühl es war, als ich mich innerlich auf meinen Sprung vorbreitete. Bei den Olympischen Spielen hat ein Hochspringer noch zwei Minuten Zeit, nachdem er angekündigt worden ist. Als ich meine Startposition einnahm, ging ich in Gedanken noch einmal meinen letzten Sprung durch und überlegte mir, ob er gut oder schlecht gewesen war. Ich dachte darüber nach, was ich daran noch verbessern könne, ging dabei aber über rein mentale Vorstellungsbilder hinaus: Ich «erlebte» tatsächlich jede Phase meines Sprungs. Das heißt, ich sah ihn nicht nur vor meinem geistigen Auge, sondern «spürte» ihn auch. Und dann sah ich mich einen perfekten Sprung ausführen.

Ehe ich dann tatsächlich sprang, mußte ich absolut sichergehen, daß ich tief innen *wußte,* ich würde es schaffen. Als ich Anlauf nahm, war ich hundertprozentig davon überzeugt, daß ich keinen Augenblick zögern würde: Ich würde die Sprunglatte überqueren.

Als ich dann sprang und diese herrliche Luftschicht zwischen mir und der Latte spürte, erlebte ich einen unglaublich intensiven Augenblick des Wissens, daß ich es geschafft hatte. Als ich auf der Matte landete, hatte ich immer noch das Gefühl zu fliegen. Ich schnellte hoch, warf die Arme in die Höhe, und in diesem Augenblick absoluter Freude wußte ich, daß das die Belohnung war. Das war es, wonach wir alle streben ...

Suzy Chaffee

Suzy Chaffee hat an den Olympischen Spielen teilgenommen, war dreimal Freestyle-Skiweltmeisterin und wurde dreimal in die Ruhmeshalle gewählt. Daneben war sie schon immer politisch aktiv und organisierte die erste Versammlung im Weißen Haus, um einen Gesetzentwurf aus dem Jahr 1972 durchzubringen, bei dem es darum ging, den Frauen beim Schulsport die gleichen Chancen zu geben wie den Männern. Sie leitete auch eine internationale Interessengruppe, die sich erfolgreich dafür einsetzte, daß die Regeln bei den Olympischen Spielen von allen Ländern, egal welches politische System in ihnen herrschte, unterschrieben werden konnten.

Ihr Film «Fire and Ice», in dem das Skiballett erfunden wurde, gilt als Klassiker seines Genres.

«Wenn wir alle eins sind, dann siegt immer ein Teil von uns!»

Für mich ist Skilaufen der Inbegriff der Freude. Schon als Kind träumte ich davon, schneebedeckte Berghänge hinabzutanzen. Meine Mutter war Olympiateilnehmerin, und mein Vater entwickelte bahnbrechende neue Techniken des Skilaufs. Ist es da ein Wunder, daß ich bereits im Alter von zweieinhalb Jahren versuchte, mir die Skier meiner Mutter anzuschnallen?

Doch erst mit sechs Jahren begann ich jenen sportlichen Ehrgeiz und Konkurrenzgeist zu entwickeln, der mich später zur Olympiateilnehmerin machen sollte. Der Skilehrer meines Bruders, der mich eines Tages auf dem Berg Blumen pflücken sah, nachdem er am Morgen meinen Skistil beobachtet hatte, erklärte mir: «Du bist ein hübsches kleines Mädel, aber als Skifahrerin wirst du es nie zu etwas bringen.» Da wurde ich zum ersten Mal in meinem Leben wütend und beschloß: «Euch werde ich es zeigen!» Das war ein entscheidender Wendepunkt für mich.

Glücklicherweise hatte meine Mutter mir schon von klein auf eingeschärft, daß man alles erreichen kann, was man sich vornimmt, sonst hätte mich diese Bemerkung vielleicht am Boden zerstört.

Olympiasieger verraten ihre Erfolgsgeheimnisse

Doch statt dessen begann damit für mich ein Leben der Ekstase, der Leidenschaft und des Abenteuers – eine wilde, wunderbare Skifahrt, die mich zu den Olympischen Spielen brachte und bei der ich dreimal Weltmeisterin im *Freestyle Skiing* und dreimal *Ruhmeshallen*-Sportlerin wurde.

Wenn man kleinen Mädchen unter zehn Jahren Gelegenheit gäbe, die Freuden des körperlichen Trainings auszukosten, so wie es mir vergönnt war, könnte das nicht nur unser individuelles Leben, sondern auch unser Land und die ganze Welt verändern. Es ist so wichtig, unsere Töchter in ihren sportlichen Unternehmungen zu ermutigen und zu unterstützen – ich bin ein lebender Beweis für all das Wunderbare, was dann geschehen kann.

Viele Athleten leben und trainieren instinktiv mit einem bewußten Gefühl der Einheit von Körper, Geist und innerer Einstellung, selbst wenn sie keinen Namen für dieses Phänomen haben. Ich stellte schon im Alter von etwa zehn Jahren fest, daß ich viel eher die Chance zu siegen hatte, wenn ich mir meine Strecke in Gedanken genau vorstellte, ehe der Wettkampf begann. Sobald ich meine Startposition einnahm, kamen mein Körper und mein Denken ins Spiel, und ich wurde mir meines spirituellen Ichs bewußt. Bei «Drei» bewegte ich meinen Körper rhythmisch nach hinten, bei «Zwei» nach vorn, bei «Eins» wieder nach hinten. Bei «Los» nahm ich meine ganze Energie zusammen, schoß durchs Tor und bemühte mich fieberhaft, so schnell wie möglich meine Höchstgeschwindigkeit zu erreichen, hatte innerlich aber trotzdem alles völlig unter Kontrolle.

Ich glaube, die Visualisation ist die Sprache der Engel. Auf diesem Wege geben wir ihnen zu verstehen, daß wir ihre Hilfe brauchen.

Außerdem habe ich festgestellt, daß die Freundschaft meiner Sportskameraden und -kameradinnen bei meiner persönlichen spirituellen Reise eine sehr wichtige Rolle spielte. Wenn wir anderen zu ihrem Sieg gratulieren, so habe ich gelernt, akzeptieren wir damit, daß ein Teil *von uns selbst* gesiegt hat. Das gibt uns die ganze Kraft zurück, selbst wenn wir nicht gesiegt haben, denn die Freude der anderen springt auf uns über und steckt uns an.

Ich bin begeistert von Dans Arbeit und seiner Philosophie. Durch das Medium des Sports hat Dan eine Wissenschaft ins Leben gerufen, die unser inneres Universum zu einer besser zugänglichen Welt des Glücks und der Erfüllung machen kann. Wenn wir diese Harmonie in unserem Inneren entdecken, sei es durch den Sport oder auf anderen Wegen, so kann das unser ganzes Leben verändern, und sie kann uns auch den Schlüssel zur Harmonie auf Erden schenken.

Bob Seagren

Bob Seagren gewann bei dem Olympischen Spielen im Jahr 1968 die Goldmedaille und im Jahr 1972 die Silbermedaille im Stabhochsprung. Anschließend beteiligte er sich an der Organisation von Wettkämpfen für Leichtathletikprofis. Sieben Jahre lang repräsentierte er die Firma PUMA (USA), bis er zum Leiter des Bereichs Sport-Marketing von M&FM Enterprises ernannt wurde, einer Firma, die sich auf Lifestyle-Produkte und gezieltes Marketing spezialisiert hat. Er spielt immer noch Tennis und Golf und ist an verschiedenen wohltätigen Projekten beteiligt. Bob ist Vorstandsmitglied der Pankreasfibrose-Stiftung und der Teikyo Westmar University.

«Das Geheimnis, das mir den Weg zu den Olympischen Spielen und zum Erfolg bahnte, ist ganz einfach: Ich liebe den Wettkampf!»

Für mich brachte das Jahr 1966 die große Wende in meinem Leben. In diesem Jahr wurde mir klar, daß ich nicht der Zweitbeste zu sein brauchte!

Ich war noch jung und hatte gerade erst begonnen, an internationalen Stabhochsprung-Wettkämpfen teilzunehmen. Damals reiste ich mit meinem Freund John Pennel um die Welt. John war der beste Stabhochspringer der Welt, und ich war nie unzufrieden damit, daß er Erster wurde und ich Zweiter, denn mir ging es weniger um den Sieg als darum, meine persönliche Bestleistung zu erreichen.

Doch eines Tages besiegte ich ihn und stellte einen Hallenweltrekord im Stabhochsprung auf. Das war eine Offenbarung für mich. Ich begriff, daß ich der beste Stabhochspringer der Welt sein konnte – ja, ich war der beste Stabhochspringer der Welt! Und mir wurde auch klar, daß ich bei den Olympischen Spielen in zwei Jahren in der Lage wäre, eine Goldmedaille zu gewinnen. Das war der Beginn einer aufregenden Reise, die mein Leben und meine Einstellung zu mir selbst verändert hat.

Als ich für die Olympischen Spiele im Jahr 1968 trainierte, stellte ich fest, daß das vorbereitende Training zu 70% aus physischer und zu 30% aus mentaler Arbeit bestand. Beim Wettkampf dagegen war es genau umgekehrt, denn da lag das Schwergewicht auf der Macht des Denkens. Inzwischen ist mir wirklich klargeworden, was für einen wichtigen Einfluß unsere Einstellung auf Erfolg und Mißerfolg hat. Ich glaube, in Augenblicken des Versagens ist es sogar noch viel wichtiger, all seine mentalen Energien zusammenzunehmen.

Man kann nicht immer siegen, aber wenn man verliert, kann man diese negative Erfahrung in etwas Positives umwandeln. Wenn ich in einem Wettkampf unterlag, konzentrierte ich mich hinterher noch intensiver auf mein Training, denn ich war entschlossen, kein zweites Mal gegen denselben Sportler zu verlieren.

Ich habe eine achtjährige internationale Sportlerkarriere hinter mir und habe jede Minute davon genossen. Doch hin und wieder bekam natürlich auch ich einen psychischen Knacks. Dann verlor ich mein Selbstvertrauen, und es war jedesmal ein harter Kampf, bis ich mich innerlich wieder aufgerappelt hatte.

Immer wenn ein anderer Sportler meinen Weltrekord übertraf, verlor ich die nächsten Wettkämpfe. So rächten sich meine Selbstzweifel. Aber ich zwang mich immer wieder, an die Spitze zu kommen.

Sein Selbstvertrauen wiederzugewinnen ist so, wie wenn man eine Leiter hochklettert. Wenn man siegt, steigt man mit einem Schlag ganz nach oben; wenn man verliert, landet man wieder auf der untersten Sprosse. Aber man darf nie vergessen, daß man nur vorübergehend «ganz unten» ist und daß es von dort aus nur eine einzige Richtung gibt – *nach oben*.

Man darf nie den Glauben daran verlieren, daß man der Beste ist. Das müssen Sie sich immer wieder einschärfen, gleichgültig, wie Sie beim letzten Wettkampf abgeschnitten haben. Dann werden Sie schon sehen, wie rasch Sie die Leiter wieder hochklettern!

Mit besonderem Dank an das Olympische Komitee der Vereinigten Staaten.

Dank

Ich möchte allen Menschen, die direkt oder indirekt zur Entstehung dieses Buches beigetragen haben, meinen tiefsten Dank aussprechen: meinen Eltern, Herman und Vivian Millman, für Ihre liebevolle Unterstützung; meinen ehemaligen Trainern Xavier Leonard, Ernest Contreras und Harold Frey, die mir mehr geholfen haben als sie ahnen; meinen Mannschaftskameraden für ihre Freundschaft und Unterstützung und all den inneren Athleten im Osten und Westen, die meinen Weg erleuchtet haben und auf deren Schultern ich stehe.

Ganz besonderen Dank schulde ich Alfie Kohn, dem Autor des Buches *No Contest: The Case Against Competition;* der Zeitschrift «Women's Sports and Fitness» für ihre freundliche Genehmigung, Auszüge aus Dr. Kohns Werk abzudrucken; und John Robbins, dem Auto des Buches *Diet for a New America* (Titel der deutschen Ausgabe: «Ernährung für ein neues Jahrtausend»), den ich ebenfalls in diesem Buch zitiere und der in meinem Leben eine wichtige Rolle gespielt hat.

Ich möchte an dieser Stelle auch Dorothy Seymour, der Redakteurin dieser neuen Ausgabe meines Buches, Errol Sowers, Meredith Young-Sowers und den Mitarbeitern von Stillpoint Publishing für ihre Initiative und Begeisterung danken, mit der sie diese Neufassung publiziert haben.

In diesem Buch spiegelt sich wie in allen meinen anderen Werken die Liebe, Unterstützung und Geduld meiner Familie wider – Joy, Sierra und China.

Dan Millman,
Weltmeister im Trampolinspringen 1963.